ŒUVRES COMPLÈTES

de

Mathurin Regnier

*Accompagnées d'une notice
biographique & bibliographique, de Variantes,
de Notes, d'un Glossaire & d'un Index*

Par

E. COURBET

PARIS
ALPHONSE LEMERRE, ÉDITEUR
27-31, PASSAGE CHOISEUL, 27-31

M DCCC LXXV

ŒUVRES COMPLÈTES

de

Mathurin Regnier

ŒUVRES COMPLÈTES

de

Mathurin Regnier

*Accompagnées d'une Notice
biographique & bibliographique, de Variantes,
de Notes, d'un Glossaire & d'un Index*

Par

E. COURBET

PARIS

ALPHONSE LEMERRE, ÉDITEUR

31, PASSAGE CHOISEUL, 31

M. DCCC. LXXV

AVERTISSEMENT.

E *plan de cette nouvelle édition ne diffère pas de celui qui a été adopté pour le Regnier de la Petite bibliothèque littéraire. Les poésies publiées du vivant de l'auteur & les œuvres posthumes forment logiquement deux parties distinctes. Pour la première, l'édition de 1623 doit servir de cadre. Bien qu'elle offre de mauvaises variantes, d'inexplicables lacunes & une pièce d'une authenticité douteuse, elle a été donnée par un ami de Regnier immédiatement après la mort du poëte, & elle contient des morceaux qui lui assurent une importance exceptionnelle.*

Pour l'établissement du texte, on se sert habituellement aussi de l'édition de 1623, en corrigeant les fautes à l'aide des éditions antérieures. Ce procédé laisse subsister beaucoup d'imperfections de détail. Il a

semblé préférable de reproduire dans leur intégrité les
satires de Regnier, telles qu'elles ont paru pour la première fois, sauf à relever exactement dans les notes les
variantes les plus caractéristiques. Cette méthode a
produit de bons résultats & il suffira d'un exemple
pour en justifier l'adoption. Ainsi le vers,

> Que sans robe il a veu la matiere premiere,

devenu, par une méprise de l'éditeur de 1613,

> Qu'en son globe il a veu la matiere premiere,

reprend dans le texte de Regnier la place qui lui doit
être rendue, & une variante obscure, trop longtemps
substituée à la leçon originale, rentre dans les notes où
elle vient s'ajouter aux errata de 1613.

Les pièces qui font suite au Discours au Roy ont été
publiées du vivant de Regnier. Elles ont paru dans
deux recueils très-différents : les Muses gaillardes
(1609), & le Temple d'Apollon (1611). Les premières
sont demeurées anonymes jusqu'à la publication du
Cabinet satyrique (1618), & les autres portent la signature de Regnier. Il était donc convenable de les rattacher dans leur forme primitive à l'œuvre principale
du poëte.

La deuxième partie des poésies de Regnier a été
constituée à l'aide des pièces empruntées aux éditions
des Elzeviers (1652), de Brossette (1729) & de Viollet-
le-Duc (1822). Les épigrammes qui suivent ont été

tirées, soit d'Anthologies satiriques des premières années du XVIIe siècle, soit des manuscrits de l'Arsenal & de la Bibliothèque Richelieu. Comme on le voit ici, l'ordre des pièces est donné par la date d'accession à l'œuvre de Regnier, & non par la date de la pièce même. Ce dernier mode de classement aurait eu pour effet de placer des épigrammes sans importance avant des poëmes d'une incontestable valeur.

On remarquera toutefois qu'en tête des morceaux dus aux Elzeviers, figure le dialogue de Cloris & Phylis. Une particularité notable a imposé ce changement dans la disposition des pièces originales tirées de l'édition de 1652. L'Idylle dramatique dont il s'agit a été imprimée en 1629, dans le Cabinet des Muses, & c'est de ce recueil qu'elle est passée avec des altérations bizarres dans la coquette réimpression des Elzeviers. Suivant l'esprit de restitution du texte, qui est le principe de nos éditions, nous avons reproduit le dialogue de Cloris & Phylis, d'après le Cabinet des Muses & signalé en notes les infidélités, on peut dire les travestissements & les interversions imputables aux Elzeviers.

Les recherches entreprises au sujet de Regnier & de ses poésies ont conduit à des éclaircissements classés d'après leur objet dans la notice, les variantes ou le glossaire, qui accompagnent l'œuvre du poëte. Nous avons été ainsi amené à reconnaître que certaines particularités de la vie de Regnier devaient être rectifiées.

Pareillement, nous avons conftaté que les interpolations reprochées aux Elzeviers ne devaient pas leur être attribuées[1]. *Enfin, nous avons cherché l'explication de certains mots de la langue de Regnier dans les auteurs de fon temps, & quand nos inveftigations ont donné tort à notre premier travail, nous avons réfolûment facrifié le fruit d'expériences reconnues infuffifantes*[2].

C'eft feulement à ce prix qu'une édition peut être accueillie : ni la rareté d'un livre, ni les premiers foins dont il porte la preuve, ne fauraient juftifier une réimpreffion fans perfectionnement. Dans cette voie, qui nous paraît toujours ouverte, nous avons été généreufement foutenu; & parmi les érudits qui nous ont fait de précieufes communications, nous devons fignaler MM. L. Merlet, Ad. Lecocq, Tricotel & Tamizey de Larroque. Nous fommes enfin particulièrement obligé à M. Cherrier, qui a mis à notre difpofition fon admirable mufée de l'édition de Regnier, & à M. Royer, notre ami & l'infatigable compagnon de tous nos travaux.

1. Voir la Sat. de l'*Impuiffance* & les notes p. 269.
2. Voir le Gloss., v° Mouvant.

NOTICE.

ES premières années du XVIIe siècle ont été marquées dans la poésie française par une évolution qui pourrait être appelée la Renaiffance de la fatire. Ce mouvement diffère de celui de la Pléiade par une violence exceffive. Auffi bien l'œuvre de du Bellay & de Ronfard prit naiffance dans une enceinte favante où l'on étudiait avec un foin pieux les chefs-d'œuvre de l'antiquité grecque & latine. Il ne pouvait fortir de là que des créations réfléchies, des combinaifons voulues & des tentatives exactement calculées. La fatire fe forma tout autrement, à l'air libre, dans les luttes de la Réforme & de la Ligue. Elle fe fortifia dans l'obfervation de toutes les laideurs de l'hypocrifie politique & religieufe, & lorfqu'arriva le règne d'Henri IV, elle était armée de toutes pièces, prête à flageller les vices qu'elle avait vus de près, & à frapper les ridicules qu'une atmofphère d'apaifement invitait à fe montrer.

L'avénement du Béarnais avait amené à la cour des gentilshommes de toute espèce, des cadets de Gascogne au cœur vaillant & inflexible ; mais, parmi eux, sous le masque de la bravoure, se cachait plus d'un baron de Fœneste. Le second mariage d'Henri IV introduisit parmi la noblesse française des aventuriers italiens auxquels se rallièrent les fils de ceux qui avaient suivi Catherine de Médicis. Enfin les galanteries du prince laissèrent toute carrière aux débordements des mœurs. Il ne faut point dès lors s'étonner de la licence de nos premiers satiriques. Ils avaient sous les yeux un spectacle incomparable, un théâtre immense où paradaient impudemment la sottise, la licence & la cupidité.

Ce n'est pas dans l'ordre chronologique des œuvres de la Satire française au commencement du XVIIe siècle qu'il faut chercher le témoignage exact du progrès de cette partie de notre littérature. Les satires de Vauquelin ont paru en 1604 avec les autres œuvres poétiques de l'auteur; mais il est certain que Vauquelin les avait terminées longtemps auparavant. Il n'est pas moins hors de doute que les *Tragiques* de d'Aubigné, publiés pour la première fois en 1616, remontent à plus de vingt ans en arrière. L'historien qui racontera un jour les origines & le développement de notre poésie satirique aura donc le devoir de placer la Fresnaye & d'Aubigné devant le seuil du XVIIe siècle ; car, de même qu'ils ont été les témoins des infamies publiques & des hontes privées à la vue defquelles fe foulève l'indignation du poëte, de même ils font véritablement auffi les ancêtres de Regnier, de Courval Sonnet, d'Auvray & de du Lorens.

Nous venons de nommer les fatiriques qui, de 1608 à 1627, ont démafqué les fauffes vertus & pourfuivi les vices triomphants. Cette lutte n'était point, comme on ferait tenté de le croire, enfermée dans le cercle étroit d'un lieu commun verfifié & dans les fûres limites d'une differtation rhythmique. Souvent il arrivait que le poëte, s'abandonnant à toute la vivacité d'une généreufe colère, s'expofait à de réels dangers. En 1621, Courval Sonnet, dans cinq fatires, fur les abus & les défordres de la France, attaqua le clergé & la nobleffe, les juges & les financiers. Il s'eft élevé avec une périlleufe véhémence contre le trafic des chofes facrées, l'attribution des bénéfices aux gentilshommes, le maintien des gardes-dîmes, la vénalité des officiers de juftice & les malverfations des partifans. Ses virulentes critiques, oubliées aujourd'hui, font des documents précieux pour tous ceux qui recherchent les intimités de l'hiftoire. Pour les contemporains de Courval Sonnet, ces tableaux étaient des portraits clairement reconnaiffables. Auvray a montré plus d'audace encore. Il a écrit, dans fes *Vifions de Polydor en la cité de Nizance,* un poëme où fes premiers lecteurs ont pu démêler fans difficulté Céfar de Vendôme, gouverneur de Bretagne, & les acteurs de la cour galante de ce prince.

Ce n'eſt point ici le lieu de rechercher & d'établir le mérite particulier de chacun des poëtes qui viennent d'être cités. Ce travail impoſerait l'analyſe d'œuvres très-tranchées & l'étude de perſonnalités très-diverſes. Vauquelin de la Freſnaye, eſprit cultivé, familier avec la poéſie antique, a une grâce froide & un charme ſavant qui le rattache aux poëtes de la Pléiade. Chez d'Aubigné, la paſſion domine. A peine contenue par un ſentiment de fidélité au roi, elle s'exhale en colère & en imprécations, où l'on retrouve la bruſquerie d'un ſoldat & l'emportement d'un ſectaire. De là, un langage âpre, élevé, trop ſouvent obſcur, où, comme dans un buiſſon ardent, la penſée apparaît au milieu de la foudre & des éclairs.

Bien différente eſt la muſe dont Courval Sonnet reçoit l'inſpiration. Ce poëte gentilhomme eſt un obſervateur bourgeois & méthodique. Il choiſit ſes ennemis & les attaque ſcientifiquement. Pour les mieux écraſer, il s'eſt créé une langue maſſive & peſante à laquelle une indignation honnête donne une allure vigoureuſe. La carrière poétique de Courval Sonnet ſe partage en trois phaſes. En 1610, il a publié une ſatire en proſe contre les charlatans & une Ménippée en vers contre le mariage. Médecin, il avait à ſe plaindre des thériacleurs & des alchimiſtes; homme, il ſe croyait le devoir de ſignaler les inconvénients du mariage. Il a ouvert un vaſte champ à son indignation & à son expérience, & dans deux volumes dont le dernier, le livre de l'époux, contient cinq longues satires, il exhala sa colère jusqu'au dernier souffle.

En 1621, il donna les satires politiques, dont il a été fait mention plus haut, & six ans plus tard, il couronna sa carrière par les *Exercices de ce temps*, où il peignait avec des couleurs un peu crues le tableau des mauvaises mœurs de la ville aussi bien que de la campagne, de la bonne comme de la pire société.

D'Esternod, Auvray & du Lorens, dont les satires parurent en 1619 & en 1622, marquent une nouvelle génération de satiriques. Le premier est un poëte formé par l'imitation ; il n'a pour lui qu'une inspiration factice, & dans le groupe auquel il appartient, il sert de personnage de fond. Auvray, qu'anime l'emportement des lyriques, se laisse aller à des fantaisies graveleuses qui défigurent son œuvre. Le voisinage d'épigrammes licencieuses dépare ses plus belles odes. Du Lorens enfin nous ramène à la satire régulière & à la critique saine. Le président de Châteauneuf a la sévérité d'un juge ; il rend des arrêts. Par comparaison avec les satiriques contemporains, il manque de feu & de couleur ; mais pour lui c'est là un éloge. Sous prétexte de flétrir le vice, ses prédécesseurs en avaient fait des portraits trop minutieux. Ils avaient si curieusement, si complaisamment analysé les âmes viles, & décrit les pratiques de l'impudeur, qu'ils donnaient finalement à fufpecter la fincérité de leurs attaques. Au refte, fi du Lorens eft dépourvu de cette indignation fcénique, qui fait de la fatire un petit drame paffionné & vivant, où le poëte fe met en fcène avec le perfonnage qu'il veut frapper, il faut lui reconnaître, au point de vue de l'hiftoire, un mérite affez peu commun. Avec une infatigable ardeur, il a écrit, remanié & mené à bonne fin le livre de fes fatires. Les trois éditions données en 1624, 1633 & 1646 font des ouvrages abfolument différents comme texte & comme fujets; & ces perfectionnements, ces appels d'un premier à un meilleur jugement, ces évolutions de la penfée primitive vers un idéal plus haut font des efforts dont on ne faurait trop admirer la conftance.

Au milieu de tous ces poëtes, Regnier eft feul refté comme le créateur & le maître de la Satire françaife. Il ne doit point fa réputation à une grandeur folitaire, puifqu'il a vécu entouré de rivaux & d'imitateurs. A l'exception de Vauquelin & de d'Aubigné, tous les auteurs de fon temps ont lu fes poéfies. Quelques-uns d'entre eux lui ont dérobé les vers qui ont la forme arrêtée d'une maxime ou l'éclat d'une comparaifon faififfante. Il n'eft pas jufqu'à de fimples expreffions, belles de leur pure clarté, que Sonnet, d'Efternod & du Lorens n'aient empruntées. Ces pilleries n'ont point enrichi les maraudeurs, & Regnier eft refté opulent.

Dans ſes plus vifs écarts, Regnier eſt demeuré fidèle aux règles du goût. Il a le verbe haut. Il touche ſans baſſeſſe aux choſes les plus baſſes. Ses faibleſſes nous ſont connues. Il en a fait autant de confidences où il a mis la plus franche bonhomie & la plus entière ſincérité. Nul plus éloquemment que lui n'a montré ſon cœur à nu, ni exprimé avec plus de vivacité le reſpect de l'honneur, les peines de la jalouſie & les élans d'un orgueil généreux. Développés par lui, ces ſentiments ne ſont point les divagations d'un rhéteur. Avant de paſſer dans l'œuvre où nous en recueillons le témoignage, ils ſont ſortis de l'âme du poëte qui en était pénétré. Auſſi pour tous les lecteurs attentifs, les poéſies de Regnier ſont-elles de véritables confeſſions.

La biographie de Regnier eſt encore à l'état de fragments. Il ſemble que des pages en aient été perdues. Ainſi les particularités recueillies par Racan dans ſes Mémoires pour la vie de Malherbe, & les anecdotes que Tallemant a inférées dans ſes *Hiſtoriettes*, conſtituent la meilleure partie de nos informations ſur l'exiſtence de notre premier poëte ſatirique. Ce ſont en effet d'irrécuſables témoins qui nous ont inſtruits. Le premier a été mêlé à la querelle littéraire engagée entre Deſportes & Malherbe; le ſecond a pu entendre, de la bouche même de perſonnages contemporains, le récit de faits encore préſents à leur mémoire.

En 1719, Dom Liron fit paraître fa *Bibliothèque chartraine*, où il donna une mince place à Defportes & à Regnier. La brièveté n'aurait peut-être foulevé aucune réclamation; mais dans les quelques pages confacrées aux deux poëtes, il y avait plufieurs graves inexactitudes qui tombèrent fous les yeux d'un lecteur récalcitrant. Une note rectificative très-étendue fut donc adreffée au *Mercure de France* pour contredire les affertions de l'auteur de la *Bibliothèque*, & comme les termes en étaient vifs, il s'écoula, avant l'infertion de cette note, un temps affez long qui fut employé à la diminuer & à l'adoucir. Enfin, l'article critique revu & corrigé parut dans le *Mercure* en février 1723 & il s'en dégage encore un fouffle de colère. Toute cette irritation est largement compenfée par la juftesse & la précifion des renfeignements que le rédacteur offre de prouver d'une manière plus convaincante à l'aide des papiers qu'il a entre les mains. Cette dernière affurance n'a pu être donnée que par un membre de la famille de Defportes ou de Regnier. L'emportement même dont le directeur du *Mercure* a eu peine à modérer l'expreffion ne faurait être imputé à un lecteur ordinaire. On est donc fondé à reconnaître une grande valeur à la note critique provoquée par la publication de la *Bibliothèque chartraine*.

C'eft enfin à Broffette que l'on doit le complément des recherches entreprifes fur Regnier pendant le xviiie siècle. En éditeur scrupuleux, Broffette a fait deux parts de ses informations. Il a consigné dans son Avertissement les faits nouveaux[1] qu'il regardait comme certains & laissé dans ses notes les conjectures nées dans son esprit de la lecture des satires. Au premier rang de ces hypothèses se trouvent celles qui présentent Regnier comme secrétaire du cardinal de Joyeuse, & plus tard comme un des attachés de Philippe de Béthune. Venus après Broffette, & plus concluants que lui sans motif apparent, le P. Niceron & l'abbé Goujet ont admis les suppositions du premier annotateur de Regnier comme des renseignements indiscutables.

Dans l'ordre des faits biographiques, l'extrait du *Mercure* est le premier document à placer sous les yeux du lecteur. En raison de son origine particulière, il l'emporte sur toutes les indications recueillies à une date postérieure par un curieux plutôt que par un cri-

---

1. « Regnier fut tonsuré le 31 de mars 1582, par Nicolas de Thou, évêque de Chartres. Quelques années après, il obtint par dévolut un canonicat dans l'église de Notre-Dame de la même ville, ayant prouvé que le résignataire de ce bénéfice, pour avoir le temps de faire admettre sa résignation à Rome, avoit caché pendant plus de quinze jours la mort du dernier titulaire, dans le lit duquel on avoit mis une bûche, qui fut depuis portée en terre à la place du corps, qu'on avoit fait enterrer secretement. Le dérèglement dans lequel vécut Regnier ne le laissa pas jouir d'une longue vie. Il mourut à Rouen, dans sa quarantième année, en l'hôtellerie de l'Écu d'Orléans, où il étoit logé.

tique. Nous le reproduifons donc pour ce qui concerne Regnier feulement :

« Mathurin Regnier étoit fils de Jacques Regnier, bourgeois de Chartres, & de Simone Defportes, fœur de l'abbé Defportes ; il naquit le 21 décembre 1573 ; comme on le voit par les regiftres de la paroiffe de Saint-Saturnin de la ville de Chartres [1], & comme il eft écrit dans le journal de Jacques Regnier, fon père. Le contrat de mariage de Jacques Regnier avec Simone Defportes, paffé devant Amelon, notaire à Chartres, le 25 janvier 1573, juftifie que cette famille étoit des plus notables de la ville. En 1595, Jacques Regnier fut élu échevin de la ville de Chartres. Au mois de janvier de l'année 1597, il fut député à la cour, en qualité d'échevin, pour quelques affaires publiques ; il mourut à Paris & fut inhumé dans l'églife de Saint-Hilaire du Mont, le 14 février 1597. Il laiffa trois enfants [2] : Mathurin, le poëte dont eft

---

1. L'acte de naiffance de Mathurin Regnier, relevé fur le regiftre de la paroiffe Saint-Saturnin, eft ainfi conçu :.

« Mathurin, filz de Iacques Renier & de Symonne Deportes, sa feme ; les parrains, honorables pfonnes, Mathurin Troillart, proc. au fiege pfidial de Ctres et Iehan Pouffin, marchant, la maraine mada[e] Marie Edeline v[o] de Phlippes Defportes, le xxij i[e] du moys de dcebre. »

2. M. Lecocq a relevé fur le regiftre des actes de naiffance de la paroiffe Saint-Saturnin la date de naiffance d'Antoine Regnier (26 novembre 1574) & de fes fœurs : Marguerite (26 novembre 1578), Loyfe (11 janvier 1580) & Geneviefve (1584). Mathurin a donc

queſtion; Antoine, qui fut conſeiller élu en l'élection de Chartres; & Marie, qui épouſa Abdenago de la Palme, officier de la maiſon du Roy [1]. Antoine Regnier épouſa D^{lle} Anne Godier. Le contrat de mariage fut paſſé devant Fortais, notaire à Chartres; on y voit encore les titres de la plus notable bourgeoiſie. Jacques Regnier, leur père, étoit fils de Mathurin Regnier, bourgeois, qui étoit fils d'un Pierre Regnier, bon marchand de la ville de Chartres. Mathurin Regnier, le poëte, fut reçu chanoine de Chartres le 30 juillet 1609, mais ſon humeur ne lui permit pas de fixer ſa réſidence à Chartres, ni de vivre auſſi régulièrement que des chanoines ſont obligez de faire. Il quitta donc ce bénéfice; il en avoit pluſieurs & une penſion de 2,000 livres ſur l'abbaye des Vaux de Cernay. Il mourut à Rouen le 22 octobre 1613. Ses entrailles furent enterrées dans l'égliſe de la paroiſſe de Sainte-Marie-Mineure, & ſon corps, qui fut mis dans un cercueil de plomb, fut porté dans l'abbaye de Royaumont, à neuf lieues de Paris. Ce qui a contribué à faire paſſer Mathurin Regnier pour le fils d'un tripotier, c'eſt que Jacques Regnier, ſon père, qui étoit un homme de joye & de

---

été l'aîné de ſix enfants, deux garçons & quatre filles, les trois dernières mortes probablement avant 1597.

[1]. Dans ſon acte de mariage du 19 août 1593, également relevé par M. Lecocq, Abdenago eſt qualifié de *contrerouleur* du Roy.

plaifirs, fit bâtir un tripot derrière la place des Halles de Chartres, qui s'appela toujours le Tripot-Regnier. Ce tripot ne fubfifte plus. Du refte, la feule élection de Jacques Regnier comme échevin de la ville de Chartres démontre qu'il n'étoit point un maître de tripot, puifque ces fortes de gens ne font point admis dans les charges municipales, non plus que les artifans & les gens du commun. »

La queftion du tripot qui préoccupe fi vivement le correfpondant du *Mercure de France* a joué un rôle démefuré dans la biographie de Regnier. Elle a été exploitée avec perfidie par les détracteurs du poëte, & ceux qui ont voulu l'éclaircir avec impartialité fe font toujours abandonnés à des conjectures hafardées. La légende la plus accréditée eft que ce tripot, dont on a voulu faire le berceau de Regnier, fut conftruit en 1573 avec les matériaux provenant des démolitions de la citadelle de Chartres. Or cette fortification a été élevée en 1591. Une autre hypothéfe devient donc néceffaire. En 1584, les vieux bâtiments des Halles tombaient en ruines. Il fallut les abattre, & comme ils appartenaient pour moitié à l'évêque, Jacques Regnier obtint par Defportes, fon beau-frère, l'abandon d'une partie des matériaux qui fervirent à la conftruction du tripot. Cette dernière fuppofition, préférable à la première, n'a toutefois guère plus de réalité.

Une délibération[1] du confeil de ville à la date du 25 avril 1579 vient précifer exactement les faits. Elle montre comment le père du poëte fut amené à édifier un jeu de paume au fond de fon jardin, & il eft permis de croire qu'aucun motif d'intérêt ne fe mêla d'abord à cette entreprife. Afin d'éclaircir d'une manière plus complète un incident que la malveillance a défiguré pour en tirer un blâme contre Regnier & fa famille, nous croyons devoir mettre fous les yeux de nos lecteurs le texte même de la délibération.

Jacques Regnier expofe qu'il « a une maifon auec cour & jardin, affife pres & devant le pilory de cette ville. Et par derriere, juxte les remparts, entre les portes Saint-Michel & des Epars; que les immondices qu'on jettoit fur le rempart tombant en fon jardin, il auroit fait conftruire une muraille de 22 toifes de longueur, de hauteur de 18 pieds & d'épaiffeur 4 pieds & demy par le bas, revenant en haut à 2 pieds & demy; ce qui foutient même les terres du rempart, & fert à la fortification d'iceluy & décoration de la ville. Et que, pour recouvrer une partie de fes frais, ayant commencé à faire bâtir un jeu de paulme, dont fait partie ladite muraille, il requiert de lui permettre de conftruire un mur de bauge, fur ledit rempart à chacun bout de ladite muraille, en laquelle il fera deux huys fermant à clef. Sur quoy

---

1. Ce document nous a été communiqué par M. Lecocq.

après le rapport de la vifite qui a esté faite des lieux, Il eft permis audit Regnier de faire à chacun des bouts de fa muraille un mur de bauge avec un huis & huifferie fermant à clefs, dont une fervira audit Regnier, & en baillera une autre aux Echevins pour ouvrir & fermer lefdits huys. A la charge de tenir les terres du rempart entre les dites clotures & tallus, fur luy, du cofté de fa muraille, de paver le fond & place d'entre les dites clotures, pour recevoir les eaux & les faire diftiller par dalles & goutieres, fans danger des dits remparts & murailles, & en outre, de payer chacun an, au iour de Saint-Remy, la fomme de une livre tournois entre les mains du receveur des deniers communs de la ville [1]. »

Ainfi fe trouve expliquée l'origine du tripot. Comment maintenant ce jeu de paume devint-il public? Un accident purement topographique va nous l'apprendre. Sur le côté gauche de la maifon Regnier [2],

---

[1]. Extrait du 2ᵉ vol. du *Regiſtre des Échevins de la ville de Chartres* (1576-1607), fᵒ 30. Décifion du 25 avril 1579.

[2]. La configuration actuelle des lieux permet encore de fe rendre un compte exact du plan de la propriété Regnier. Difons tout d'abord que la maifon fur laquelle fe trouve la plaque commémorative a été conftruite en 1612 par Abdenago de la Palme, à la place du vieil & lourd hôtel où naquit véritablement Regnier. La rue qui porte aujourd'hui le nom du poëte appartenait pour un tiers dans toute fa longueur à la propriété dont les jardins fubfiftent entièrement. Cette portion de terrain formait l'allée aux deux extrémités de laquelle étaient, du côté des remparts, le tripot, &, du côté des Halles, une grande porte à ogive. Enfin l'im-

une grande porte à ogive s'ouvrait fur une allée longeant le jardin à l'extrémité duquel s'élevait le tripot. On pouvait ainfi, fans pénétrer dans la maifon, fe rendre au jeu de paume. Les amis de Jacques & les oififs ont peu à peu envahi ce lieu de diftraction trop voifin d'un lieu d'affaires, & lui ont valu le renom d'un tripot ouvert au public; mais ici fans doute s'arrête la chronique fcandaleufe, car en feptembre 1611; le roi Louis XIII, de paffage à Chartres, fut conduit au tripot Regnier, & là il fit ou fimula une partie de paume avec la Maunie, une reine de raquette qui gagna le jeune prince en jouant par deffous jambe. Or, il eft peu probable que la curiofité ait alors conduit le roi & fa fuite dans un lieu mal famé.

Mathurin Regnier était né dans les conditions les plus propres à affurer fa fortune. Il avait pour oncle maternel un abbé de vingt-fept ans, fecrétaire de la chancellerie du nouveau roi de Pologne, le duc d'Anjou. Philippe Defportes, qui s'était élevé jufquelà après avoir été fecrétaire de l'évêque du Puy, de Claude de l'Aubefpine & du marquis de Villeroy, ne devait pas s'arrêter en fi bon chemin. Lorfque le

paffé du Pilori, longeant le mur de la propriété, aboutiffait à une mare fituée au pied des remparts & faifant face au tripot. En réfumé, la rue Regnier couvre aujourd'hui l'allée du jardin & l'impaffe du Pilori, & l'auberge de la Herfe d'or occupe l'emplacement du jeu de paume. L'impaffe des Bouchers, qui fervait de dégagement pour les communs de la maifon Regnier, n'a pas fubi de modification topographique.

duc d'Anjou fut proclamé roi fous le nom de
Henri III, Defportes devint fecrétaire particulier du
monarque. Après la mort de Maugiron, Quélus
& Saint-Mégrin, quand Anne de Joyeufe, favori,
puis beau-frère du roi, fut créé duc & pair, Defportes monta encore en crédit. Il avait été le confeiller
intime du prince, il devint une forte de miniftre,
& c'eft de ce temps que date fa grande fortune. En
1582, il fut fait abbé de Tiron au diocèfe de Chartres;
en 1588, il reçut l'abbaye d'Aurillac qu'il échangea
avec le cardinal de Joyeufe contre l'abbaye des Vaux
de Cernay. Enfin, le 13 février 1589, il ajoutait à
tous fes bénéfices l'abbaye de Jófaphat. Cette grande
fortune ne tombait pas fur un égoïfte. Defportes fe
plaifait à obliger. Ce n'était point qu'il voulût défarmer
les envieux. Un mobile plus haut le pouffait. Il était
ferviable comme il était hofpitalier. Il a eu d'illuftres
protégés, Vauquelin de la Frefnaye, Jácques de
Thou & du Perron. Il aimait les lettres, & rêvait
pour elles une indépendance officielle. Avec Baïf,
il avait obtenu d'Henri III & du duc de Joyeufe
la création d'une forte d'académie, & il recevait
à Vanves, dans fa maifon de campagne, les beaux
efprits du temps, recueillant après la mort de Baïf,
de Joyeufe & d'Henri III, ceux qui, dans fa penfée,
devaient former l'aréopage favant dont il appartenait à Richelieu de conftituer l'Académie françaife.

Regnier bénéficia tout d'abord du patronage de

fon oncle. Il fut tonfuré de bonne heure, &, fous ce figne facré, appelé à une brillante carrière. Il avait moins de neuf ans lorfque l'évêque de Chartres, Nicolas de Thou, lui conféra la marque diftinctive des élus [1].

A partir de cette époque, les documents nous manquent fur l'enfance du poëte, c'eft à Regnier lui-même qu'il faut demander des révélations fur fa jeuneffe. Suivant un paffage de la fatire XII, il aurait été initié à la poéfie par Jacques Regnier.

 Or amy ce n'eft point vne humeur de médire
 Qui m'ayt fait rechercher cefte façon d'écrire,
 Mais mon Pere m'aprift que des enfeignemens
 Les humains aprentifs formoient leurs iugemens,
 Que l'exemple d'autruy doibt rendre l'homme fage,
 Et guettant à propos les fautes au paffage,
 Me difoit, confidere où ceft homme eft reduict
 Par fon ambition, ceft autre toute nuict
 Boit auec des Putains, engage fon domaine,
 L'autre fans trauailler, tout le iour fe promeyne,

---

1. *Analyfe des Mémoires de Guillaume Laifné*, prieur de Mondonville, par M. H. de Lepinois. Actes de Nicolas de Thou, 1573-1598. CLXXIII F° 312, v°. *Sabbati poft Dominicam Lætare, ultima die martii* (1582). Parmi les jeunes gens tonfurés par l'évêque Nicolas de Thou, on remarque Jean, fils de Pierre Regnier & de Claudine Le Riche, de la paroiffe Saint-Michel; & Mathurin, fils de Jacques Regnier & de Symone Defportes, de la paroiffe Saint-Saturnin.

(*Mémoires de la Société archéologique d'Eure-&-Loir*. Année 1860, p. 221.)

Pierre le bon enfant aux dez a tout perdu,
Ces iours le bien de Iean par decret fut vendu,
Claude ayme fa voifine, & tout fon bien luy donne;
Ainfi me mettant l'œil fur chacune perfonne
Qui valoit quelque chofe, ou qui ne valoit rien,
M'aprenoit doucement & le mal & le bien,
Affin que fuyant l'vn, l'autre ie recherchaffe,
Et qu'aux defpens d'autruy fage ie m'enfeignaffe.

Cet endroit de l'œuvre du poëte a quelque reffemblance avec les vers d'Horace :

Infuevit pater optimus hoc me
Ut fugerem, exemplis vitiorum quæque notando.
(S. I, 4.)

Toutefois il doit être fignalé, car nul ne peut dire qu'ici l'imitation ne foit auffi l'expreffion de la vérité.

D'après la fatire IV, au contraire, Jacques Regnier, foucieux de l'avenir de fon fils, l'aurait détourné de la poéfie. Par de plus prudents confeils, il voulait détruire le mal qu'il avait fait, & pouffer vers d'autres inclinations l'enfant qu'il fe reprochait d'avoir encouragé à la moquerie. « Vains efforts, » dit Regnier.

Il eft vray que le Ciel qui me regarda naiftre,
S'eft de mon iugement toufiours rendu le maiftre,
Et bien que ieune enfant mon Pere me tançaft,
Et de verges fouuent mes chançons menaçaft,

Me difant de depit, & bouffy de colere,
Badin quitte ces vers, & que penfes-tu faire?
La Mufe eft inutile, & fi ton oncle a fçeu
S'auancer par cet' art tu t'y verras deçeu...
Mars tout ardant de feu nous menace de guerre...
 Penfe-tu que le lut, & la lyre des Poëtes
S'accorde d'armonie auecques les trompettes,
Les fiffres, les tambours, le canon, & le fer?
 Les plus grands de ton tans dans le fang aguerris,
Comme en Trace feront brutalement nourris,
Qui rudes n'aymeront la lyre de la Mufe,
Non plus qu'vne vielle ou qu'vne cornemufe.
Laiffe donc ce metier & fage prens le foing
De t'acquerir vn art qui te ferue au befoing.
 Ie ne fçay, mon amy, par quelle prefcience,
Il eut de noz Deftins fi claire congnoiffance,
Mais pour moy ie fçay bien que fans en faire cas,
Ie mefprifois fon dire, & ne le croyois pas,
Bien que mon bon Demon fouuent me dift le mefme.
 Ainfi me tançoit-il d'vne parolle emeuë.
Mais comme en fe tournant ie le perdoy de veuë
Ie perdy la memoire auecques fes difcours,
Et refueur m'efgaray tout feul par les deftours
Des antres & des bois affreux & folitaires,
Où la Mufe en dormant m'enfeignoit fes myftéres,
M'aprenoit des fecrets & m'echaufant le fein,
De gloire & de renom releuoit mon deffein.

 Ces aveux de Regnier nous éclairent uniquement fur
les tendances de fa jeuneffe. Mais l'événement le plus

important, qui décida de la carrière de notre premier ſatirique, eſt celui auquel il eſt fait alluſion dans ces vers :

> C'eſt donc pourquoy ſi ieune abandonnant la France
> I'allay vif de courage, & tout chaud d'eſperance
> En la cour d'vn Prelat, qu'auecq' mille dangers
> I'ay ſuiuy courtiſan aux païs eſtrangers.
> I'ay changé mon humeur, alteré ma nature,
> I'ay beu chaud, mangé froid, i'ay couché ſur la dure,
> Ie l'ay ſans le quitter à toute heure ſuiuy,
> Donnant ma liberté ie me ſuis aſſerui,
> En publiq', à l'Egliſe, à la chambre, à la table...

Broſſette a ſuppoſé que le prélat en queſtion était le cardinal de Joyeuſe, ſans ſe préoccuper de juſtifier cette hypothèſe, & il a ajouté que Regnier avait, à la ſuite de ce perſonnage, fait le voyage d'Italie en 1583, c'eſt-à-dire à l'âge de dix ans. Un paſſage de la correſpondance de du Perron confirme la première de ces deux ſuppoſitions[1].

---

1. Lors que i'eu le bien de vous voir chez le Roy, où ie m'eſtois emancipé d'aller ce iour-là, pour prendre congé de Sa Majeſté & me venir acheuer de guerir en ce lieu de Condé*; il y auoit trois ſemaines que ie n'auois abandonné le lict, comme le ſieur Regnier, qui m'y vint voir, & lequel ie priay de vous faire mes excuſes, de ce que ie ne vous pouuois aller baiſer les mains, le vous pourra temoigner.
De Condé, ce 9 novembre 1602.

Les Ambaſſades & Negociations de l'Illuſtriſſ. & Reverendiſſ. Cardinal du Perron. Paris, Ant. Eſtienne, 1623, p. 104.

* Condé-ſur-Iton près Évreux, où les évêques de ce dioceſe avaient un château qui leur ſervait de réſidence d'été.

La seconde hypothèfe relative à l'époque du voyage d'Italie foulève quelques difficultés. C'eſt en 1583 que François de Joyeuſe, archevêque de Narbonne & âgé de vingt & un ans, partit pour Rome avec le duc, fon frère, pour folliciter le chapeau de cardinal. Regnier venait de recevoir la tonſure, mais c'était encore un enfant. Il eſt improbable qu'il ait de fi bonne heure quitté fa famille. Quelques bibliographes ont vu dans 1583 une date mal lue & ils ont propofé 1593, qui coïncide avec un nouveau départ du cardinal de Joyeuſe pour l'Italie. Cette dernière époque ne peut-être exacte. Elle eſt contredite par l'affirmation même du poëte :

C'eſt donc pourquoi fi jeune...

Parlant de lui, à vingt ans, Regnier ne pouvait s'exprimer en ces termes.

D'autres recherches font donc néceſſaires. En tenant compte des particularités de la vie du cardinal de Joyeuſe & des indications fournies par les fatires, on fe trouve amené aux concluſions fuivantes.

Regnier, dans le paſſage que nous venons de citer, parle de fa jeuneſſe, de la cour du prélat auquel il était attaché, des dangers qu'il a courus, & plus loin (S. III, p. 22) d'un trifte féjour en Tofcane & en Savoie.

Or, en 1586, François de Joyeuſe, nommé protecteur des affaires de France à Rome, en remplacement du cardinal d'Eſte, partit pour l'Italie. Il était accompagné de perfonnages confidérables[1], il s'arrêta en Savoie où l'appelaient des devoirs diplomatiques, enfin il fit dans Rome une entrée folennelle dont le récit a été confervé[2].

Tous ces détails concordent affez exactement avec les indices biographiques que l'on peut tirer des fatires de Regnier. L'âge même du poëte ne foulève pas d'objection, Regnier était bien alors un adolefcent.

Il refte à éclaircir une autre queftion, celle des dangers. Deux fuppofitions acceptables font en préfence. La première, la plus importante, eft d'un vif intérêt.

En mai 1589, le pape Sixte-Quint, depuis longtemps hoftile à Henri III, & d'ailleurs profondément irrité du meurtre du cardinal de Guife, prit texte de ce crime, pour lancer contre le roi un monitoire qui fut affiché à Saint-Pierre & à Saint-Jean de Latran. Le cardinal de Joyeufe quitta Rome & vint fe fixer à Venife où il choifit pour réfidence le palais Saint-Georges. Il emmena avec lui d'Offat, qui, avant de devenir fon fecrétaire, avait été celui du cardinal d'Efte. On peut penfer que cette brufque rupture du protecteur des affaires de France avec la papauté fit grand bruit dans les États de l'Églife.

---

1. *Multis præfulibus & viris doctrina confpicuis proceribusque comitatus.* Gallia chrift., VI, 117.

2. Voir les *Lettres manufcrites* du S. de Montereul, témoin oculaire qui paraît avoir été, comme Regnier, attaché à la perfonne du cardinal.

Selon toute probabilité, Regnier faifait partie de la maifon de François de Joyeufe; il n'eft guère douteux que le jeune abbé, âgé de feize ans alors, ne fe foit cru en grand danger.

Le fecond péril auquel notre poëte fut expofé eut d'autres caufes. En 1598, le cardinal de Joyeufe, pour fe rendre en Italie, traverfa le Piémont que la pefte ravageait. Les voyageurs étaient tout particulièrement expofés au fléau, & la correfpondance de l'infatigable diplomate mentionne les difficultés du paffage. Dans la fuite du prélat, Regnier tenait une petite place, mais fur le chemin barré par la pefte, il était menacé à l'égal des plus grands.

C'eft en 1593, fuivant M. de Lépinois, que Regnier fut nommé prieur de Bouzaincourt, & le favant hiftorien de la ville de Chartres ajoute que ce titre fut donné au jeune fecrétaire, afin de le rendre plus digne d'accompagner le cardinal de Joyeufe. Ici les indices manquent pour propofer une date plutôt qu'une autre. C'eft à peine fi l'on peut indiquer utilement ce qu'était le prieuré, & par quelles voies il a dû arriver au poëte. Le prieuré de Bouzaincourt, ou plus exactement Bouzencourt, *qui dicitur Caftellania,* parce qu'il était attaché à la chapelle du château de ce lieu[1], dépendait de l'abbaye de Corbie

---

1. Voir aux manufcrits de la Bibl. nat. les papiers de Dom Grenier, v° *Bouzancourt.*

& la collation en appartenait à l'abbé. Lorfque, après la mort d'Anne de Joyeufe, à Coutras, Defportes fe retira à Bonport, près de Pont-de-l'Arche, l'abbé de Corbie était l'archevêque de Rouen, Charles de Bourbon, qui, le 5 août 1589, quelques jours après la mort de Henri III, fut proclamé roi de France fous le nom de Charles X. Le cardinal de Vendôme, qui l'année fuivante fuccéda au cardinal de Bourbon comme abbé de Corbie, mourut en 1594, fans avoir obtenu fes bulles de confirmation & fans avoir pris poffeffion. Il eft donc plus logique de faire remonter la nomination de Regnier au prieuré de Bouzaincourt vers l'époque où François de Joyeufe commençait fes voyages en Italie, & où Defportes, encore tout-puiffant, ne s'était pas tourné contre Henri IV, avec l'amiral de Villars [1]. A partir de ce moment, feptembre 1589, jufqu'au milieu de 1594, l'abbé de Tiron lutta pour obtenir fa réintégration dans les bénéfices qui lui avaient été enlevés. Il ne rentra même en jouiffance de fes revenus des Vaux de Cernay que le 21 juin 1594 [2]; & pendant cette période d'agitations perfonnelles, Defportes, il faut le reconnaître, n'eut guère le loifir de folliciter en faveur de fon neveu.

1. Villars Brancas était parent d'Anne de Joyeufe. Defportes, en s'attachant à lui, n'était pas uniquement pouffé par l'ambition.
2. Voir, aux Archives de Seine-&-Oife, le fonds des Vaux de Cernay, cart. 34.

L'emploi que Regnier tenait auprès du cardinal de
Joyeufe était affez modefte. Le fecrétaire de l'Émi-
nence était d'Offat, qui devint cardinal en 1599, à
l'âge de foixante-trois ans. Au-deffous de ce perfonnage fe trouvait un attaché laïque, J. de Montereul,
que l'on rencontre au fervice du cardinal en 1606,
longtemps après que Regnier a quitté le prélat.
Notre poëte ne vient qu'en troifième ordre. Au refte,
il ne faut point s'étonner du peu d'importance des
fonctions dévolues à Regnier. Les ambaffades françaifes en Italie n'offraient alors pas de plus grandes
charges aux beaux efprits qui fe laiffaient attacher à
la carrière diplomatique. Rome, devenue le théâtre
d'intrigues de toutes fortes, le champ de compétitions
fans nombre & fans relâche, n'était nullement la
patrie par excellence de la poéfie. La politique
primait tout. Aux heures de répit, elle dominait
encore, & les œuvres nées fous l'infpiration des
grands étaient par ordre bouffonnes ou févères. En
France, au contraire, fous les Valois & les premiers
Bourbons, les princes, oubliant ou ajournant les
affaires férieufes, fe livraient aux poëtes en auditeurs paffionnés & dociles.

Cette dernière confidération, d'accord avec les
données de l'hiftoire, explique le dégoût & la trif-
teffe qui faififfent à Rome même les poëtes français
attachés à des ambaffades. Nul d'entre eux n'a
mieux rendu cette impreffion particulière que du

Bellay & Magny, & quoiqu'ils aient de beaucoup d'années précédé Regnier dans la ville éternelle, leurs doléances n'en font pas moins précieufes à recueillir, parce qu'elles montrent mieux que d'autres en quelles mefquineries s'écoulaient des loifirs que l'on s'imagine tout entiers confacrés à la recherche & à la contemplation du beau.

Panjas, veux tu fçauoir quels font mes paffe-temps?

écrit du Bellay à l'un de fes amis,

<pre>
Ie fonge au lendemain, i'ay foing de la defpenfe
Qui fe fait chacun iour, & fi fault que ie penfe
  A rendre fans argent cent créditeurs contents.
  Ie vays, ie viens, ie cours, ie ne perds point le temps,
Ie courtife vn banquier, ie prens argent d'auance :
  Quand i'ay depefché l'vn, vn autre recommence,
  Et ne fais pas le quart de ce que ie pretends.
Qui me prefente vn compte, vne lettre, vn memoire,
  Qui me dit que demain eft iour de confiftoire,
  Qui me romp le ceruau de cent propos diuers :
Qui fe plaint, qui fe deult, qui murmure, qui crie,
  Auecques tout cela, dy (Panjas) ie te prie,
  Ne t'ébahis-tu point comment ie fais des vers?
</pre>

Après ce tableau réel de la vie intime, voici une efquiffe non moins faififfante de l'exiftence officielle.

Nous ne faifons la court aux filles de memoire,
  Comme vous qui viuez libres de paffion :

Si vous ne fçauez donc noftre occupation,
Ces dix vers enfuiuans vous la feront notoire.
Suiure fon cardinal au Pape, au Confiftoire,
En capelle, en vifite, en congregation,
Et pour l'honneur d'vn prince ou d'vne nation,
De quelque ambaffadeur accompagner la gloire :
Eftre en fon rang de garde auprès de fon feigneur,
Et faire aux furuenans l'accouftumé honneur,
Parler du bruit qui court, faire de l'habile homme :
Se promener en houffe, aller voir d'huis en huis
La Marthe, ou la Victoire, & s'engager aux Juifs :
Voila mes compagnons des nouuelles de Rome.

Des citations plus étendues n'ajouteraient rien à ces deux tableaux du parfait fecrétaire. Tout y eft nettement indiqué, prévu, depuis les devoirs les plus graves jufqu'aux foins les moins férieux. Ajoutons qu'en un demi-fiècle, du temps où du Bellay était à Rome, à l'époque où Regnier y accompagna le cardinal de Joyeufe, les chofes n'avaient pas varié. Les acteurs feuls étaient changés. La Marthe & la Victoire avaient été remplacées par d'autres courtifanes.

C'eft dans cette exiftence faite de petits riens que Regnier paffa les premières années de fa jeuneffe. Rêveur quand il fallait être éveillé, victime des importuns, facile aux *entrants*, bonhomme enfin dans des lieux où il n'eft pire qualité, Regnier ne fut tirer aucun avantage d'une fituation où de piètres perfonnages faifaient une grande fortune. Il faut ajouter que par une cruauté du sort, notre poëte se trouvait attaché au prélat le plus actif, le plus remuant & le plus diplomate que l'on puisse imaginer. Archevêque de Narbonne à vingt ans (1582), cardinal l'année suivante, protecteur des affaires de France à Rome en 1586, François de Joyeuse occupait une place considérable à la tête du clergé & parmi les hommes politiques de son pays. Son influence, que la mort de Henri III semblait devoir anéantir, se releva dès 1591, à l'occasion de l'élection de Clément VIII, & deux ans plus tard, Joyeuse, plus puissant que jamais, était chargé de mettre Henri IV dans les bonnes grâces de la papauté. Ce cardinal était toujours en voyage. On le retrouve dans des intervalles très-courts à Narbonne, à Paris & en Italie. Son infatigable activité & sa haute intelligence l'appelaient parfois à des missions toutes spéciales. L'Étoile nous rapporte de lui, sous la date de 1598, un mémoire au roi sur la jonction des deux mers [1].

Avec un tel maître, Regnier vivait tantôt à Rome, tantôt en France. Desportes possédait près de Paris, à Vanves, une maison de campagne où il recevait ses anciens amis & les poëtes nouveaux. Quoiqu'il terminât sa traduction des psaumes, le vieux maître n'était pas entièrement tourné à la sévérité. Il ne

---

1. Voir le *Regiſtre-Journal de Henri IV*, éd. Champ, p. 298. Ce mémoire se trouve également à la Bibl. nat. Manus. Coll. du Puy. V. 88.

nous est rien resté de ce qui a pu se dire dans ces réunions où Regnier tenait bien sa place lorsqu'il était à Paris; mais un ami de Desportes, le poëte Rapin, a pris soin, dans une curieuse élégie latine[1], de nous conserver les noms des familiers de la maison : du Perron, Bertaud, Baïf le fils, Gilles Durant, Passerat, Gillot, Richelet, Petau, de Thou, du Puy, les frères Sainte-Marthe, Pasquier, Hotman, Certon, Le Mareschal[2] & enfin Thibaut Desportes, frère de l'abbé de Tiron & grand audiencier de France. Malherbe ne paraît pas encore. Il avait été présenté par du Perron à Marie de Médicis, lorsqu'elle débarqua à Marseille; ce fut le commencement de sa fortune. Mais il ne vint à Paris qu'en 1605, & son intimité avec Desportes fut de courte durée. Il contrastait avec tous les personnages cités plus haut par la rudesse de ses manières, & Racan, son disciple, est sur ce point entièrement d'accord[3] avec Tallemant des Réaux, dont nous avons emprunté le récit.

« Sa conversation estoit brusque : il parloit peu, mais ne disoit mot qui ne portast. Quelquefois mesme il estoit rustre & incivil, tesmoin ce qu'il fit à

---

1. V. Rapin, Œuvres latines & françoises, 1610, pp. 47 à 53, *Philippi Portæi exequiæ. Ad Jacobum Gilotum, majorum gentium senatorem.*

2. Conseiller au Parlement de Paris que Desportes choisit pour exécuteur testamentaire après lui avoir laissé « un saphix bleu en tesmoignaige d'amitié. »

3. *Mémoires pour la vie de Malherbe*, éd. Jannet, II, 262.

Defportes. Regnier l'avoit mené difner chez son oncle; ils trouvèrent qu'on avoit desjà fervy. Defportes le receut avec toute la civilité imaginable, & luy dit qu'il luy vouloit donner un exemplaire de fes *Pfeaumes*, qu'il venoit de faire imprimer. En difant cela, il fe met en devoir de monter à fon cabinet pour l'aller querir. Malherbe luy dit ruftiquement qu'il les avoit déjà veus, que cela ne méritoit pas qu'il prift la peine de remonter, & que fon potage valloit mieux que fes *Pfeaumes*. Il ne laiffa pas de difner, mais fans dire mot, & après difner ils fe feparerent & ne fe font pas veus depuis. Cela le brouilla avec tous les amys de Defportes, & Regnier, qui eftoit fon amy & qu'il eftimoit pour le genre fatyrique à l'efgal des anciens, fit une fatyre contre luy qui commence ainfi :

« *Rapin, le favory,* &c.[1] »

Malherbe avait du refte ouvert les hoftilités contre Regnier lui-même. Dans fa haine, on pourrait dire fa jaloufie, de toute métaphore, il effaya quelque temps auparavant de déprécier le neveu de Defportes dans l'efprit du roi. Il eft douteux qu'il ait réuffi. Une louange mal tournée eft toujours une louange. Aux yeux de ceux à qui elle s'adreffe, elle échappe à toute critique par ce qu'elle a de flatteur. Voici l'anecdote de Tallemant :

---

1. Tall., *Hift. de Malherbe*; I, 275.

« Malherbe avoit averſion pour les figures poétiques, ſi ce n'eſtoit dans un poëme épique; & en liſant à Henri IV.ᵉ une élegie de Regnier, où il feint que la France s'éleva en l'air pour parler à Jupiter & ſe plaindre du miſerable eſtat où elle eſtoit pendant la Ligue, il demandoit à Regnier en quel temps cela eſtoit arrivé? Qu'il avoit demeuré touſjours en France depuis cinquante ans, & qu'il ne s'eſtoit point aperceu qu'elle ſe fuſt enlevée hors de ſa place [1]. »

La querelle de Malherbe & de Deſportes ne pouſſa pas ſeulement Regnier à écrire ſa neuvième ſatire. Maynard, le diſciple de Malherbe, s'étant permis quelque quolibet ſur Deſportes ou ſur Regnier, qui tous deux ne prêtaient que trop aux mauvaiſes plaiſanteries, le ſatirique s'échauffa & réſolut d'avoir par l'épée raiſon des moqueurs que ſa plume n'avait pas effrayés. C'eſt encore à Tallemant qu'il faut demander le récit d'une affaire où l'offenſé garda le beau rôle depuis le commencement juſqu'à la fin.

« Regnier le ſatirique, mal ſatisfait de Maynard, le vient appeler en duel qu'il eſtoit encore au lit; Maynard en fut ſi ſurpris & ſi eſperdu qu'il ne pouvoit trouver par où mettre ſon haut de chauſſes. Il a avoué depuis qu'il fut trois heures à s'habiller. Durant ce temps-là, Maynard avertit le comte de Clermont-Lodeve de les venir ſéparer quand ils

---

[1]. Tall., *Hiſt. de Malherbe*, I., 294.

feroient fur le pré. Les voylà au rendez-vous. Le comte s'eftoit caché. Maynard allongeoit tant qu'il pouvoit; tantoft il fouftenoit qu'une efpée eftoit plus courte que l'autre; il fut une heure à tirer fes bottes; les chauffons eftoient trop eftroits. Le comte rioit comme un fou. Enfin le comte paroift. Maynard pourtant ne put diffimuler : il dit à Regnier qu'il luy demandoit pardon; mais au comte il luy fit des reproches, & luy dit que pour peu qu'ils euffent efté gens de cœur, ils euffent eu le loifir de fe couper cent fois la gorge [1]. »

Ce n'était pas feulement la haine des métaphores qui pouffait Malherbe à des fentiments d'hoftilité contre Defportes & fon neveu. Des raifons infiniment moins platoniques guidaient le poëte normand. Ce campagnard trouvait dans l'abbé de Tiron, l'affirmation de tous fes défauts. Il était pauvre, incivil dans fes allures & compaffé dans fes vers. Defportes était riche; malgré fon âge, il était d'une affabilité exquife ; & fes poéfies avaient de la foupleffe & de l'élégance. Du côté de Regnier, Malherbe avait bien d'autres fujets d'inquiétude. Le poëte chartrain était lié avec d'audacieux railleurs, les uns fort bien en cour & les autres de bonne roture. Cette école fatirique, qui s'attaquait avec une étrange violence à tous les perfonnages ridicules, donnait beaucoup de

---

1. Tall., *Duels & accommodements*, VII, 609.

foucis à Malherbe. Elle avait à fa tête Motin, Sigognes, Regnier & Berthelot. Motin & Regnier étaient protégés du roi. Sigognes, gouverneur de Dieppe, était le fecrétaire de la marquife de Verneuil; Berthelot, qui n'avait aucune attache officielle, s'était rendu important par fon audace & fa pétulance. Il prit à partie Malherbe [1], fe moquant du poëte & de fes amours en termes d'une crudité inouïe. Malherbe, pour impofer filence à ce rimeur qui l'attaquait dans fa galanterie, dans fes vers & dans fa nobleffe, fur quoi il était fort chatouilleux, fit adminiftrer des coups de bâton à Berthelot par un gentilhomme de Caen du nom de la Boulardière. Il efpérait avoir ainfi raifon d'un mauvais plaifant, mais l'admirée de Malherbe, la vicomteffe d'Auchy, ayant donné fon approbation à la baftonnade, Berthelot fe vengea durement. Il pourfuivit la dame de fes farcafmes, & pour lui rendre plus piquantes les railleries qu'il propageait contre elle, il en empruntait le texte aux pièces même où Malherbe exaltait les mérites de la vicomteffe [2]. Regnier eut à fon tour à fouffrir de la turbulence de Berthelot. La chronique fcandaleufe ne dit pas de quel côté venaient les torts; mais il eft à

---

1. Voir Tallemant des Réaux, éd. Techener, in-8°, 1854, I, 320, notes.
2. Le lecteur trouvera dans Tallemant, édit. cit., tom. I, 335, l'indication des pièces fatiriques de Berthelot contre la vicomteffe d'Auchy.

remarquer que, dans l'ode où Sigognes a rapporté le combat des deux poëtes, Regnier joue conftamment le rôle de l'agreffeur, vis-à-vis de fon adverfaire :

> Berthelot de qui l'équipage
> Eft moindre que celuy d'vn page.

> Sur luy de fureur il s'advance
> Ainfi qu'vn pan vers vn oyfon,
> Ayant beaucoup plus de fiance
> En fa valeur qu'en fa raifon
> Et d'abord lui dict plus d'iniures
> Qu'vn greffier ne faict d'ecritures.

> Berthelot auec patience
> Souffre ce difcours effronté,
> Soit qu'il le fit par confcience
> Ou de crainte d'être frotté,
> Mais à la fin Regnier fe ioue
> D'approcher la main de fa joue.

> Auffitoft de colere blefme,
> Berthelot le charge en ce lieu
> D'auffi bon cœur comme en carefme
> Sortant du fervice de Dieu
> Vn petit cordelier fe rue
> Sur une pièce de morue.

Cette grande querelle eut lieu en 1607. Elle n'eft point une lutte entre ennemis, la longanimité de Berthelot en fait foi. Elle paraît plutôt une fcène de reproches changée par la vivacité irréfléchie de l'un des acteurs en une scène de violence. Une raison sérieuse peut être invoquée en ce sens. Deux ans après cet incident, en 1609, un livre publié à l'inftigation de Berthelot, *les Mufes gaillardes*, contient pour la première fois le récit du combat, &, par égard pour le poëte battu, les noms des lutteurs ont été changés, ils s'appellent Barnier & Matelot.

L'école fatirique, dont les maîtres ont été défignés plus haut, eft aujourd'hui tombée dans l'oubli. Elle s'eft pourtant fignalée par la production d'œuvres caractériftiques. On lui doit la publication d'anthologies aujourd'hui fort recherchées des bibliophiles : *la Mufe folaftre* (1603), *les Mufes incogneues* (1604), *les Mufes gaillardes* (1609), *les Satyres baftardes du cadet Angoulevent* & *le Labyrinthe d'amour* (1615), *le Recueil des plus excellens vers fatiriques* (1617), *le Cabinet fatyrique* (1618), *les Délices fatyriques* (1620) & enfin *le Parnaffe fatyrique* (1622). Ici encore Berthelot apparaît dans toute fa pétulance. C'eft lui qui eft le promoteur de toutes ces œuvres malfaines. Contenu jufqu'à la mort de Motin, fon ami, par l'autorité de ce dernier, il donne, à partir de 1616, toute carrière à fon avidité de fcandale, il accole à l'œuvre de Regnier, qu'il proclame ainfi le maître du groupe, les pièces qui entreront plus tard dans le *Cabinet fatyrique*, & ne s'arrête enfin, après la publication du *Parnaffe*, que devant l'arrêt qui le frappe avec Théophile, Colletet & Frenicle.

On est surpris de ce débordement de la poésie pendant les vingt premières années du XVIIe siècle. L'histoire politique donne le secret de tant de laideurs. Les guerres de religion, les luttes de la Ligue avaient jeté tous les esprits dans un grand trouble. Les haines furieuses auxquelles les partis avaient obéi pendant de longues années s'apaisaient. Elles faisaient place à des sentiments plus calmes, mais encore trop proches des emportements de la veille pour n'en avoir pas conservé quelque violence. Tout se pacifiait lentement. L'esprit de raillerie seul ne capitulait pas. En lui s'étaient réfugiées les colères inassouvies. Aussi les poésies satiriques de 1600 à 1620 dénotent-elles plutôt un trouble passager qu'une corruption durable, & des excentricités de débauche plutôt que des habitudes d'impudeur. Les brutalités de la moquerie n'épargnaient pas même Henri IV. Sigognes, à l'occasion du siége d'Amiens, gourmanda crûment le roi trop occupé de galanteries. Beautru écrivait l'*Onosandre* contre le bonhomme Montbazon. La satire était partout : pour les grands à la cour, & pour le peuple au théâtre. Dans un sixain qui vaut une page d'histoire, le poëte contemporain, d'Esternod, a conservé les noms des acteurs justiciers des ambitieux grotesques, des personnages ridicules & des dames galantes :

  Regnier, Bertelot & Sigongne
  Et dedans l'hôtel de Bourgongne,

> Vautret, Valeran & Gasteau
> Jean Farine, Gautier Garguille,
> Et Gringalet & Bruscambille
> En rimeront vn air nouveau.

La pléiade à la tête de laquelle se trouvait Regnier était ainsi en grande réputation, & les apprentis satiriques l'invoquaient au début de leurs poëmes. Les uns, à défaut de verve, avaient pour eux le souvenir des maîtres moqueurs, les autres avaient tout à la fois l'esprit & l'admiration de leurs modèles. Parmi les derniers, Saint-Amant, dans sa pièce de *la Berne*, a dit :

> Chers enfans de la medisance...
> Vous que Mome en riand aduoue,
> Et dont les escrits font la moue
> A quiconque seroit si sot
> Que d'en oser reprendre un mot;
> Regnier, Berthelot & Sigongne...

Nous croyons avoir établi l'existence d'une école de satiriques opposée à l'école de Malherbe. Mais l'antagonisme littéraire n'excluait pas les rapprochements de l'inspiration, & plus d'une fois les rangs se mêlèrent. Maynard & Racan lui-même, l'auteur de douces bergeries, ont laissé des traces de leur voyage au *Parnasse satyrique*. D'autre part, Motin figure à côté de Malherbe dans les recueils des plus excellents vers du temps [1], & Regnier, placé au feuil du *Temple d'Apollon*, commence par une de fes élégies la férie des poëmes qui compofent cette anthologie.

Quelque amour que Regnier eût pour la raillerie, la gaufferie, comme on difait alors, il faut reconnaître qu'il y apportait une certaine réferve. Aucune des pièces où il s'abandonne aux licences de la fatire n'a paru fignée de lui. Les trois éditions de fes œuvres publiées de fon vivant ne comprennent aucun poëme d'une infpiration trop libre. Il y a mieux, par un fentiment de délicateffe dont un obfervateur attentif faifit aifément la portée, il a, dans l'édition de 1609, accrue de deux pièces nouvelles, les fatires X & XI, placé la fatire adreffée à Freminet devant le Difcours au Roi, afin d'éviter, pour ce dernier poëme, le voifinage du tableau que Broffette appelle pudiquement *le Mauvais Gite*. Les excentricités poétiques de Regnier nous ont été révélées après fa mort, &, felon toute prévifion, contre fon gré, car il n'échappera à perfonne que, dès 1613, les œuvres de Regnier font groffies de ftances & d'épigrammes d'un ton cru, for-

---

1. Ces recueils n'ont pas été moins nombreux que les anthologies fatiriques dont nous avons donné la lifte. Les plus importants font : *les Mufes françoifes ralliées de diverfes parts,* par le fieur Defpinelle, Lyon, 1603 ; *le Parnaffe des plus excellents poetes de ce temps,* Paris, 1607 ; *le Nouveau Recueil des plus beaux vers de ce temps,* Paris, 1609 ; *le Temple d'Apollon,* Rouen, 1611 ; *les Délices de la poéfie françoife,* de Roffet, Paris, 1615 ; *le Cabinet des Mufes,* Rouen, 1619.

mant le contraste le plus inattendu avec les satires mêmes où le poëte s'égaye en toute liberté. Un éditeur, ami de Regnier, passionné pour ses moindres productions, a tiré de l'ombre les pages que l'auteur avait condamnées, & qu'il regardait comme l'écume de son esprit. Plus tard, Berthelot & les imprimeurs du *Cabinet* & du *Parnasse satyriques* compléteront impitoyablement les indications primitives que l'on peut attribuer à Motin.

C'est à Rome que Regnier s'adonna tout entier à la satire. Le lieu était merveilleusement favorable. Le poëte, dépourvu d'ambition, n'avait à craindre de personne autour de lui des reproches à ce sujet. Malgré les mille petits soins qui constituaient sa charge auprès du cardinal de Joyeuse, il n'était guère entravé dans son penchant pour l'étude ou pour l'observation. Il était dans la Rome d'Horace & d'Ovide, aussi bien que dans celle de la papauté. Les intrigues, qu'il dédaignait de pénétrer, mettaient en mouvement devant lui de curieux personnages. Les aventures galantes avaient pour lui un charme dont il a confessé toute l'influence dans ses vers. Il a conquis de ce côté tout le terrain abandonné par lui dans la carrière diplomatique. Venu trop jeune à Rome, avec un tempérament très ardent, il a de trop bonne heure goûté les enchantements des Circés romaines. Maintes fois cependant il est parvenu à s'arracher à leurs embrassements, & ces heures d'indépendance nous ont donné le poëte que nous admirons.

Dans ces retours à lui-même, Regnier étudiait les poëtes latins dont les vers offraient à sa curiosité paresseuse les portraits d'originaux indestructibles; & les types qu'il ne pouvait trouver dans Horace ou dans Ovide, il les rencontrait dans les poëtes burlesques de l'Italie contemporaine. Il n'est même guère douteux que Regnier ne soit entré en relations avec l'un d'entre eux, César Caporali, secrétaire du cardinal Acquaviva[1]. Ce poëte avait soixante-six ans, lorsque Regnier arriva à Rome, & ses œuvres furent publiées[2] peu de temps après, avec les satires du Berni, du Mauro, dont il continuait la tradition. Soit que Regnier ait personnellement connu cet écrivain, ou qu'il ait été poussé par d'autres à étudier ses ouvrages, il s'inspira de ses *Capitoli*. Il a notamment imité la satire *del Pedante*, écrite contre un pédant orgueilleux.

Il a également fait des emprunts aux *Capitoli* du *Mauro, in dishonor dell' honore*[3], pour sa IVe satire. Mais tout en prenant de ci de là dans autrui, Regnier, copiste indocile, plutôt en quête d'un cadre que d'un

---

1. En décembre 1597, Joyeuse revint en France & laissa le cardinal Acquaviva à Rome, comme vice-protecteur des affaires de France. Voir d'Ossat, lettres, &c.

2. In Venetia, presso G. B. Bonfudino, 1592. Rime piacevole di Cesare Caporali, del Mauro, e d'altri autori.

3. Il primo libro dell' opere burlesche di Francesco Berni, del Mauro,... in Firenze. 1548, ff. 99 à 162 & 117 à 122.

fujet, modifiait toutes les données du poëme, dans lequel on ferait mal à propos tenté de le voir commettre de laborieux plagiats. Sur le fol remué par d'autres, Regnier prenait pied pour un inftant, il faifait des reconnaiffances, puis bientôt emporté par fon infpiration, il modifiait le plan primitif. Il abandonnait ce qui aurait gêné fon allure, fubftituait fes vues à celles dont la beauté lui paraiffait peu faififfante, & accumulait des afpects là où le vide occupait trop d'efpace. Pour fe convaincre de l'originalité de Regnier dans l'imitation, il fuffit de comparer la fatire VIII avec celle d'Horace (I, 9), *Macette* & *l'Impuiffance* avec les élégies d'Ovide (*Amours*, I, 8, & III, 7). Ce parallèle attrayant met en pleine lumière le génie de Regnier, & montre combien était maître de lui ce poëte qui, dans l'affujettiffement même, échappe à toute entrave, & fe montre original où de plus célèbres que lui fe font fait un nom.

Cette qualité dominante, qui élève Regnier au premier rang, avait appelé fur lui l'attention du frère de Sully, Philippe de Béthune, ambaffadeur auprès du Saint-Siége. On s'eft un peu trop empreffé de dire que lepoëte chartrain avait fuivi ce diplomate à Rome en 1601. Nous avons, au contraire, vu par un extrait de la correfpondance de du Perron à la date du 9 novembre 1602, que Regnier était alors en France & qu'il faifait encore partie de la maifon du cardinal de Joyeufe. Il eft même douteux qu'il ait eu d'autre patron que ce prélat. La vérité bien probablement eft que, porteur de communications confidentielles échangées entre François de Joyeufe & Philippe de Béthune, dont le cardinal d'Offat a vanté l'exquife affabilité, Regnier aura fu gagner les bonnes grâces de l'ambaffadeur de Henri IV. De là cette VIe fatire, que Regnier n'eût certes point dédiée à un maître, & ces chanfons auxquelles il fait allufion dans la même pièce. Il ne nous eft rien refté de ces créations légères que Regnier traitait comme fes fantaifies fatiriques, demandant pour elles le bon accueil d'un feigneur aimable, non l'approbation de la poftérité.

Une autre raifon paraît faire obftacle à la tradition d'après laquelle Regnier aurait été le fecrétaire de Philippe de Béthune. Le frère du furintendant eft refté cinq ans à Rome [1]. Or Regnier, pendant ce temps, eft en voyage, tantôt en Italie, tantôt à Paris. Ici, fon patron le laiffe livré à lui-même, partageant fes loifirs entre la pléiade dont il eft l'âme, & fon oncle qui lui impofe des travaux dont il ne veut plus fe charger.

Tallemant a raconté, avec la bonhomie propre aux chroniqueurs de ce temps-là, un incident qui dut foulever un grand orage dans la maifon de l'abbé de Tiron. Cet homme circonfpect commit un jour une

---

1. Ses inftructions font datées du 23 août 1601. V. Manus. de la Bibliothèque nationale, F. fr. 3484; Ses dernières lettres font de décembre 1605.

groffe imprudence. Il en fut cruellement puni. Rien
n'indique toutefois qu'il en ait gardé rancune à fon
neveu. Pour un fot, il n'eft pas de colère durable
entre amis, à plus forte raifon entre parents :

« Defportes eftoit en fi grande réputation, que tout
le monde luy apportoit des ouvrages pour en avoir
fon fentiment. Un advocat luy apporta un jour un
gros poëme qu'il donna à lire à Regnier, afin de fe
deflivrer de cette fatigue. En un endroit cet advocat
difoit :

Ie bride icy mon Apollon.

« Regnier efcrivit à la marge :

Faut auoir le ceruau bien vide
Pour brider des Mufes le Roy ;
Les Dieux ne portent point de bride,
Mais bien les Afnes comme toy.

« Cet advocat vint à quelque temps de là, & Defportes luy rendit fon livre, après luy avoir dit qu'il
y avoit de bien belles chofes. L'advocat revint le
lendemain, tout bouffy de colère, &, luy montrant ce
quatrain, luy dit qu'on ne fe mocquoit pas ainfy des
gens. Defportes reconnoift l'efcriture de Regnier,
& il fut contraint d'avouer à l'advocat comme la
chofe s'eftoit paffée, & le pria de ne lui point imputer
l'extravagance de fon nepveu [1]. »

1. Tall., *Hist. de des Portes*, I, 96.

Desportes mourut, le 6 octobre 1606, en son abbaye de Bonport, où il fut enterré [1]. L'opulent abbé ne laissait rien à son neveu [2]; & le testament, découvert en 1853 par MM. Chassant & Bréauté, dans les Archives de la vicomté de Pont-de-l'Arche, est venu confirmer d'une manière plus intime encore l'inexplicable situation faite à Regnier par un oncle qui ne marchandait guère sa protection aux étrangers. Avant de juger Desportes sur ce point & de le condamner, il faut lire avec attention l'expression de ses volontés dernières. Après avoir laissé à ses héritiers les biens qui lui sont venus par successions paternelles & maternelles, & les parts acquises d'eux en l'état où elles sont, il lègue à son frère de Bévilliers tous ses biens, meubles, acquêts & conquêts. Il donne quittance à sa sœur Simonne de toutes les sommes dont elle était débitrice tant en principal qu'en intérêt, & il ajoute qu'il la tient quitte de tout le maniement qu'elle a eu de son bien jusqu'au jour de son décès, moyennant qu'elle baille mille écus à la fille aînée Dupont Girard, sa nièce. Simonne Desportes était veuve

1. V. *Gallia christiana*, XI, 669, l'épitaphe que son frère fit inscrire sur son tombeau & à la suite l'éloge de Sainte-Marthe. Voir aussi Lenoir, *Musée des monuments français*.

2. Desportes obtint, le 31 mai 1583, un canonicat en l'église de Chartres. Il résigna cette prébende en faveur de son neveu, Jean Tulloue, qui prit possession le 11 janvier 1595. V. Souchet, *Histoire de Chartres*, t. II, dans les Mémoires de la Société archéologique d'Eure-&-Loir.

depuis neuf ans, fon mari était mort en 1597, à Paris, où il avait été envoyé pour traiter d'affaires intéreffant la ville de Chartres. L'abbé, qui avait une nombreufe famille, ne crut pas devoir favorifer deux têtes dans la même branche. Il était du refte fondé à penfer que fur fes quatre abbayes de Bonport, de Jofaphat, de Tiron & des Vaux de Cernay, Mathurin Regnier, alors bien en cour, ne faillirait point d'en obtenir une.

Ce qui donne quelque valeur à toutes ces fuppofitions eft le paffage fuivant d'une élégie latine de Rapin. Ce poëte, ami de Defportes & de Regnier, a décrit dans cette pièce déjà citée [1] les obfèques de l'abbé de Bonport, & quoiqu'il ait donné à cette cérémonie une grandeur qu'elle n'a pu avoir, puifque le fervice funèbre n'eut point lieu à Paris, il n'eft pas douteux cependant que Rapin n'ait voulu, dans ce dernier hommage, fe montrer l'interprète fidèle des regrets témoignés au mort par tous ceux qui l'avaient connu. Voici donc les vers dans lefquels Rapin nous fait voir, derrière le cercueil de Defportes, fon frère Thibaut & Mathurin, fon neveu.

> Primus ibi frater lente Beuterius ibat
> Ante alios largis fletibus ora rigans.
> Illum non folantur opes, fundique relicti :
> Nec pietas, & amor frena doloris habent.
> Hinc tu tam charo capiti Reniere fuperftes

[1] V. plus haut, page XXXIII.

Portœum fequeris proximitate genus;
Virtutumque quibus clarebat avunculus hæres
Nativam ore refers ingenioque facem [1].

Cette courte citation permet d'affirmer qu'aucune méfintelligence ne fubfiftait entre Defportes & Regnier. A l'époque où cette élégie fut écrite, les difpofitions dernières de Defportes étaient connues. Si elles avaient pu être confidérées comme un témoignage de difgrâce, Rapin n'eût pas placé Regnier à côté de fon oncle, le grand audiencier de France, Thibaut Defportes, fieur de Bevilliers. Dans ce rapprochement, le poëte latin a montré les fentiments dont étaient pénétrés fes perfonnages, & fes vers peuvent être invoqués avec autant de confiance qu'un document hiftorique.

Il ne fallut pas moins qu'un fils du roi pour empêcher Regnier de fuccéder à l'une des abbayes dont était pourvu Defportes. Mais ce prince, illégitime enfant de Henri IV & de la marquife de Verneuil, était fi jeune alors, qu'on a tout lieu de croire à des machinations particulières pour expliquer la mauvaife fortune du poëte. Henri de Bourbon, fils de Catherine-Henriette de Balzac, avait fix ans [2] lorfqu'il

[1]. Rapin, Rec. cit., p. 50. *Portœi exequiæ*.

[2]. Il était né en octobre 1601. V. le P. Anfelme, *Maifon royale de France*.

D'après la *Gallia chriftiana*, Henri de Bourbon naquit en février 1603. C'eft la date de la légitimation.

reçut les abbayes de Bonport, de Tiron & des Vaux de Cernay[1]. Un puiffant, bleffé par Regnier, prenait fa revanche & écartait le fatirique des bénéfices auxquels il avait quelque droit de prétendre, &, pour lui oppofer un obftacle infurmontable, allait chercher chez le roi lui-même le fucceffeur de Defportes. Les inveftigations les plus ferrées n'ont pu conduire à la découverte du mauvais génie dont l'influence l'emporta. Néanmoins Regnier reçut une compenfation ; & ce fut par l'influence du marquis de Cœuvres[2], le frère de Gabrielle d'Eftrées, qu'il obtint, fur l'abbaye des Vaux de Cernay, une penfion de 2,000 livres. D'après Tallemant[3], le véritable chiffre aurait été de 6,000 livres, & à l'époque où Regnier recevait ce bénéfice, il fe trouvait en poffeffion d'un canonicat à Chartres. Sur le premier

---

1. Jofaphat ne fut pas donnée à Henri de Bourbon. En voici probablement le motif. Dès 1594, Defportes avait fait un partage des biens de l'abbaye avec fes moines. Il ne convenait pas qu'un prince reçût un bénéfice appauvri de la forte. Voir, pour la fuite des fortunes de l'abbaye, la *Gallia chriftiana*, VIII, 1285.

2. Le marquis de Cœuvres, Annibal-François d'Eftrées, époufa en premières noces la fille de Philippe de Béthune. Vingt-fix ans avant fon expédition de la Valteline (1626) où il mérita le bâton de maréchal de France, il fit une campagne en Savoie. Bien qu'un peu fantafque, il a été très-confidéré de fon temps comme militaire & comme politique. Il a laiffé des mémoires fur les deux régences de Marie de Médicis (1610 à 1617) & d'Anne d'Autriche (1643 à 1650). Ces derniers font demeurés inédits.

3. *Hiftoriettes*, éd. in-8°, I, 95.

point, le témoignage de Regnier vient diffiper toute incertitude. Après la mort du roi, le poète éprouva quelques difficultés dans le payement de fa penfion, &, au milieu de fes tracafferies, il adreffe à l'abbé de Royaumont une épître burlefque où il s'exprime ainfi :

> On parle d'vn retranchement,
> Me faifant au nez grife mine,
> Que l'abbaye eft en ruine,
> Et ne vaut pas, beaucoup s'en faut,
> Les deux mille francs qu'il me faut [1].

A l'égard du canonicat de l'églife de Chartres, deux dates ont été propofées par les biographes. D'après Broffette, Niceron & l'abbé Goujet, Regnier aurait, le 30 juillet 1604, pris poffeffion d'un canonicat obtenu par dévolut en l'églife de Chartres pour avoir dévoilé une fupercherie indigne. Le réfignataire, afin d'avoir le temps de fe faire admettre à Rome, avait pendant plus de quinze jours tenu cachée la mort du dernier titulaire, dont le corps avait été enterré fecrètement. Puis une bûche inftallée dans le lit du défunt avait, après l'arrivée des bulles de la chancellerie romaine, reçu les honneurs publics de la fépulture due au chanoine trépaffé.

Telle eft la légende dont le dernier épifode eft la nomination de Regnier. Il avait découvert la fraude ; on caffa la réfignation, & il obtint par dévolut le

---

1. V. p. 203. Pièce publiée pour la première fois par les Elzéviers, 1652.

canonicat devenu vacant. L'épigramme sur Vialard, rapportée par Ménage dans l'*Antibaillet*[1], a contribué à accréditer cette révélation singulière dans l'esprit de Brossette; mais il n'osa point aller jusqu'à déclarer que Vialard, compétiteur de Regnier pour le canonicat de Notre-Dame de Chartres, fût en même temps l'auteur de la supercherie portée à sa connaissance. M. Viollet-le-Duc n'a admis l'historiette ni dans son édition de 1822, ni dans celle de 1853. M. Lacour l'a également rejetée par un sentiment de défiance étendu à toutes les particularités bizarres de la vie de Regnier[2]. M. de Barthélemy s'est prononcé hardiment contre Vialard, & les autres éditeurs se sont bornés à répéter sans examen ce qu'avait écrit Brossette.

Avec M. Viollet-le-Duc, M. Lucien Merlet, archiviste du département d'Eure-&-Loir, s'est montré hostile à une anecdote dont l'origine est obscure & dont le caractère est douteux. Pour prendre parti dans le même sens, les nouveaux biographes de Regnier peuvent invoquer de sérieuses considérations. Tout d'abord notre poëte a succédé à Claude Carneau[3], & le décès de ce chanoine ne paraît avoir été signalé

---

1. 1688, II, 343.

2. Cette défiance aurait dû empêcher M. Lacour de publier *en français* la profession canonique de Regnier, comme le seul autographe que nous ayons du poëte.

3. « Par mort, » ajoute le Registre de réception des chanoines dont M. Lecocq a bien voulu m'envoyer un extrait.

par aucune circonſtance extraordinaire[1]. D'un autre côté, Félix Vialard, en qui l'on ferait tenté de voir le compétiteur déjoué par Regnier, était prieur de Bû, près Dreux. Le 2 octobre 1613, il eſt devenu chanoine de Chartres. Peut-on dès lors, en l'abſence d'informations préciſes, ſuppoſer que ce prêtre ait commencé ſa carrière[2] par des manœuvres ſacriléges ? Ne convient-il pas enfin d'obſerver que la priſe de poſſeſſion de Regnier n'eſt pas du 30 juillet 1604, mais bien du 3 juillet 1609 ? Cette dernière date eſt établie par le texte de la profeſſion canonique dont nous devons la découverte à M. Merlet. Ce document, reproduit plus bas en fac-ſimile d'après le livre de réception des chanoines de Chartres, eſt conçu en ces termes :

Ego Mathurinus Renier canonicus Carnotenſis, juro & profiteor omnia & ſingula quæ in profeſſione fidei

---

1. Les funérailles de Carneau offrent cependant une particularité. Elles furent accomplies pendant la nuit. Voici du reſte l'extrait des regiſtres de l'état civil de la paroiſſe de Saint-Saturnin :

« Le 15ᵉ juin 1609, déceda diſcrète perſonne maiſtre Claude Carneau, vivant chanoyne de Chartres, & fut inhumé en l'églyſe de céans *nuiĉtamment.* »

2. La carrière eccléſiaſtique de Félix Vialard ne fut pas brillante. Elle ſemble avoir été arrêtée court. En 1622, il quitta le diocèſe de Chartres pour celui de Meaux, où il mourut le 4 juillet 1623, doyen du chapitre, à l'âge de trente-ſix ans. Cependant ſon frère puîné, Charles, eſt devenu général des Feuillants & évêque d'Avranches, & ſon neveu, Félix, né en 1613, a été nommé évêque de Châlons-ſur-Marne à vingt-ſept ans.

continentur.[1] *a me emiſſa*.[2] *coram dominis de capitulo & *[3] *ſupraſcripta. Ita deus me adjuvet. Actum Carnuti anno Domini 1609, die 3º julii.*

MRENIER

Cet avancement marque une phaſe nouvelle dans la vie de Regnier. A compter de ce jour, toutes ſes relations ſe concentrent. Juſqu'ici d'ailleurs nous l'avons vu ſe mouvoir dans un cercle aſſez reſſerré d'amis littéraires, ou d'hommes politiques unis par des liens de famille. Deſportes, favori d'Anne de Joyeuſe & de Villars, fait attacher ſon neveu au cardinal, protecteur des affaires de France. Chez ſon oncle, Regnier a rencontré l'héritier de l'amiral, Georges de Brancas Villars, époux d'une ſœur de Gabrielle d'Eſtrées, & par conséquent le beau-frère du marquis de Cœuvres. Son ami Charles de Lavardin, abbé de Beaulieu à ſept ans, évêque du Mans à quinze, était par Catherine de Carmaing, ſa mère, parent du comte de Montluc. Bertault, condiſciple de Du Per-

---

1. La lecture de ce mot a ſoulevé bien des doutes. Mon compatriote, M. Ulyſſe Robert, de la ſection des manuſcrits de la Bibliothèque nationale, a lu dans les deux parties de ce mot : *Chriſtiane*. M. Léopold Deliſle, juge de la queſtion, a approuvé le ſens fourni par cette lecture. M. Lucien Merlet, d'autre part, tout en reconnaiſſant qu'il y a matière à difficulté, invoque pour maintenir *continentur*, la comparaiſon des autres formules de profeſſion, où le mot douteux ſe retrouve toujours, & peu liſiblement écrit.

2. Ici trois mots biffés : *& ſupra ſcripta*.

3. Surcharge. Sous le mot *et*, on lit diſtinctement *die*.

ron, avait été pouffé par celui-ci chez Defportes. Regnier avait connu Freminet à Rome; dans cette même ville, il avait fu intéreffer à lui Philippe de Béthune. Il avait rencontré à Vanves Rapin & Paf-ferat. Avec Motin, il fe dérobait aux fujétions mondaines que lui impofait le féjour de Paris. Lorfqu'il eut été reçu chanoine de Chartres, il devint bientôt l'hôte affidu de fon évêque, Philippe Hurault, fils du chancelier de Chiverny, petit-fils de Chriftophe de Thou. A ce double titre, le prélat trouvait dans Regnier, en même temps qu'un poëte, un intime, prefque un proche.

Cette liaifon était particulièrement précieufe pour le poëte chartrain. L'évêque était en même temps un abbé. Il avait un palais épifcopal & des maifons des champs. Ces retraites délicieufes, abbayes de princes, s'appelaient Pont-Levoy, Saint-Père, La Vallace & furtout Royaumont. Le chancelier en avait fait pourvoir fon fils dès 1594, avant même qu'il eût quitté le collége de Navarre. Dans l'efprit du vieux politique, l'abbaye de Saint-Père devait affurer à Philippe Hurault la fucceffion de fon oncle Nicolas de Thou. Ce calcul ne fut pas trompé. En 1598, l'évêque de Chartres mourut. Philippe, nommé au fiége épifcopal, ne fut confacré que dix ans plus tard, felon le droit de régale [1].

1. Voir, fous la date du 28e jour d'aouft 1608, le procès-verbal de réception de Me Philippe Hurault, abbé commendataire des abbayes

Pour obtenir l'abbaye de Royaumont, le chancelier fe tourna vers un autre de fes parents, Martin de Beaune de Semblançay, qui en était le commendataire, & qui occupait l'évêché du Puy. Par fuite des prodigalités de ce perfonnage, la vieille abbaye était fort délabrée, & le peu de revenus qu'on en pouvait tirer étaient faifis par les créanciers du prélat. Le bénéfice n'était donc plus tenable. Martin de Beaune réfigna la commande; Philippe Hurault en fit pourvoir fon fils par brevet du roi & par arrêt du confeil. Pour prix d'une complaifance qui lui coûta feulement le titre d'abbé, Martin de Beaune jouit jufqu'à fa mort des produits de l'abbaye. Entre les mains de fon nouveau maître, la fondation de faint Louis fe releva promptement, & reprit bientôt fa place parmi les plus belles réfidences du royaume. Regnier fit de longs féjours à Royaumont. Le temps des grands voyages était paffé pour lui. Dans cette pittorefque Thébaïde, le poëte goûtait, après bien des années d'agitation ftérile, le repos & l'indépendance qui avaient manqué à fa jeuneffe. Il femblait même que la fortune, cette grande capricieufe, fe tournait vers lui au moment où il ne la recherchait plus. Il avait

de Pont-Levoy, Saint-Père, Royaulmont & La Vallée, Confeiller du roy en fon confeil d'État & privé, par Claude Nicole, licencié ez lois, chambrier, juge & garde général de la juridiction temporelle du Rév. Père en Dieu, Me Philippe Hurault, évefque de Chartres.

(Biblioth. de Chartres. Papiers de l'abbé Brillon.)

été chargé d'écrire les poëmes & les devises de l'entrée de Marie de Médicis à Paris, après son couronnement à Saint-Denis. La mort de Henri IV survint inopinément & ces projets de fêtes pompeuses firent place à des cérémonies funèbres [1]. Regnier perdait avec son roi le seul protecteur qui lui était resté. A partir de ce moment, le poëte, rebuté par les déceptions, se replie sur lui-même. Il devient irritable & ne se manifeste plus que par des plaintes. Mais si son humeur est aigrie, son génie reste intact. Des transports de sa colère, il écrit son admirable satire de *Macette* [2]. Ressaisi enfin & égaré par le démon de sa

---

1. J'ay veu de Regnier escrit à la main, l'entrée qui devoit être faite à la reyne Marie de Medicis à Paris, avec toutes les inscriptions composées par luy. Mais la mort de Henri IV survenuë inopinement, empecha cette grande ceremonie & fit supprimer cet ouvrage. Il est facile de voir dans ces vers que Regnier aymoit la desbauche.

(Rosteau, *Sentences sur divers escrits*. Manuscrit de la Bibl. Sainte-Geneviève.)

2. Ce poëme fut accueilli avec une grande faveur, &, en 1643, il contribuait encore, pour beaucoup, à la vogue constante des œuvres du poëte chartrain. Le maître des Comptes Lhuillier, père de Chapelle, écrivait au grave mathématicien Bouillaud, chez M. de Thou : « Je vous prie de chercher sur le Pont-Neuf, ou en la rue Saint-Jacques, ou au Palais, les Satyres ; elles se vendent imprimées seules, in-8°. Ce sont celles que j'aymerois le mieux ; mais je crains qu'elles ne soient mal aisées à trouver. Il y en a d'autres fort communes, imprimées avec un recueil d'assez mauvais vers & mal imprimées. A défaut des autres, vous prendrés celles là s'il vous plaist & séparerés les Satyres, que vous m'envoirés dans un paquet tout comme vous les aurés tirées. Mais il y

jeuneſſe, quoiqu'il s'en défende devant Forquevaus, il meurt à Rouen, où il était allé chercher clandeſtinement, où il croyait avoir trouvé la guériſon d'un mal inavouable.

« Regnier, dit Tallemant, familier avec les plus répugnantes confidences, Regnier mourut à trente-neuf ans à Rouen, où il eſtoit allé pour ſe faire traiter de la verolle par un nommé Le Sonneur. Quand il fut guéry, il voulut donner à manger à ſes médecins. Il y avoit du vin d'Eſpaigne nouveau; ils lui en laiſſèrent boire par complaiſance; il en eut une pleuréſie qui l'emporta en trois jours [1]. »

Regnier mourut dans l'hôtellerie de l'Écu d'Orléans, rue de la Priſon, proche le vieux marché. Ses entrailles furent dépoſées dans l'égliſe Sainte-Marie-Mineure, que l'on voit encore au coin de la rue des Bons-Enfants où elle ſert aujourd'hui de ſynagogue [2]. Le corps du poëte, enfermé dans un cercueil de plomb, fut, ſelon ſon vœu, inhumé à l'abbaye de Royaumont.

La réputation de Regnier, déjà grande de ſon vi-

---

a encore à prendre garde qu'en une impreſſion ancienne la *Macette* manque, qui eſt la meilleure pièce & qui commence : *La fameuſe Macette*. » Cet extrait de la correſpondance de Lhuillier avec Bouillaud, donné par M. Paulin Paris dans le quatrième volume de ſon édition de Tallemant, eſt doublement précieux. Il nous montre à quel degré de rareté étaient déjà parvenues, trente ans après la mort de Regnier, les éditions originales des ſatires.

1. *Hiſt. de Deſportes*, éd. in-8°; I, 96.
2. V. La *Revue de Normandie*, année 1868, p. 611.

vant [1], s'accrut encore après lui. Cet hommage à la mémoire du poëte eſt atteſté d'abord par les nombreuſes éditions qui furent données de ſes œuvres de 1613 à 1626. Pendant ce court eſpace de temps, les ſatires furent réimprimées chaque année. Il y a plus, on connaît pour 1614 cinq éditions [2] de Regnier.

Au-deſſus de ces preuves matérielles de l'eſtime des contemporains, il faut placer des témoignages plus motivés. Sur ce point, l'hiſtoire nous réſerve mainte ſurpriſe, car Regnier a eu pour admirateurs des eſprits abſolument oppoſés, dont on pourrait dire qu'ils ne ſont jamais tombés d'accord ſi ce n'eſt au ſujet du poëte chartrain.

Au premier rang des juges de Regnier, ſe place le père Garaſſe. Indépendamment de ſa prédilection

1. On lit dans le *Regiſtre-journal de Henry IV*, par l'Eſtoile, édition Champollion, t. II, p. 494, ſous la date du 15 janvier 1609 :

« Le jeudi 15, M. D. P. (Du Puy) m'a preſté deux ſatyres de Reynier, plaiſantes & bien faites, comme auſſi ce poete excelle en ceſte maniere d'eſcrire, mais que je me ſuis contenté de lire, pour ce qu'il eſt après à les faire imprimer. »

Et plus loin :

« Le lundi 26, j'achetai les Satyres du ſieur Renier, dont chacun fait cas comme d'un des bons livres de ce temps, avec une autre bagatelle intitulée : *le Meurtre de la Fidélité*, eſpagnol & françois. Elles m'ont couſté les deux, reliées en parchemin, un quart d'eſcu. »

2. Rouen, Jean du Boſc; Paris, Ant. du Breuil, Pierre Gobert, Lefevre, & Abr. Guillemau.

pour les fatires, le fougueux jéfuite, l'adverfaire de
Pafquier & le dénonciateur de Théophile, trouvait
dans leur auteur un auxiliaire pour combattre fes
ennemis. A l'un, il reprochait de n'avoir pas, dans
fon tableau de la poéfie françaife, cité Regnier
comme un maître ; à l'autre, il faifait un crime de fon
impiété, lui montrant dans Regnier le pécheur & le
pénitent. Les citations des fatires abondent non-feulement dans les *Recherches des Recherches*[1], mais
dans *la Doctrine curieufe*[2]. Elles conftituent pour
Garaffe un élément de réquifitoire & comme la dépo-
fition d'un témoin.

Il ferait affurément fort intéreffant d'examiner
avec quelque détail le perfonnage que Garaffe a fait
de Regnier dans fes deux volumes ; mais cette digref-

1. Paris, Chappelet, 1622. Pp. 112, 177, 179, 260, 401, 526, 570, 648, 687, 913 & 951.

2. Paris, Chappelet, 1623. Pp. 36, 49, 61, 86, 123, 351, 428, 446, 907 & 971.

L'épitaphe de Regnier, tirée des *Recherches*, fe retrouve dans *la Doctrine curieufe*, p. 107. Garaffe, parlant de l'auteur, le traite « de jeune libertin, lequel fe voyant abandonné des médecins en la fleur de fon aage, compofa luy mefme fon épitaphe, au lieu de fonger à vne bonne & generalle confeffion de fa vie. »

Puis il ajoute : « Il eft vray que cette fougue de jeuneffe peut eftre excufée en certaine manière, & en effect fon autheur eftant relevé changea bien d'advis & de façon de vivre, quoy qu'il y ait faict des vers affez libertins.

« Morte tamen laudandus erit, nam fine decoro
Hoc tantùm fecit nobile, quod periit. »

fion nous conduirait trop loin. Ce qui importait au sujet, la preuve de la vieille réputation de notre poëte, est maintenant établi.

Entre Garasse & Boileau, qui, le dernier venu, mais non le moins autorisé, proclama Regnier le maître de la satire, & le choisit hautement pour modèle, apparaissent Colletet & Mlle de Scudéry. L'historiographe de nos poëtes s'était proposé d'écrire une notice importante sur la vie de Regnier. Par malheur, l s'en est tenu aux premières pages de son travail, qui n'a point été achevé. Aucun éclaircissement n'a été donné sur l'existence du poëte. En cette occasion, la curiosité se trouve encore inutilement mise à l'épreuve. Toutefois les considérations générales qui nous restent méritent d'être recueillies. Elles montrent comment Regnier était vu par un critique familier avec tous nos poëtes, & les exagérations mêmes de Colletet sont précieuses pour nous, parce qu'elles ont tout le relief d'une opinion universellement admise. Le morceau que nous allons offrir au lecteur est, en définitive, un portrait du temps. Certains traits sembleront trop lourds, d'autres paraîtront à peine indiqués, toutes ces imperfections tiennent à l'optique d'alors. Elles ajoutent à la sincérité du tableau, qui se recommande par un abandon & une franchise compatibles avec la plus grande justesse.

Colletet prend son récit d'un peu haut. Afin de

proportionner la citation qui va suivre au cadre de cette notice, il est nécessaire d'en restreindre les termes au sujet qui nous occupe :

« Le roi Henry le Grand étoit l'ennemy des flatteurs & des lâches. Il lui importoit peu qu'ils fussent publiquement reconnus pour ce qu'ils estoient ; si bien que sous son regne, la satyre s'acquit un tel credit, qu'il n'y avoit point de poete à la Cour qui, pour acquerir du nom, ne se proposast de marcher sur les pas d'Horace & de Juvenal, & de faire apres eux des satyres à leur exemple. Mais certes, celuy qui l'emporta bien loin dessus les autres dans ce genre d'écrire, qui offusqua les Motin, les Berthelot & les Sigognes, & qui devint mesme plus qu'Horace & plus que Juvenal en nostre langue, ce fut l'illustre Regnier ; esprit en cela d'autant plus admirable qu'entre les nostres, il n'y en avoit pas encore eu qu'il eust peu raisonnablement imiter. Car encore que nos anciens Gaulois eussent composé des sirventes, que François Villon, que François Habert, que Clement Marot & quelques autres eussent fait des Satyres, c'estoit à dire vray, plustost de simples & froids coqs à l'asne, comme ils les appeloient alors, que de veritables poemes satyriques. Aussi Ronsard l'advoue luy-même lorsqu'il dit dans une Elegie à Jean de la Peruse, que jusques en son temps aucun des François n'avoit encore réussi ny dans la satyre, ny dans l'epigramme, ce qu'il espere un jour devoir arriver :

L'vn la fatyre & l'autre plus gaillard
Nous fallera l'épigramme raillard.

« Mais, fi d'un coté il y eut beaucoup de difficultés dans ce travail pour Regnier, il y eut beaucoup de gloire pour luy à l'entreprendre, puifqu'il y réuffit de telle forte que le vray caractere de la Satyre fe rencontre dans les fiennes, car la Satyre n'a pour fin & pour objet que l'imitation des actions humaines. Quel autre poete les a mieux & plus vivement repréfentees aux yeux des hommes ? Et comme ces actions font diverfes, quel autre en a mieux encore reprefenté l'agreable varieté ? Dans la vive peinture qu'il en a faite, ne rend-il pas les unes dignes de pitié & de commiferation, les autres dignes de mefpris & de haine, les autres dignes de rifée ? En effet, c'eft dans fes efcrits que l'on peut voir les ambitieux & les avares, les ingrats & les prodigues, les fuperbes & les vains, les flatteurs & les babillards, les parafites & les bouffons, les medifans & les pareffeux, les debauchés & les impies fournir une ample carriere à fa mufe ulceree & un libre exercice à fa plume piquante, ce qu'il fait avec tant de fel & de pointes d'efprit, des ironies tellement naturelles & avec des railleries fi naïves, qu'il eft bien malaifé de le feuilleter fans rire & fans en même temps concevoir l'averfion qu'il prétend infpirer des imperfections & des crimes des hommes. Ainfi cela s'appelle dorer la pilule pour la faire avaler plus doucement. Il guerit infenfiblement par elle les uns de leur noire melancolie & degage les autres des attachements coupables, & en cela comme il avoit exactement feuilleté les escrits des anciens poetes latins que j'ay nommés & italiens modernes, il ne feint point d'en transporter les plus beaux traits dans ses escrits, & d'enrichir ainsi la pauvreté de nostre langue, de leurs plus superbes despouilles.

« Aussi dès qu'il eut publié ses Satyres, on peut dire qu'elles furent receues, avec tant d'applaudissements que jamais ouvrage n'a mieux été receu parmi nous. Les differentes editions qui en ont été faictes dans presque toutes les bonnes villes de France & dans la Hollande mesme, sont des preuves immortelles de cette verité que j'avance. »

Une énumération complète des panégyriques de Regnier serait de peu d'utilité. Le mot d'ordre a été donné par Colletet. Il ne variera guère. Que l'on juge le poëte isolément ou qu'on l'oppose à ses rivaux, il excelle & il l'emporte. Il excelle parmi les satiriques parce que « il peint les vices avec naïveté & les vicieux fort plaisamment. Ce qu'il fait bien est excellent, ce qui est moindre a toujours quelque chose de piquant[1]. » Regnier l'emporte sur Malherbe & sur Boileau, parce qu'il écrit sous la dictée de son franc parler, parce qu'il recherche dans les libertés du langage, & non dans les apprêts du style, les mots les

---

1. Mlle de Scudéry, *Clelie*, part. IV, liv. II.

plus propres à rendre sa pensée. Il s'abandonne aux mouvements de l'instinct & répugne aux calculs de la réflexion. Une rudesse généreuse & une sensibilité originale relèvent ce penchant & lui donnent le niveau des plus hautes aspirations.

Avec ces tendances positives, Regnier s'est créé une langue vigoureuse qui fournit ample matière à l'étude. Par les archaïsmes dont ses vers offrent de fréquents exemples, il nous ramène en arrière vers les poëtes du milieu du XVIe siècle, dont il a fait sa lecture favorite; par le tour & la vivacité de sa pensée, il nous porte en avant & il devient un des précurseurs de la poésie moderne.

L'Italie a eu quelque influence sur Regnier; mais il ne faut la chercher ni dans le petit nombre de mots étrangers[1] qui se trouvent dans les satires, ni dans les

---

1. *Barisel, catrin, matelineux, tinel, tour de nonne, quenaille,* & *faire joug.* Les deux derniers mots étaient entrés depuis longtemps dans notre langue quand Regnier s'avisa d'en faire emploi. *Quenaille* pour *canaille,* de *canaglia,* a remplacé notre énergique mot de *chiennaille.*
V. Boucicaut, I, 24 :
Que il vendroit cher à ceste chiennaille sa mort.

Des italianismes, qui n'existaient pas dans l'édition de 1608, sont entrés dans les réimpressions suivantes. Ainsi *ne coucher de rien moins que l'immortalité* est devenu, en 1609 & 1612, *ne coucher de rien moins de l'immortalité.* Jusque-là il n'y avait qu'un emprunt du poëte à un idiome voisin du nôtre, l'éditeur de 1613 vint tout compliquer par une faute typographique. Il écrivit ce vers qui n'est d'aucune langue :
Ne touche de rien moins de l'immortalité.

exagérations burlesques dont le portrait du pédant est notamment entaché. Regnier n'a pas subi le joug du comique ultramontain, & la satire de l'*Honneur;* bien qu'elle soit imitée du Mauro, témoigne d'une répugnance marquée pour l'esprit outré de caricature & de bouffonnerie qui est le propre du génie berniesque. C'est par ses mœurs que le poëte montre combien a été puissante sur lui l'action de l'Italie. Il dépeint tout crûment, dans la pleine lumière du ciel romain, avec une impatience de l'effet qui trahit l'homme passionné, le viveur hâté de vivre & d'un tempérament assez fort, d'un esprit assez vigoureux pour suivre longtemps sans être brisé les emportements de sa nature. Pendant la plus grande partie de sa vie, Regnier a été sous le charme des amours libres. Il s'est quelquefois plaint d'être devenu la victime des importuns, il a été la proie des courtisanes. Malgré ces dangereuses promiscuités, il est demeuré sans flétrissure. Il a échappé au vice par l'amour du beau, &, par sa foi dans l'honneur, il est resté incorruptible au sein des corruptions.

La langue de Regnier porte en elle les traces de toutes les agitations du poëte. Quand l'enchaînement méthodique des mots devient une entrave pour la pensée, ou met obstacle à l'expression d'une autre idée, Regnier n'hésite pas à rompre la période commencée. De là des disjonctions fréquentes qui déconcertent le lecteur ressaisi plus loin par la justesse & la clarté d'images nouvelles. Plus habituellement le vers, refferré à l'excès, offre l'exemple de ces oublis & de ces concentrations qu'on nomme ellipfes ou fyllepfes. Mais il eft jufte de reconnaître que ces particularités affectent furtout les débuts des fatires où le poëte, aftreint aux tours apologétiques d'une dédicace, eft forcé de contrarier fon infpiration & de la foumettre aux lourdes formules de la loüange. Partout ailleurs où la penfée redevient libre, l'expreffion reprend fa vigueur & fa fimplicité.

Regnier a fait de nombreux emprunts à la langue des poëtes du milieu du XVIe fiècle. Il ne s'eft pas borné à leur prendre des mots comme *ains, jà, ores,* des adverbes comme *ardentement*[1] que Malherbe blâmait chez Defportes, il a, à leur exemple, avec des noms fimples, des adjectifs & des verbes précédés de

---

[1]. Ardentement, formé comme grandement, eft plus régulier qu'ardemment. Ici l'euphonie a triomphé.

Ailleurs l'ufage l'emporte fans raifon. Regnier avait dit:

Ne pouuant le fini ioindre l'infinité.

Ce dernier mot eft auffi bon qu'immenfité. Il a furvécu, il eft vrai, mais dans un fens reftreint.

Olivier de Magny a effayé la même tentative fur le mot petiteffe. Il n'a pas eû plus de fuccès.

Les biens, Guyon, & la richeffe
Qui font haulfer la petiteffe,
Se peuuent auoir en tout temps.

(*Odes*, éd. Lemerre, II, 77.

l'article, vivifié des substantifs éphémères qui méritaient de durer. En voici quelques-uns :

Passerat fut vn Dieu sous humaine *semblance*.
En vain par le *veiller* on acquiert du scauoir.
　　　　　　　　Encor que i'aye appris
En mon *philosopher* d'auoir tout à mespris.
Quand au *flamber* du feu trois vieilles rechignées.
Et laissent sur le verd le *noble* de l'ouurage,
Plus haute s'éleuant dans le *vague*[1] des cieux.

A propos de ce dernier vers, il convient d'observer que les éditeurs de 1612 & 1613, en vue d'éclaircir la pensée du poëte, ont écrit *la vague des cieux*, substituant ainsi leur idée à celle de l'auteur.

Regnier a également formé des noms avec des participes présents. Le plus curieux exemple est le mot *mouvant* dans le sens de remuant, échauffé ; il s'agit des amoureux

Qui faisant des *mouuans* & de l'ame saisie
Croient que l'on leur doit pour rien la courtoisie.

Cette expression, qui ne se retrouve pas exactement chez d'autres poëtes, paraît avoir été tirée, par imitation, de notre vieux théâtre comique. On lit en effet

---

1. Vague avait alors le sens de vide, que nous avons conservé dans l'expression *terrains vagues*.

au prologue de la farce de Cuvier, dans les plaintes de Jacquinot :

> Touiours ma femme fe demaine
> Comme ung faillant[1].

Cette dernière obfervation nous amène à la variabilité du participe préfent. Dans la plupart des cas, l'accord exifte ; néanmoins cette règle fubit de fréquentes exceptions :

> Des chênes vieux
> Qui *renaiffant* fous toy reuerdiffent encore.
> Ces tiercelets des poetes
> Qui par les carefours vont leurs vers *grimaffans*.
> Que Ronfard, du Bellay *viuants* ont eu du bien.
> Qui *viuans* nous trahit & qui morts nous profite.
> O chétifs qui *mourant* fur vn livre.
> Puifque *viuant* ici de nous on ne fait compte.

Comme extenfion de l'accord, il y a lieu de citer l'exemple fuivant :

> le Lapite
> Qui leur fift à la fin enfiler la garite,
> Par force les *chaffants* my morts de fes maifons.

---

[1]. Regnier avait pouffé fes lectures affez loin. Dans *Macette*, on reconnaît des vers du *Roman de la Rofe*.

> A donner aiés clos les poins
> Et à prendre les mains overtes,

dit la Vieille du Roman, & Macette à fon tour répète :

> A prendre fagement ayez les mains ouuertes.

Dans l'étude de la langue de Regnier, les permutations de lettres ont une certaine importance, & il est d'une grande utilité de diftinguer celles qui font du fonds de la langue de celles qui tiennent aux habitudes typographiques.

Ainfi le mot *rouſſoyante* dans ce vers :

De la douce liqueur rouſſoyante du ciel,

n'eſt pas, comme l'a fuppofé Broſſette, un dérivé du primitif *roux*. Cette expreſſion eſt le mot *rofoyante*, de *rofée*. Par permutation *o* eſt devenu *ou*, comme dans *trope, coronne,* dont on a fait *troupe, couronne*. Enfin par un accident typograghique aſſez commun, l'ſ a été doublé ainſi qu'en d'autres cas l'ſſ par erreur a été abandonné pour l'ſ ſimple. On remarque en effet dans Regnier même cette dernière particularité :

Qu'un efprit ſi rafis ait des fougues ſi belles.

L'emploi typographique du *c* pour l'ſ a provoqué plus d'une méprife qu'il importe de fignaler. *Cycatricé*, qui eſt une faute d'impreſſion dans l'édition de 1613, a paſſé pour une leçon exacte & originale ; auſſi quelques commentateurs font-ils allés juſqu'à chercher une acception particulière pour ce mot. Malgré tant d'efforts, *cycatrifé* eſt l'expreſſion confacrée par les trois premières éditions des fatires de Regnier dans lefquelles chacun peut lire ces vers :

> Pour moy, fi mon habit partout cycatrifé,
> Ne me rendoit du peuple & des grands mefprifé.

Ces permutations de lettres doivent être examinées de près. Dans l'exemple cité plus haut, la rime offrait un éclairciffement dont il fallait tenir compte. Le fens intime joue encore un plus grand rôle. Il permet feul de conferver ou d'éliminer la lettre propre ou étrangère au mot.

Ainfi, dans la fatire VII, Regnier, s'adreffant au marquis de Cœuures, lui dit :

> Comme a mon confeffeur vous ouurant ma penfée
> De ieuneffe & d'amour follement infenfée,
> Ie vous conte le mal où trop enclin ie fuis.

Follement infenfée eft la leçon donnée par 1613. Elle paraît acceptable. Il y a là cependant encore une infidélité au texte original, qui porte :

> De ieuneffe & d'amour follement incenfée.

Sans contredit, ici l'expreffion l'emporte par la vigueur. Elle nous femble bizarre parce qu'elle n'eft pas venue jufqu'à nous; mais elle eft bien d'une langue néo-latine en veine de jeuneffe & de caprices.

Le cadre reftreint de cette notice ne nous permet guère de nous attarder fur tous les points de notre fujet. Des indications rapides & propres à conduire les lecteurs à d'autres découvertes constituent uniquement notre tâche. Souvent une singularité passe pour une erreur, & l'on serait tenté de corriger le texte, lorsque le rapprochement d'autres auteurs vient justifier l'anomalie apparente. Ainsi les mots *Arsenac, Jacopins* & *Juys* semblent autant de barbarismes. Or les deux premiers mots doivent être conservés : *Arsenac* est dans Malherbe, & Ménage explique *Jacopins*. Enfin *Juys* est une prononciation figurée, la lettre *f* étant muette devant une consonne. Naïfveté, veufve, Juifs.

> Touiours iniuste mort, les meilleurs tu rauis,
> Trois bons princes tu mets hors du conte des vifs[1].

Si la lecture des auteurs du xviᵉ siècle est nécessaire pour éclaircir les archaïsmes & les singularités de la langue de Regnier, elle n'est pas moins utile pour déterminer la valeur du poëte comme écrivain. Les faux panégyristes, qui étudient un personnage littéraire en prenant soin de faire le vide autour de leur héros, s'exposent à voir dans cette idole des originalités qu'elle n'a pas, &, de méprise en méprise, à méconnaître des beautés vraiment dignes d'admiration. Pour un certain nombre de vers très-serrés, où la pensée, concise & nette comme une maxime, s'enlève avec vigueur sur le fond du récit, on a voulu faire de Regnier un créateur d'axiomes. Ce jugement

---

[1]. Voir Brachet, *Grammaire de la langue du xviᵉ siècle*, p. ci.

eſt trop large, & partant il devient inexaƈt. La création n'eſt point ainſi à portée de la main. Regnier a puiſé dans nos vieux proverbes, &, avec la ſeule tendance de ſon eſprit vers la ſimplicité & la lumière, il leur a donné de la rondeur & de l'éclat. Il a pris un peu partout, dans le langage du peuple qui ſouvent de deux diƈtons en fait un [1], & dans l'eſpagnol qui pour être pittoreſque ſacrifie parfois la clarté [2]. Plus habituellement il exploite le fonds commun des axiomes nationaux ou nationaliſés par leur acceſſion à notre langue. Il s'eſt ainſi ſervi de cette admirable locution : « tomber de la poële en la braiſe, » qui eſt ſignalée par Henri Eſtienne [3], & qui ſe rencontre dans Théodore de Bèze [4] ; & il a pris dans le tréſor de nos ſentences le vers final qui termine ſa troiſième ſatire :

---

1. Faire barbe de paille à Dieu. Voir H. Eſtienne, *Precellence du Langage françois*, Paris, 1579, & Bouchet, *Serée 35*, Paris, 1597.

2. Les Eſpagnols diſent en effet : « Corſario à corſario, no hay que ganar que los barillos d'agua. » De corſaire à corſaire il n'y a rien à gagner que des barils d'eau. Il s'agit ici des barils d'eau douce que les corſaires emportaient à leur bord & qui conſtituaient la plus précieuſe partie de leur fret.

V. Brantôme, éd. Jannet, II, 52.

Pour ſimplifier ce proverbe, Regnier a ſupprimé les expreſſions à éclaircir & il nous a laiſſé le diƈton :

     Corſaires à corſaires
  L'un l'autre s'attaquant ne font pas leurs affaires.

3. *Precellence du Lang. fr.* Éd. cit., p. 146.
4. *Reveille matin des François*, 1574. Dial. II, p. 134.

> On dit communement en villes & villages
> Que les grands clercs ne font pas les plus fages[1].

Mais ce n'eft pas dans ces imitations que fe trouve l'originalité véritable de Regnier & la marque de fon génie. Perfonne n'attend ici des extraits qui, pour être complets, occuperaient des pages entières. Nous examinons la langue du maître, nous fondons le terreplein des mots pour y découvrir le pur métal &, fi l'on peut dire, l'or de la penfée. A chaque pas l'étincelle jaillit du fol & la lumière s'élève en nous montrant les vifions du poëte :

> Ces vaillans
> Qui touchent du penfer l'eftoille pouffinière.
>
> Macette
> Dont l'œil tout pénitent ne pleure qu'eau benite.

Voici l'honneur :

> Ce vieux faint que l'on ne chôme plus...
> Et ces femmes qui l'ont
> D'effet fous la chemife & d'apparence au front.

Bientôt les jeunes penfers cèdent aux vieux foucis; le poëte fouffre; il eftime que nous vivons « à taftons, » que la terre n'eft plus un lieu tutélaire,

> Vn hofpital commun à tous les animaux.

---

1. V. *le Recueil des fentences notables*, &c., de Gabriel Murier. Anvers, 1568, in-12.

Mécontent de la fortune, déçu par l'amour & accablé par la maladie, Regnier se tourne vers Dieu, & quoique la prière soit pour son esprit une épreuve sévère, là encore il retrouve les élans, pour parler sa langue même, les *fougues* habituelles de sa pensée.

Toy, dit-il à Dieu,

... Toy, tu peux faire trembler
L'vniuers, & desassembler
Du firmament le riche ouurage,
Tarir les flots audacieux,
Ou, les eleuant jusqu'aux Cieux,
Faire de la terre vn naufrage...
Tout fait joug dessous ta parole :
Et cependant, tu vas dardant
Dessus moy ton courroux ardent,
Qui ne suis qu'vn bourrier qui vole.

Ces vers, par leur objet & par leur mesure, contrarient évidemment l'inspiration du poëte. Cependant tel est le souffle qui les anime, si fort & si haut en est le sens, que le poëte courbé devant Dieu semble redire les imprécations de Prométhée.

Après toutes ces observations qui ont eu pour objet unique la vie & le génie de Regnier, le moment est venu d'aborder les diverses réimpressions des satires. Il y a là, comme en tout ce qui touche à notre poëte, un gros sujet d'étude, puisqu'on n'en connaît guère moins de soixante-dix éditions. De 1608 à 1869, ces publications, conçues dans un esprit très-différent, ont une

hiſtoire avec des périodes très-tranchées. De 1608 à
1612, Regnier, maître de ſon œuvre, l'accroît lentement, diſpoſe à ſon gré les ſatires nouvelles & laiſſe
à l'écart les pièces libres qu'il écrit, ſans y mettre ſon
nom, pour les anthologies à la mode. A partir de
1613, les ſatires, accrues de morceaux inédits & de
poéſies licencieuſes, ſemblent préparées pour ſervir
de première partie à un recueil ſatirique. Le Diſcours
au Roy eſt rejeté à la fin du volume, à la ſuite des
épigrammes & des quatrains, comme pour établir
une ſéparation bien marquée entre les œuvres de
Regnier & celles des poëtes qui paraiſſent l'avoir
choiſi pour maître. Trois ans plus tard, en effet,
les ſatires ſont publiées avec une collection de pièces
deſtinées à entrer dans le *Cabinet ſatyrique*. Avec ce
bagage étrange, les œuvres de Regnier ſont réimprimées pendant trente années. Toutefois, de 1642 à 1652,
les Elzeviers, venus à Paris & guidés par des érudits,
ſuppriment les pièces abuſivement jointes aux ſatires
& donnent les deux éditions améliorées qui vont ſervir
de modèle juſqu'au moment où Broſſette, en 1729,
mettra au jour un texte accompagné de commentaires.
Ce dernier travail, repris par Lenglet du Freſnoy,
Viollet-le-Duc & M. Ed. de Barthélemy, fait place,
en 1867, à la réimpreſſion du texte de 1613[1], conſidéré

---

1. Paris. Académie des Bibliophiles. Édition par Louis Lacour, impreſſion par D. Jouauſt; in-8º de XVIII-309 pages.

à caufe de fa date comme la dernière leçon du vivant de l'auteur. A compter de ce moment, nous abordons les éditions originales, trop longtemps délaiſſées & les feules auxquelles on puiſſe demander la penſée exacte de l'auteur auſſi bien que l'indication certaine des formes de la langue.

Sous ce rapport, l'édition de 1608 tient le rang que lui aſſigne fa date. Ce précieux livre, offert au roi comme un hommage de vive reconnaiſſance, porte tous les indices d'une exécution faite avec foin. Les témoignages de perfection font dans la pureté du texte & dans les détails d'ornement. L'excellence des variantes eſt établie par tous les éditeurs qui fe font livrés à des travaux comparatifs fur les leçons des fatires. Quant à la typographie du volume, elle eſt due au célèbre éditeur de Ronfard, Gabriel Buon. Les fleurons, qui portent le nom de cet imprimeur, font foi de fon concours [1].

Des raifons analogues à celles qui viennent d'être expoſées peuvent donner de la faveur à l'édition de 1609. L'impreſſion en a été confiée à P. Pautonnier, imprimeur au Mont-Saint-Hilaire. Or ce typographe eſt connu par fes travaux. Le texte des fatires a été

---

[1]. Une particularité bizarre dénote avec quel foin les premières œuvres de Regnier furent livrées au public. Le nom de Bertault, placé en tête de la cinquième fatire, a été rectifié en 1608, à l'aide d'un bandeau collé fur la première dédicace, imprimée ainſi par erreur: A monſieur Betault, evefque de Sées.

accru de deux fatires nouvelles, *le Souper ridicule* & *le Mauvais Gîte*, que l'auteur a placées entre la IXᵉ & la Xᵉ fatire, afin d'éviter pour le Difcours au Roy le voifinage d'une pièce trop libre, & il préfente une régularité notable. L'orthographe des mots eft moins capricieufe, elle tend vifiblement à l'unification qui ne fe montre point dans l'édition précédente.

La réimpreffion de 1612 a été faite fur le texte de 1609. A part quelques feuillets, ce volume reproduit page pour page le livre qui lui a été donné pour modèle. Il offre de plus, entre la XIIᵉ fatire & le Difcours au Roy, la première leçon de *Macette*[1].

Jufqu'ici, comme on l'a vu, l'œuvre de Regnier s'eft lentement accrue. En quatre années, de 1608 à 1612, trois fatires feulement font venues groffir l'œuvre du poëte chartrain. Cette gradation n'eft point calculée. Elle eft conforme à ce que nous favons du caractère du poëte. D'un autre côté, Regnier avait, en 1611, publié dans le *Temple d'Apollon* la plainte *En quel obfcur féjour*, & l'ode *Jamais ne pourray ie bannir*. Telles étaient les manifeftations officielles de fon efprit. Au-deffous, dans le commerce intime des

---

1. Cette édition, très-rare pour ne pas dire introuvable, m'a été fort gracieufement communiquée par M. Henri Cherrier, qui m'a par fon obligeance mis à même de donner d'abord le texte original de *Macette*, de relever les variantes des autres fatires, & enfin de faire toutes les obfervations néceffaires pour la defcription d'un livre de grande valeur.

satiriques de profession, notre poëte produisait de petits poëmes libertins. Ces compositions clandestines restaient sous le voile de l'anonyme lorsqu'elles étaient publiées dans les recueils du temps. C'est ainsi que le *Discours d'une maquerelle* parut, en 1609, dans les *Muses gaillardes* sans nom d'auteur. D'autres pièces du même genre sont imprimées du vivant du poëte, qui répudie également toute paternité. Enfin, sous la date de 1613, une nouvelle édition des satires est donnée. Des fautes typographiques, des lacunes graves[1], des négligences de toute sorte, attestent une précipitation extraordinaire. De plus, cette réimpression comprend un pêle-mêle de pièces nouvelles, quatre satires, trois élégies, un sonnet, des stances libertines, une épigramme & des quatrains classés sans ordre avant le Discours au Roy, comme par un sentiment de fidélité dérisoire aux habitudes du poëte.

1. Quatorze vers ont été omis dans la *Macette*, à partir de celui-ci :
>Fille qui sçait son monde à saison opportune.

Deux vers manquent également dans l'élégie intitulée *Impuissance* :
>Bref tout ce qu'ose amour...
>Puisque ie suis retif...

On a attribué ces vers aux Elzeviers, qui, pour compléter une pièce, n'auraient pas reculé devant une interpolation. Ces suppositions sont inexactes. Le premier vers se trouve dans les *Délices de la Poésie françoise*, de Beaudouin, Paris, 1620, II, 679, & le second est tiré de l'édition des *Satyres de Regnier*, Paris, Ant. du Breuil, 1614.

L'examen de cette édition, hâtivement exécutée, composée de morceaux disparates, & pour tout dire entièrement différente de celles qui l'ont précédée, amène à croire qu'elle a été donnée lorsque Regnier n'était plus. La mort seule du poëte pouvait permettre une réimpression sans soin & sans choix. De quelque façon qu'elle fût présentée, l'œuvre de Regnier tirait des derniers instants du défunt & de la cause même de sa fin un intérêt particulier[1]. Un autre motif d'urgence poussait Toussaint du Bray à mettre son nouveau livre en vente, le privilége du 13 avril 1608 allait expirer dans les premiers jours de 1614, il était opportun de précipiter la publication.

D'autres particularités font connaître les auteurs de l'édition. La pléiade satirique, dont Regnier avait été l'étoile la plus brillante, se trouvait alors fort entamée :

---

1. L'insertion de l'ode *la C. P.* est une allusion non équivoque à la mort du poëte & vient corroborer l'opinion suivant laquelle l'édition de 1613 est une réimpression posthume.

On peut encore du fait suivant tirer une nouvelle preuve que l'édition de 1613 était regardée comme une édition posthume, accueillie avec réserve. En 1619, le libraire parisien Anthoine Estoc publia les poésies de Regnier. Il prit dans 1613 dix-sept satires, trois élégies, & le Discours au Roy qui termine le volume. Il laissa de côté les autres pièces qu'il savait avoir été ajoutées à l'œuvre du poëte défunt contrairement à ses intentions.

Il ne faudrait pas attribuer ces suppressions à d'autres scrupules, car Anthoine Estoc fut le premier éditeur du *Parnasse satyrique*. Il écarta donc les pièces libres de 1613, non par égard pour le lecteur, mais par respect pour la volonté de l'auteur.

f

Sigognes était mort; Berthelot & Motin restaient seuls; Colletet, Frenicle & Théophile devaient renforcer le groupe un peu plus tard. Motin, ami de Regnier, lié avec Forquevaux & d'autres familiers du poëte, était à même de recueillir les œuvres inédites & les pièces anonymes qui, dans une réimpression des satires, semblaient un complément de l'œuvre déjà connue. Du reste, il possédait personnellement des morceaux dont il était redevable à son intimité avec Regnier. Il se mit donc à l'œuvre en hâte & un peu confusément, car il tira des œuvres de Passerat, imprimées en 1606, un sonnet, & il omit d'emprunter aux poésies de Rapin, publiées en 1610, au *Temple d'Apollon*, paru en 1611, les pièces que renfermaient ces divers ouvrages. D'autre part, soit qu'il fût mal servi par ses souvenirs ou qu'il eût été induit en erreur, il accueillait dans les quatrains celui que les manuscrits [1] attribuent à Théodore de Bèze :

Le Dieu d'amour...

Enfin il faisait entrer dans l'œuvre de Regnier les stances sur le *Choix des divins oiseaux*, boutade dont le véritable auteur lui était bien connu [2].

---

1. Bibl. nat. Fonds français, n° 1662, f° 27.
2. Après la mort de Motin, cette pièce fut publiée sous son nom; mais elle garda toujours sa place dans l'œuvre de Regnier. Il est probable que les deux poëtes commirent ensemble ce péché de plume.

De son côté, Berthelot ne restait pas inactif. Le moment lui paraissait venu d'ajouter à l'œuvre du maître l'œuvre des rimeurs qui se disaient ses élèves. Il s'agissait de dérober au poëte quelques rayons de sa gloire. On peut estimer que Motin se plia d'abord à ces desseins. La disposition des poésies de l'édition de 1613, le classement des pièces les moins importantes avant le Discours au Roy, qui délimite ainsi l'œuvre de Regnier de celle de ses imitateurs, ne pourraient pas s'expliquer sans une telle hypothèse.

Un titre général devait être imposé à cet assemblage répugnant. Il était ainsi conçu : *Les* SATYRES *du Sr Regnier, reueües, corrigées & augmentées de plusieurs* SATYRES *des sieurs de Sigogne, Motin, Touvant & Berthelot, qu'autres des plus beaux esprits de ce temps*. Tout était convenu, lorsqu'une rupture éclata entre Motin & Berthelot. La cause du désaccord échappe à toutes les investigations. Toussaint du Bray voulut peut-être se renfermer dans les termes stricts de son privilége & éviter tout risque de conflit avec Antoine du Breuil, son confrère, l'éditeur du livre des *Muses gaillardes*, dont une grosse partie entrait dans l'édition projetée. Quoi qu'il en soit, les poésies de Regnier parurent seules, &, après la mort de Motin, en 1616, Berthelot, réalisant enfin le plan formé trois ans auparavant, donna au public la réimpression collective des *Satyres*.

C'est de ce livre, apprécié à sa juste valeur par les

bibliophiles du XVIIe fiècle, comme on l'a vu plus haut par la lettre de Lhuillier[1], que l'on tire habituellement, fans motif férieux qui en établiffe l'authenticité, les épigrammes & les ftances commençant par ces vers :

> Ieunes efprits qui ne pouuez comprendre.
> Hélas! ma fœur ma mie, i'en mourrois.
> Ce difoit vne ieune dame.
> Margot s'endormit fur vn lit.
> Par vn matin vne fille efcoutoit.
> Vn bon vieillard qui n'auoit que le bec.
> Vn gallant le fit & le refit.
> Vn medecin brufque & gaillard.
> Puifque fept pechés de nos yeux.

L'édition de 1616 offre encore une particularité. Elle a fervi de modèle à toutes les réimpreffions qui ont paru jufqu'à 1645. De 1616 à 1628, le nombre des pièces varie peu. A partir de 1623, il s'accroît de *Stances au Roy, pour Théophile*. Le volume fert de véhicule à des fupplications en faveur de l'exilé. Ces poéfies fubfiftent longtemps après qu'elles n'ont plus d'objet. Enfin, à compter de 1628, les poéfies libertines font, à chaque réimpreffion, éliminées par la volonté de la cenfure. Ainfi, en 1635 (Paris, N. & J. de la Cofte), ces morceaux, qui s'élevaient primitivement à foixante & onze, font réduits à trente-cinq.

En 1642, une nouvelle phafe de publication com-

---

[1]. Voir page LVIII.

mence. Des étrangers, les Elzeviers, faifant acte d'éditeurs français, dégagent l'œuvre de Regnier. Guidés par des favants & par des bibliophiles : les frères Dupuy, gardes de la Bibliothèque du Roi, l'avocat général Jérôme Bignon, le duc de Montaufier & le chancelier Seguier[1], ils fuppriment d'abord les fatires que Berthelot avait jointes aux pièces de Regnier, & de celles-ci mêmes ils écartent les pièces douteufes ou répugnantes. Ils éliminent ainfi le quatrain du *Dieu d'amour*, les ftances fur le *Choix des divins oifeaux* & l'ode fur la *C. P.* En même temps ils revifent, complètent & châtient le texte. Par exemple, à l'aide de l'édition des fatires d'Ant. du Breuil (Paris, 1614) & du fecond livre des *Délices de la poéfie françoife* (Paris, 1620), ils complètent la fatire de l'*Impuiffance*. Ils tirent du *Temple d'Apollon* & du *Cabinet des Mufes* les ftances *En quel obfcur féjour*, l'ode *Jamais ne pourray ie bannir* & le dialogue de *Cloris & Phylis*. Des poffeffeurs de pièces inédites leur communiquent deux fatires, une élégie[2] & des vers fpiri-

---

1. Voir les dédicaces placées en tête du Sénèque de 1639, du Commines de 1648 & des *Lettres de Grotius ad Gallos*, même année. Elles établiffent les relations des Elzeviers & montrent la reconnaiffance dont ils fe fentaient pénétrés à l'égard de leurs protecteurs.

2. Ces trois pièces commencent ainfi :

    N'avoir crainte de rien & ne rien efperer.
    Perclus d'vne jambe & des bras.
    L'homme s'oppofe en vain contre la deftinée.

tuels[1]. Enfin, fur des indications inexactes, ils font entrer dans l'œuvre du poëte une ode apocryphe intitulée *Louanges de Macette*[2].

Ces améliorations évidentes ont entraîné à leur fuite des perfectionnements douteux. Nous avons dit tout à l'heure que les Elzeviers avaient châtié le texte de Regnier. L'expreffion eft jufte. Le châtiment alla jufqu'à la torture. Toutes les expreffions furannées, & en 1642 on pouvait en voir beaucoup dans les *Satyres*, furent rajeunies. *Douloir* & *cuider* firent place à *s'affliger* & à *penfer; ici-bas* fut fubftitué à *çà bas*. Les qualificatifs trop forts, *hargneux*, par exemple, furent adoucis. On choifit pour en tenir lieu le mot *honteux*, dont le fens eft bien différent. Pour des raifons de méticuleufe pudeur, *fade*, qui dans Willon *(Regr. de la B. H.)* a donné *fadinet*, devint l'expreffion *doucette; plats*, trop familier dans le fens de *propos*, fut confidéré comme un fynonyme de *faits*. Tous ces changements conduifirent à des contre-fens. *Parler librement*[3] fut mis pour *parler livre; des arts tout*

---

1. Sous ce titre général fe trouvent les ftances *Quand fur moy je jette les yeux*, l'hymne fur la nativité de Notre-Seigneur, trois fonnets & le commencement d'un poëme facré.

2. Cette ode paraît avoir été prife des manufcrits de la Bibl. nat. F. fr. (ancien fonds de Mefmes), n° 884, f° 194.

3. Cette expreffion *parler livre* fe rencontre chez Regnier en deux endroits, fatires VII & XIII. Les Elzeviers, après avoir, en 1642, fubftitué au texte leur verfion, *parler libre & librement*, ont en 1652, mais feulement dans la fatire VII, rétabli la leçon originale

nouveaux fembla convenablement rendu par *des airs tout nouveaux*. Des vers, dont la quantité ne fatisfaifait pas l'oreille, furent allongés d'une fyllabe, le tout en dépit de la leçon de l'auteur & des traditions littéraires [1]. Des gens du monde, avec leurs vues fur les bienféances poétiques, s'étaient unis à des étrangers ignorans des intimités de la langue. On comprend ce que de tels alliés durent introduire de caprices & de maladreffes dans les poéfies de Regnier.

Le travail des Elzeviers, œuvre de fantaifie & de raifon, s'accomplit lentement. La première réimpreffion due à leurs foins (felon la copie imprimée à Paris, cɪɔ ɪɔ xlɪɪ.) parut quatre ans après que Jean Elzevier fe fut établi à Paris. Elle ne comprend comme poéfies nouvelles que les morceaux tirés du *Temple d'Apollon*. Mais on y remarque déjà les fuppreffions dont il a été fait mention, & les corrections qui ont été fignalées plus haut. En 1545 Jean Elzevier, de retour en fon pays, fut remplacé par fon coufin

---

1. Des altérations plus graves ont été commifes dans le dialogue de *Cloris & Phylis*. Le vers

  Par fa mort mon amour n'en eft moins enflammée

a été modifié de la forte :

  S'il n'auoit qu'vn defir je n'eus qu'vne penfée;

& le vers

  Avec toy mourront donc tes ennuis rigoureux

& les trois fuivants, rejetés huit vers plus loin, fe trouvent intercalés contre toute raifon dans une tirade à laquelle ils n'appartiennent point.

Daniel, qui paffa quatre années à Paris. C'eft dans cet efpace de temps affez court que furent recueillis les éléments de l'édition de 1652, donnée à Leiden, fous les noms de Jean & Daniel Elfevier. Cette dernière réimpreffion, groffie de morceaux importants, parmi lefquels, il eft vrai, figurent à tort les *Louanges de Macette*, eft une reconftitution précieufe de l'œuvre de notre premier fatirique. Elle a été exécutée à l'étranger, & elle en porte la preuve en plus d'une page ; mais elle a été préparée par des bibliophiles parifiens, & nous pouvons la revendiquer comme un livre français.

Pendant plus d'un demi-fiècle, l'édition de Jean & Daniel Elzevier fervit de modèle aux réimpreffions de Regnier. Mais le temps était arrivé des publications avec commentaires. Rabelais, Montaigne venaient de paraître accompagnés des notes de Le Duchat & de Cofte, lorfqu'un avocat de Lyon, ex-échevin de cette ville, Broffette[1], entreprit de donner, avec des remarques critiques, un meilleur texte de Regnier. Le nouvel annotateur était un humanifte inftruit & défiant de lui-même, ce qui n'eft pas une mince qualité.

---

1. Broffette avait publié en 1716 fa première édition de Boileau commencée fous les yeux de l'auteur. Quand le vieux poëte, écrivant à fon commentateur, l'entretenait de Regnier, il ne manquait pas d'ajouter, *notre commun ami*. Cette appréciation intime vaut bien des éloges pompeux, & Broffette, en donnant au public une réimpreffion de Regnier, n'a probablement fait qu'exécuter une des volontés dernières du légiflateur du Parnaffe.

Il n'épargna point ses peines & recourut à tous les érudits en renom de son temps. Lorsqu'il ne trouva pas de lui-même les éclaircissements qu'il jugeait nécessaires, il fit appel au savoir de La Monnoye & du président Bouhier [1]. D'autre part, il demandait au dessinateur Humblot un important frontispice, des vignettes & des fleurons qui furent gravés par N. Tardieu, Baquoy, Matthey & Crepy le fils, pour le titre & les principales divisions du volume. En même temps qu'une bonne édition, Brossette voulait publier un beau livre. Cet ouvrage parut donc en grand format vers la fin de 1729, à Londres [2], & non à Paris, comme le dit Brunet, sous la rubrique de Londres.

Dans ce volume, les poésies de Regnier étaient disposées suivant un ordre méthodique : satires, épîtres, élégies, poésies mêlées, épigrammes & poésies spirituelles. Le texte, corrigé à l'aide de l'édition de 1608, était accompagné d'éclaircissements historiques & de notes où les variantes & les imitations

---

1. La correspondance du président Bouhier (manus. de la Bibl. nat. F. fr., 24,409, f° 391 à 395) contient quatre lettres de La Monnoye des 15 septembre 1726, 7 octobre 1729, 16 septembre & 2 décembre 1732. Toutes sont relatives à l'édition de Regnier, & à la contrefaçon de cet ouvrage par l'abbé Lenglet du Fresnoy. Je dois cette intéressante indication à l'obligeance de M. Tamizey de Larroque.

2. Chez Lyon & Woodman, in-4°, XXII-403, plus trois feuillets de table & d'errata.

étaient indiquées avec foin. Sur certains points cependant, Broffette.fe contente trop facilement[1]. Il paraît n'avoir point connu l'édition de 1609, & il recueille des leçons de peu de valeur dans des réimpreffions qui ne méritent aucun crédit[2].

Malgré ces imperfections, le commentaire de Broffette a été souvent reproduit[3] & il fervit de modèle à M. Viollet-le-Duc[4] & à M. Ed. de Barthélemy[5].

[1]. Quoique Broffette n'intervienne pas habituellement dans le texte de l'auteur, il a pris fur lui de modifier le vers

> Et faifant des mouuans & de l'ame faifie.

Le commentateur penfait que *mouvans* était une faute d'impreffion, & qu'il fallait écrire *mourans*. Or le mot employé par Regnier était bien l'expreffion à conferver. On en retrouve l'équivalent chez tous les poëtes qui mettent dans la bouche d'une vieille des critiques contre les amoureux dont une courtifane doit fuir le commerce :

> Ces prodigues de gambades
> Qui ne donnent que des aubades.
> (J. du Bellay, éd. Marty-Laveaux, II, 370.)

> On ne doit aux termes où nous fommes
> Faire par la beauté différence des hommes,...
> Ny pour fçauoir fonner fur le luth vne aubade,
> Ou faire dextrement en l'air vne gambade.
> (De Lefpine, *Recueil des plus beaux vers de ce temps*, 1609, p. 425.)

[2]. Broffette a fait entrer comme pièces nouvelles, dans les poéfies de Regnier, le fonnet fur la mort de Rapin, l'épitaphe recueillie par Garaffe & l'épigramme contre Vialart tirée de l'*Anti-Baillet*.

[3]. Paris, Lequien, 1822, in-8° de 398 pp.; Paris, Delahays, 1860, avec de nouvelles remarques par M. Profper Poitevin.

[4]. Paris, Didot, 1822; Defoer, 1823; Jannet, 1853.

[5]. Paris, Poulet-Malaffis, 1862.

Cette édition comprend trente-deux pièces nouvelles dont nous

L'édition même de 1729 a donné lieu à deux
contrefaçons en 1730 & en 1733. La première, in-4°
de 400 pages, plus deux feuillets de table, n'eſt qu'une
ſimple réimpreſſion donnée à Amſterdam, chez Pierre
Humbert. Le frontiſpice & la vignette deſſinés par Humblot pour le titre de l'ouvrage & l'en-tête des ſatires
ont été groſſièrement copiés, & ils portent pour unique
ſignature celle du graveur Seiller Schafthus[1]. La fidélité
de l'ornementation n'eſt pas allée au delà, mais
l'obéiſſance typographique s'eſt étendue fort loin, car
de la page XIII à la page 383, la contrefaçon ne diffère
point de l'original. Il en eſt tout autrement de la
réimpreſſion de 1733, qui eſt une œuvre d'inſigne
tromperie[2]. L'anonyme auteur de ce livre s'eſt appro-

diſcuterons la valeur en examinant ci-après les manuſcrits de la
Bibliothèque nationale.

1. Sur le titre même ſe trouve une vignette ſignée : Humblot
inv. & Daudet fecit.

2. Voici le titre exact de ce livre : « Satyres & autres œuvres de
Regnier, accompagnées de remarques hiſtoriques. Nouvelle édition
conſidérablement augmentée. A Londres, chez Jacob Tonſon, libraire du Roy & du Parlement, M.DCC.XXXIII. »

Il forme un in-4° de XX-416 pp. plus deux feuillets de table.
Les vers de Regnier ſont ſuivis, p. 350, de ſtances ſur les *Proverbes d'amour*, de l'ode ſur le *Combat de Regnier & de Berthelot*,
enfin de *Poéſies choiſies des ſieurs Motin, Berthelot & autres
poëtes célèbres du temps de Regnier.*

L'ornementation du volume a été très-ſoignée. Le titre fait face
à un frontiſpice de Natoire gravé par L. Cars, & il porte lui-
même une vignette de Cochin. Quatre vignettes formant fleurons
pour les ſatires, les épîtres, les élégies & les poéſies diverſes, ont

prié l'avertiffement de Broffette. Il y a intercalé un paragraphe où il s'excufe des lacunes de fa première édition & manifefte l'efpoir que fon nouvel ouvrage fera favorablement accueilli du public.

En dépit de cette fupercherie, l'édition de 1733 fut rapidement reconnue pour l'œuvre d'un fauffaire. Les pièces que l'auteur regrettait de n'avoir pas connues en 1729 étaient celles-là mêmes que les Elzeviers avaient éliminées de leurs réimpreffions & d'autres poéfies du même genre qui avaient été recueillies par les éditeurs du *Cabinet fatyrique*. La trouvaille ne valait guère qu'on lui fît tant d'honneur. Elle était du nombre des conquêtes qui doivent être réalifées fans grand bruit. L'indifcrétion feule du nouvel éditeur dévoilait en lui des tendances étrangères à Broffette.

En conféquence, grâce au *Cabinet fatyrique*[1] & à l'engouement de l'éditeur de 1733 pour ce recueil, la réimpreffion des œuvres de Regnier comprit de

---

été également deffinées par Natoire & gravées par Cochin. Trois autres enfin fignées de Bouché & de L Cars complètent cet enfemble de figures, en tête de la dédicace des fatires, & pp. xx, 53, 95, 108, 225, 231, 245, 284, 367 & 413. Enfin chaque page de texte eft entourée d'un encadrement rouge qui ajoute à l'afpect du volume.

[1]. L'édition du Mont-Parnaffe, de l'imprimerie de meffer Apollo, due à Lenglet du Frefnoy, eft celle qui fervit pour l'accroiffement des poéfies de Regnier. La comparaifon des textes ne laiffe aucun doute fur ce point.

plus que la précédente : l'*Ode sur une vieille maquerelle*, p. 299; les *Stances sur la Ch. P.*, p. 307; l'*Ode* sur le même sujet, p. 308 ; le *Discours d'une vieille maquerelle*, p. 315, & sept épigrammes : le *Dieu d'amour, l'Amour est une affection, Magdelon n'est point difficile, Hier la langue me fourcha, Lorsque i'estois comme inutile, Dans un chemin* & *Lizette à qui l'on faisoit tort.*

Le manque de goût de l'éditeur se révéla d'une manière encore plus marquée dans le commentaire dont il crut devoir accompagner le texte de Regnier. Au lieu de compléter les remarques existantes à l'aide d'observations précises & véritablement neuves, il y ajouta des réflexions à double sens & hors de propos. Il s'abandonna sur le texte de l'auteur à des critiques dérisoires, & dans les notes de Brossette il intercala des digressions bouffonnes. Quelques exemples pris au hasard édifieront le lecteur sur cet ouvrage qui est par excellence un livre de mauvaise foi.

L'expression *trousser les bras* (S. I) ne paraît pas noble. Cette appréciation délicate est suivie d'une remarque moins relevée : « on trousse autre chose que les bras. »

Le mot *semence* (S. II) semble bien autrement répugnant. Voici l'arrêt qui frappe ce malheureux : « Expression qui ne doit pas entrer dans un discours qui peut être lu par des gens d'honneur. Tout au plus un médecin & un chirurgien en doivent-ils parler entre eux. »

Regnier s'était un jour plaint, dans fa deuxième fatire,

Que la fidélité n'eft pas grand reuenu;

mais il avait gardé fa foi à fon maître, attendant avec patience, non la fortune, mais la récompenfe de fes services. Tant de défintéreffement irrite le commentateur. Il s'emporte : « Regnier, écrit-il, avait tort d'être fidèle à outrance : ce n'eft pas toujours le moyen fûr de s'avancer auprès des grands. Les voici donc, ces moyens : les fervir dans des miniftères agréables, mais fecrets; demander avec importunité; fe faire craindre de ceux que l'on approche, & les obliger par là d'acheter votre filence. J'ai connu des miniftres..., il falloit leur montrer les dents pour les obliger à faire ce qu'on leur demandoit. Ainfi trêve de zèle avec les grands [1]. »

L'auteur de ces belles maximes, de ces remarques de bon goût était un intrigant de lettres & de cabinet, également porté pour vivre vers les travaux littéraires & les miffions diplomatiques, l'abbé Lenglet du

---

[1]. L'édition de 1733 donne parfois de meilleures explications que celle de 1729; mais le cas eft rare. *Fuftés* de vers (S. IV), par exemple, que Broffette avait traduit par *fournis* de vers, eft plus juftement interprété par *battus*. Du refte dans la vieille langue du droit, *fuflé* fignifie bâtonné, fouetté de verges.

Fresnoy[1]. Ce qu'il fit pour Regnier, il le répéta neuf ans après pour le *Journal de Henri IV* qui avait été publié en 1732 par l'abbé d'Olivet. Enfin, il le renouvela plus tard encore dans sa réédition du *Journal de Henri III*.

Lenglet du Fresnoy ne se borna pas à s'approprier le travail de Brossette. Il voulut faire servir le nom du commentateur de Regnier à une odieuse vengeance. Ennemi de Jean-Baptiste Rousseau qu'il soupçonnait de l'avoir calomnié auprès du prince Eugène, il écrivit, pour la placer en tête de son édition de Regnier, une épître diffamatoire contre Rousseau. Celui-ci, averti à temps, obtint du marquis de Fénelon, ambassadeur en Hollande, la suppression de cette œuvre d'infamie. De son côté Brossette, par l'intervention du lieutenant général de police, reçut de l'abbé Lenglet une lettre d'excuses[2]. En conséquence, un carton fut placé en tête du Regnier, pp. III & IV, & l'imprimeur substitua à l'épître scandaleuse la dédicace au Roy qui, faisant suite à l'ode de Motin, ne fut pourtant point supprimée. Ainsi s'explique le double emploi que l'on

---

1. Voir sur ce curieux personnage *Année littéraire*, 1755, III, let. VI, p. 116, & les *Mémoires pour servir à l'Histoire de la vie & des ouvrages de M. l'abbé Lenglet du Fresnoy*. Londres & Paris, Duchesne, 1761.

2. Ce curieux épisode d'histoire littéraire se trouve raconté bien au long dans les lettres de Rousseau, VI, 91 & 208, & dans celles de Brossette au président Bouhier, des 16 septembre & 2 décembre 1732.

remarque aujourd'hui dans tous les exemplaires de 1733.

Nous venons de paſſer en revue les diverſes phaſes de l'hiſtoire des éditions de Regnier. Nous nous ſommes appliqué à délimiter exactement les périodes de publications. Il nous reſte à faire connaître celles des poéſies attribuées à Regnier qui ne peuvent trouver place dans une édition de ſes œuvres parce qu'elles ſont, les unes trop licencieuſes & les autres manifeſtement apocryphes, la plupart enfin dépourvues d'une authenticité évidente.

Ces pièces ſe trouvent dans divers recueils imprimés & dans deux manuſcrits de la Bibliothèque nationale.

Le premier de ces ouvrages eſt *le Recueil des plus excellens vers ſatyriques de ce temps, trouvés dans les cabinets des ſieurs de Sigognes, Regnier, Motin, qu'autres des plus ſignalés poëtes de ce ſiècle.* A Paris, chez Anthoine Eſtoc, MDCXVII. In-12 de 222 pages. Ce volume contient de Regnier : le *Dialogue de l'âme de Villebroche parlant à deux courtiſanes, une des Marets du Temple & l'autre de l'Iſle du Palais,* & le *Dialogue de Perrette parlant à la divine Macette*[1].

---

1. Ces deux pièces, la première de 21 ſtrophes de 6 vers, & la deuxième de 25 ſtrophes de même meſure, ſont entrées avec le nom de Sigognes dans le *Cabinet ſatyrique*. Elles commencent par ces vers :
    Au plus creux des ronces fortes.
    Plus luiſante que n'eſt verre.

Perrette, ſi l'on en peut croire Tallemant, ſerait Mlle du Tillet

D'autres pièces se rencontrent avec le nom de Regnier dans un recueil non moins rare que le précédent : *les Délices satyriques ou suite du Cabinet des vers satyriques de ce temps, &c.*[1] *Paris, Anthoine de Sommaville, 1620.* En dehors des épigrammes connues : *l'Argent tes beaux jours, Quelque moine de par le monde* & le *Tombeau d'un Courtisan,* ce sont des stances commençant par ce vers :

Je ne suis pas prest de me rendre ;

une satire contre une vieille courtisane :

— Encor que ton teint soit desteint ;

& une épigramme nouvelle :

Jeanne, vous deguisez en vain[2].

Le dernier recueil imprimé où l'on rencontre des poésies sous le nom de Regnier est le *Parnasse satyrique du sieur Théophile*[3]. Il a fourni à M. Viollet-le-

(V. éd. in-8º, I, 191). Sigognes a écrit le combat d'Ursine (Mme de Poyane) & de Perrette (V. le *Cab. sat.*, Rouen, 1627, p. 497).

Ces deux dialogues, attribués à Regnier par le Recueil d'Anthoine Estoc, se trouvent encore dans les dernières éditions des *Bigarrures du Seigneur des Accords,* livre III *in fine,* à la suite des *Epitaphes.*

1. Voir les *Variétés bibliographiques* de M. Édouard Tricotel. Paris, Gay, 1863, pp. 221 & suivantes.

2. Ces trois pièces ont été reproduites dans le *Parnasse satyrique,* mais la dernière est anonyme.

3. Le *Parnasse* a paru en 1622. Voir *la Doctrine curieuse,* du P. Garasse, p. 321.

Duc les pièces dont il a groſſi ſon édition des œuvres du poëte chartrain : les ſtances *Si voſtre œil tout ardant d'amour & de lumière,* celles qui ſont adreſſées à la belle Cloris & enfin la complainte *Vous qui violentez.* On peut encore y prendre ou du moins y lire les ſtances

Femmes qui aimez mieux[1],

& deux ſonnets[2] commençant ainſi :

Et bien mon doux amy comment vous portez-vous.
Sod..... enragés ennemis de nature.

Après avoir ſignalé les poéſies attribuées à Regnier dans les recueils dont il a été fait mention plus haut, notre devoir eſt d'indiquer les manuſcrits où de ſemblables pièces peuvent ſe trouver. Il y en a trois, l'un eſt à l'Arſenal & les deux autres à la Bibliothèque Richelieu.

1. D'après le manuſcrit 122 fr. in-f°, B. L., de l'Arſenal, cette pièce ſerait de Théophile.
2. Il y a dans le *Parnaſſe ſatyrique,* ſous le nom de Regnier, un ſonnet dont le premier vers eſt :

Les humains cheribon, ſont or, deſanimez.

Ce poëme eſt fauſſement attribué à Regnier. Il figure en effet dans les écrits ſatiriques publiés contre le roi & ſes mignons en 1578, & recueillis par L'Eſtoile. Voir les *Mémoires Journaux,* édit. Jouauſt, 1875, I, 337.

Nous avons également écarté de la liſte des Poéſies de Regnier, ſuivant le *Parnaſſe,* les pièces qui dans ce recueil ſont des réimpreſſions du *Temple d'Apollon: Iamais ne pourray-ie bannir;* & des *Délices ſatyriques.* Voir plus haut, p. 97, *Je ne ſuis pas* & *Encor' que ton teint.*

Le premier (Arſ., manuſ. de Conrart, XVIIIe vol. in-4º, pp. 323 & 324) offre des attributions plus importantes qu'étendues. Elles éclairciſſent un paſſage des ſatires en nous révélant la jalouſie de Regnier contre du Perron[1] :

> Ce pedant de nouueau baptiſé
> Et qui par ſes larcins ſe rend authoriſé.

Deſportes, protecteur de Regnier, avait été bien plus efficacement celui de du Perron. Après l'avoir converti au catholicifme, il en avait fait le lecteur, puis le confeſſeur d'Henri III. Peu à peu, l'abbé était devenu évêque d'Évreux & cardinal. Pendant cette brillante fortune, due à beaucoup d'audace dans la poéſie & dans la politique, car du Perron, qui groſſoyait des in-folio ſur des queſtions diplomatiques, écrivait des ſonnets & de petits vers pour les dames de la cour, Regnier attendait vainement un peu de bien. Auſſi, quoiqu'il ſe ſoit rarement montré acceſſible à l'envie, n'a-t-il pu réſiſter à la tentation qui pouſſait un ſatirique à ſe moquer d'un bel efprit gâté par le ſuccès. Les trois épigrammes recueillies par Conrart ont pour objet un livre du cardinal : *du Leger & du Peſant,* ſes traductions de Virgile & enfin ſes infidélités amoureuſes. La fantaiſie ſcientifique de du Perron ne nous eſt point parvenue;

---

[1]. C'eſt à l'obligeance de M. Tricotel que nous devons cette intéreſſante indication.

mais ſes imitations des poëtes latins ſont dans toutes les anthologies des premières années du xvııe ſiècle, &, dans ces volumes mêmes, un lecteur attentif peut noter les évolutions galantes de l'abbé, digne élève de Deſportes.

Les manuſcrits de la Bibliothèque nationale diffèrent eſſentiellement de ceux qui viennent d'être cités. Le premier (n° 884, fonds fr.)[1] a fait partie de la collection de Meſmes où il portait le n° 163. C'eſt un in-folio de 347 ff., comprenant, avec un *Sommaire diſcours de la Poéſie,* des odes, des ſtances, des ſonnets & des épigrammes ſatiriques de toute provenance. Malgré l'excentricité libertine des pièces qui compoſent ce volume, il eſt facile de reconnaître qu'un copiſte intelligent a été chargé de grouper tous ces poëmes. L'écriture élégante & nette eſt des premières années du xvııe ſiècle. Les meſures du vers, les formes des mots ſont exactement obſervées. Enfin, pour le critique le plus ſévère, ce ſottiſier a la valeur d'un document. Les nudités de langage qu'il recèle ne ſont pas ſeulement des eſquiſſes de chronique littéraire, ce ſont auſſi des tableaux ſecrets de l'hiſtoire de nos mœurs. Dans ce manuſcrit, dont l'auteur s'eſt montré fort ménager d'attributions, le nom de Regnier figure (pp. 307 & 318) ſous une pièce que nous connaiſſons déjà, l'épigramme

---

[1]. Ancien fonds. R., 7237.

> Quand il dine il tient porte clofe

reproduite par P. Jannet dans fon édition de 1867 (Paris, Picart), & les ftances

> Encor que ton teint foit defteint.

Il fe lit enfin (p. 105) au pied d'une ode fatirique de dix-neuf ftrophes commençant par ce vers :

> Cette noire & vieille corneille [1].

D'autres poéfies de Regnier fe rencontrent dans le même volume, mais elles ne font pas fignées. On trouve ainfi, ff^{os} 251, 285 & 336, les épigrammes :

> Le violet tant eftimé.
> Hier la langue me fourcha.
> Un homme gift fous ce tombeau,

& de plus, f° 316, les ftances

> Le tout puiffant Jupiter [2].

Le manufcrit 12491 (ancien n° 4725 du fuppl^t français) ne peut être comparé au précédent. Il a une origine incertaine, &, ce qui lui ôte encore plus de valeur, il eft l'œuvre d'un fcribe négligent

---

1. Ce poëme a paru dans le *Cabinet fatyrique* parmi les pièces attribuées à Sigognes. Cette reftitution nous femble fort hafardée.

2. A ces poéfies anonymes il faut ajouter, ff^{os} 127 & 130, les deux *Dialogues* mentionnés ci-deffus, p. 96; l'ode *Belle & fauoureufe Macette*, f° 194, &, f° 125, *le Combat de Renyer & de Berthelot*.

& illettré. Les omiſſions, les non-ſens & les fautes de langue ſont accumulés dans ce grand in-folio[1]. Il ſemble que ce recueil ait été formé vers 1640 par quelque habitant du Blaiſois. La plupart des pièces claſſées dans l'ordre de leur date embraſſent une période de ſeize ans, de 1630 à 1656. Elles ont trait aux événements du jour, aux réjouiſſances locales. Il s'y trouve des vaudevilles contre les gens en vue, des ſtances contre le tabac & pluſieurs ballets[2]. Parmi ces poéſies, l'auteur du manuſcrit a fait entrer un aſſez grand nombre de pièces intéreſſant la famille Hurault, notamment l'évêque de Chartres, le comte de Limours, le marquis de Roſtaing, M. d'Eſclimont & Mlle de Cheverny.

Le prélat tient naturellement une grande place, & d'après les pièces recueillies en ſon honneur & le nom des poëtes qui les ont ſignées, on pourrait conclure que l'abbaye de Royaumont était une retraite

---

[1]. Il renferme 642 pages & vingt feuillets liminaires d'une groſſe écriture, de la même main de la première à la dernière pièce.

[2]. Voir p. 110 le Ballet des *Impériales* & celui de la *Naiſſance de Pantagruel*, danſés à Blois en 1625 & 1626 par M. le comte de Limours & M. d'Eſclimont, au temps du carnaval.

Voir auſſi, p. 146, l'*Entrée du ballet des Gredins*, danſé à Cheverny, en 1637, par Mlle de Cheverny. Signalons encore, pp. 231 & 254, les vers *ſur un chien perdu*, par le ſieur Chefneau, domeſtique du marquis de Roſtaing, 1646, & *ſur la maladie dudit marquis*, en 1647, & enfin, p. 129, une pièce *ſur le baſtiment & les yſſues du chaſteau de Cheverny*, 1633.

ouverte aux poëtes maltraités par la fortune. Baïf le fils, Dameron paraiffent avoir été les familiers de l'évêque. D'autres moins favorifés, Jourdain & Regneffon, atteftent en leurs vers la bienveillance de leur Mécène.

Regnier occupe un rang à part dans le manufcrit[1]. Les poéfies qui lui font attribuées confiftent furtout en lettres rimées pour l'évêque dans le genre de la dix-neuvième fatire :

Perclus d'vne jambe & des bras.

Elles font au nombre de douze & commencent à partir de 1606[2], bien qu'il foit conftant que l'auteur n'ait pas été admis dans l'intimité de Philippe Hurault avant la fin de 1609. Au furplus, les queftions de date n'ont pas d'utilité pour repouffer les attributions du manufcrit. Le texte des pièces fuffit à montrer qu'elles ne font pas de Regnier. A la fin de la première épître, l'auteur déclare qu'il n'a jamais voyagé en Italie. Plus loin, lettre V, de 1610, il eft queftion du garde des fceaux qui fuccéda au marquis de Sillery,

---

1. Pages 45 à 60. On lit en tête de la première page : *Plufieurs vers eftant de fuitte du fieur Regnier de différentes annees, qui n'ont efté imprimés dans fes œuvres & trouvés après fa mort.* Nous mentionnons, p. 8, pour mémoire, le huitain :

La feconde main de la terre.

2. V. l'édition des *Œuvres* de Regnier de M. Ed. de Barthélemy. Paris, Malaffis, 1862, pp. 251 à 278.

disgracié en mai 1616. Les anachronismes ne se bornent pas là. Dans une apostrophe satirique de 1612, contre le maréchal d'Ancre & sa femme, le poëte s'exprime ainsi :

> ... Vous espuisez nos finances
> Et pour vous vacquent les Etats
> Des maréchaux de notre France.

Cette pièce, mal datée, ne peut être de Regnier, puisque le marquis d'Ancre est devenu maréchal le 20 novembre 1613, un mois après la mort du poëte chartrain.

L'élégie de 1613 : *Amy, pourquoy me veux-tu tant reprendre,* nous jette en d'autres particularités. Elle nous montre Regnier marié, s'excusant d'avoir caché son union, & par de plats badinages se consolant à l'avance des infortunes conjugales qui lui pourraient advenir.

L'épigramme *J'ai l'esprit lourd comme vne souche,* de 1612, se termine plus méchamment encore. Le poëte insulte les maîtres que Regnier a constamment vénérés, Desportes & Ronsard.

Lorsque les erreurs matérielles sont moins évidentes, la niaiserie de la pensée & la bassesse du style déparent cruellement les vers en tête desquels une main d'ignorant a mis le nom d'un véritable poëte, celui-là même qui a adressé à l'évêque de Chartres sa quinzième satire :

Ouy i'eſcry rarement & me plais de le faire.

Quelque répugnante que ſoit l'analyſe des pauvretés poétiques attribuées à Regnier par le manuſcrit 12491, un exemple nous paraît néceſſaire pour montrer ſur quelles miſères le goût eſt appelé à ſe prononcer. Une ode de 1613, *Sur la naiſſance de ſaint Jean,* contient la ſtrophe ſuivante :

> Quelques ſainêts le jour de leur feſte
> Ont trente bouquets ſur la teſte ;
> Les autres qui meritent mieux
> De ſix fois dix bouquets on pare :
> Mais ta valeur beaucoup plus rare
> T'en faiêt avoir trente plus qu'eux.

Devant un tel abaiſſement de toute poéſie, l'eſprit le plus ſcrupuleux peut ſans héſitation décider que ces platitudes ne ſont pas de l'auteur de *Macette.* En ſes plus mauvais moments, Regnier n'eſt point tombé ſi bas, & c'eſt lui faire injure que de chercher ſérieuſement dans cet amas de rimes la part du poëte.

Il ſemble plus juſte & plus conforme à la vérité de ſignaler, dans le manuſcrit en queſtion, les pièces recueillies déjà dans d'autres ouvrages. On en comptera quatre :

Le *Combat de Regnier & de Berthelot,* ſous la date de 1607, les ſtances *Encor que ton œil ſoit eſteint,* l'épigramme *Lisette à qui l'on faisoit tort,* & enfin le sonnet incomplet, *Delos flotant sur l'onde*[1].

Au delà de ces constatations, l'incertitude commence. Des pièces matériellement apocryphes se mêlent à des poésies que leur facture rend suspectes. La défiance naît de tous côtés & n'épargne même pas des morceaux qui ont quelque apparence d'authenticité, comme la lettre de 1609, *Après avoir fort estriué,* & l'épigramme de *Margot*[2].

Une dernière infidélité du manuscrit 12491, & la plus grave parce qu'elle dénote chez son auteur une ignorance inexplicable, vient discréditer encore les attributions qui portent le nom de Regnier. On lit en effet sous la date de 1613, à la fin des prétendues œuvres du poëte chartrain, une pièce qui n'est autre que la célèbre paraphrase de Malherbe sur le pseaume *Lauda anima mea Dominum*..

Ne croyons plus mon ame aux promesses du monde.

Ces stances ont été publiées pour la première fois en 1626, dans le *Recueil des plus beaux vers de messieurs Malherbe, Racan, &c*. On les retrouve dans l'édition originale des poésies de Malherbe[3].

---

1. Cette dernière pièce se retrouve dans L'Estoile avec le nom de Regnier.
2. Voir Regnier, édition citée, pp. 256 & 374.
3. Voir, au sujet de cette pièce, le *Bulletin du Bibliophile,* année 1859, p. 348. Le rédacteur du bulletin essaye de justifier le copiste en avançant qu'une note manuscrite de 1613 a plus d'au-

Ces inveſtigations à toute extrémité, au delà même de l'œuvre de Regnier, ont été entrepriſes pour ſatiſfaire les lecteurs curieux de tout ce qui concerne notre premier ſatirique. Après avoir cherché la vérité ſur l'exiſtence ſi peu connue du poëte chartrain, après avoir tenté une hiſtoire des diverſes éditions des ſatires, il nous reſtait encore à faire connaître les recueils imprimés & manuſcrits où ſe trouve le nom de Regnier. En ceci ſurtout un redoublement de prudence nous était impoſé. La reſtitution d'un texte a pour complément la ſuppreſſion de tout ce qui peut paraître d'une authenticité ſuſpecte, d'après les données de l'hiſtoire ou ſuivant les règles du goût.

torité qu'une publication poſtérieure à la mort de Malherbe. Or le manuſcrit 12491 ne remonte pas au delà de 1635 & les vers en litige ont été imprimés du vivant de leur auteur.

LES PREMIERES
ŒVVRES DE M. REGNIER.

Verùm, vbi plura nitent in Carmine, non ego paucis
Offendar maculis.

EPITRE LIMINÉAIRE

AU ROY.

SIRE,

e m'eſtois iuſques icy reſolu de teſmoigner par le ſilence, le reſpect que ie doy à voſtre Maieſté. Mais ce que l'on euſt tenu pour reuerence, le ſeroit maintenant pour ingratitude, qu'il luy a pleu me faiſant du bien, m'inſpirer auec vn deſir de vertu celuy de me rendre digne de l'aſpect du plus parfaict & du plus victorieux Monarque du monde. On lit qu'en Etyopie il y auoit vne ſtatuë qui rendoit vn ſon armonieux, toutes les fois que le Soleil leuant la regardoit. Ce meſme miracle (SIRE) auez vous faict en moy qui touché de l'Aſtre de V. M. ay receu la voix

& la parole. On ne trouuera donc eſtrange ſi, me reſ-
ſentant de cet honneur, ma Muſe prend la hardieſſe de
ſe mettre à l'abri de vos Palmes, & ſi temerairement
elle oſe vous offrir ce qui par droit eſt deſia voſtre, puis
que vous l'auez faict naiſtre dans vn ſuiect qui n'eſt
animé que de vous, & qui aura eternellement le cœur
& la bouche ouuerte à vos loüanges, faiſant des vœus
& des prieres continuelles à Dieu qu'il vous rende là
haut dans le Ciel autant de biens que vous en faites çà
bas en terre.

Voſtre tres-humble & tres-obeiſſant
& tres-obligé ſuiet & ſeruiteur

REGNIER.

ODE A REGNIER

SVR SES SATYRES.

ui de nous se pourroit vanter
De n'estre point en seruitude?
Si l'heur le courage & l'estude
Ne nous en sçauroient exempter :
Si chacun languit abbatu
Serf de l'espoir qui l'importune,
Et si mesme on voit la vertu
Estre esclaue de la fortune

L'vn se rend aux plus grands subiect,
Les grands le sont à la contrainte,
L'autre aux douleurs, l'autre à la crainte,
Et l'autre à l'amoureux obiect :
Le monde est en captiuité,
Nous sommes tous serfs de nature,
Ou vifs de nostre volupté,
Ou morts de nostre sepulture.

Mais en ce temps de fiction
Et que ses humeurs on deguise,
Temps où la seruile feintise
Se fait nommer discretion :
Chacun faisant le reserué,
Et de son plaisir son Idole,
REGNIER, tu t'es bien conserué
La liberté de la parole.

Ta libre & veritable voix
Monstre si bien l'erreur des hommes,
Le vice du temps où nous sommes,
Et le mespris qu'on fait des loix :
Que ceux qu'il te plaist de toucher
Des poignants traits de ta Satyre,
S'ils n'auoient honte de pecher,
En auroient de te l'ouïr dire.

Pleust à Dieu que tes vers si doux
Contraires à ceux de Tyrtée
Flechissent l'audace indontée,
Qui met nos Guerriers en couroux :
Alors que la ieune chaleur
Ardents au düel les fait estre,
Exposant leur forte valeur,
Dont ils deburoient seruir leur maistre.

Flatte leurs cœurs trop valeureux,
Et d'autres desseins leur imprimes,
Laisses là les faiseurs de rymes,
Qui ne sont iamais malheureux :

Sinon quand leur temerité
Se feint vn merite si rare,
Que leur espoir precipité
A la fin deuient vn Icare.

Si l'vn d'eux te vouloit blasmer
Par coustume ou par ignorance,
Ce ne seroit qu'en esperance
De s'en faire plus estimer.
Mais alors d'vn vers menaçant
Tu luy ferois voir que ta plume
Est celle d'vn Aigle puissant,
Qui celles des autres consume.

Romprois-tu pour eux l'vnion
De la Muse & de ton genie,
Asseruy soubs la tyrannie
De leur commune opinion?
Croy plustost que iamais les Cieux
Ne regarderent fauorables
L'enuie, & que les enuieux
Sont tousiours les plus miserables.

N'escry point pour vn foible honneur,
Tasche seulement de te plaire,
On est moins prisé du vulgaire
Par merite, que par bon-heur.
Mais garde que le iugement
D'vn insolent te face blesme :
Ou tu deuiendras autrement
Le propre Tyran de toy-mesme.

Regnier la loüange n'eſt rien,
Des faueurs elle a ſa naiſſance,
N'eſtant point en noſtre puiſſance,
Ie ne la puis nommer vn bien.
Fuy donc la gloire qui deçoit
La vaine & credule perſonne,
Et n'eſt pas à qui la reçoit,
Elle eſt à celuy qui la donne.

Motin.

Difficile eſt Satyram non ſcribere.

Discours au Roy.

Satyre I.

uissant Roy des François, Astre viuant de Mars,
Dont le iuste labeur surmontant les hazards,
Fait voir par sa vertu que la grandeur de France
Ne pouuoit succomber sous vne autre vaillance :
Vray fils de la valeur de tes peres, qui sont
Ombragez des lauriers qui couronnent leur front,
Et qui depuis mile ans indomtables en guerre
Furent transmis du Ciel pour gouuerner la terre,
Attendant qu'à ton rang ton courage t'eust mis,
En leur Trosne eleué dessus tes ennemis :
Iamais autre que toy n'eust auecque prudence
Vaincu de ton suiect l'ingrate outre cuidance
Et ne l'eust comme toy du danger preserué :
Car estant ce miracle à toy seul reserué,
Comme au Dieu du païs, en ses desseins pariures
Tu fais que tes bontez excedent ses iniures.

Or apres tant d'exploits finis heureufement,
Laiſſant aus cœurs des tiens comme vn vif monument
Auecques ta valeur ta clemence viuante,
Dedans l'Eternité de la race ſuiuante,
Puiſſe tu comme Auguſte admirable en tes faicts
Rouler tes iours heureux en vne heureuſe paix,
Ores que la Iuſtice icy bas deſcenduë
Aus petis, comme aux grands, par tes mains eſt renduë;
Que ſans peur du larron trafique le marchant,
Que l'innocent ne tombe aux aguets du meſchant,
Et que de ta Couronne en palmes ſi fertille
Le miel abondamment & la manne diſtille,
Comme des cheſnes vieux aus iours du ſiecle d'or,
Qui renaiſſant ſous toy reuerdiſſent encor.

   Auiourd'huy que ton fils imitant ton courage,
Nous rend de ſa valeur vn ſi grand teſmoignage
Que ieune de ſes mains la rage il deconfit,
Eſtoufant les ſerpens ainſi qu'Hercule fit,
Et domtant la diſcorde à la gueule ſanglante,
D'impieté, d'horreur, encore fremiſſante,
Il luy trouſſe les bras de meurtres entachez,
De cent chaiſnes d'acier ſur le dos attachez,
Sous des monceaux de fer dans ſes armes l'enterre,
Et ferme pour iamais le temple de la guerre,
Faiſant voir clairement par ſes faits triomphans,
Que les Roys & les Dieux ne ſont iamais enfans.

   Si bien que s'eſleuant ſous ta grandeur proſpere,
Genereux heritier d'vn ſi genereux pere,
Comblant les bons d'amour & les meſchans d'effroy,
Il ſe rend au berceau deſia digne de toy.

   Mais c'eſt mal contenter mon humeur frenetique,
Paſſer de la Satyre en vn panegyrique,
Où molement diſert ſous vn ſuiet ſi grand
Des le premier eſſay mon courage ſe rend.

Auſſi plus grand qu'Enée, & plus vaillant qu'Achille
Tu ſurpaſſes l'eſprit d'Homere & de Virgille,
Qui leurs vers à ton los ne peuuent egaller,
Bien que maiſtres paſſez en l'art de bien parler.
Et quand i'egalerois ma Muſe à ton merite,
Toute extreme loüange eſt pour toy trop petite
Ne pouuant le fini ioindre l'infinité :
Et c'eſt aus mieux diſans vne temerité
De parler où le Ciel diſcourt par tes oracles,
Et ne ſe taire pas où parlent tes miracles,
Où tout le monde entier ne bruit que tes proiets,
Où ta bonté diſcourt au bien de tes ſuiets,
Où noſtre aiſe, & la paix, ta vaillance publie,
Où le diſcord étaint, & la loy retablie
Annoncent ta Iuſtice, où le vice abatu
Semble en ſes pleurs chanter vn hymne à ta vertu.
 Dans le Temple de Delphe, où Phœbus on reuere,
Phœbus Roy des chanſons, & des Muſes le pere,
Au plus haut de l'Autel ſe voit vn laurier ſainct,
Qui ſa perruque blonde en guirlandes etraint,
Que nul preſtre du Temple en ieuneſſe ne touche,
Ny meſme prediſant ne le maſche en la bouche,
Choſe permiſe aus vieus de ſainct zelle enflamez
Qui ſe ſont par ſeruice en ce lieu confirmez
Deuots à ſon miſtere, & de qui la poictrine
Eſt plaine de l'ardeur de ſa verue diuine.
Par ainſi tout eſprit n'eſt propre à tout ſuiet,
L'œil foible s'eſblouït en vn luiſant obiet,
De tout bois comme on dict Mercure on ne façonne,
Et toute medecine à tout mal n'eſt pas bonne.
De meſme le laurier, & la palme des Roys
N'eſt vn arbre où chacun puiſſe mettre les doigs,
Ioint que ta vertu paſſe en loüange feconde
Tous les Roys qui feront, & qui furent au monde.

Il se faut recognoistre, il se faut essayer,
Se sonder, s'exercer auant que s'employer
Comme fait vn Luiteur entrant dedans l'aréne,
Qui se tordant les bras tout en soy se deméne,
S'alonge, s'acourfit, ses muscles estendant,
Et ferme sur ses pieds s'exerce en attendant
Que son ennemy vienne, estimant que la gloire
Ia riante en son cœur luy don'ra la victoire.
 Il faut faire de mesme vn œuure entreprenant,
Iuger comme au suiet l'esprit est conuenant,
Et quand on se sent ferme, & d'vne aisle assez forte,
Laisser aller la plume où la verue l'emporte.
 Mais, SIRE, c'est vn vol bien esleué pour ceux
Qui foibles d'exercice, & d'esprit paresseux,
Enorgueillis d'audace en leur barbe premiere
Chanterent ta valeur d'vne façon grossiere
Trahissant tes honneurs auecq' la vanité
D'attenter par ta gloire à l'immortalité.
Pour moy plus retenu la raison m'a faict craindre,
N'osant suiure vn suiet où l'on ne peut attaindre,
I'imite les Romains encore ieunes d'ans,
A qui lon permetoit d'accuser impudans
Les plus vieus de l'estat, de reprendre, & de dire
Ce qu'ils pensoient seruir pour le bien de l'Empire.
 Et comme la ieunesse est viue, & sans repos,
Sans peur, sans fiction, & libre en ses propos,
Il semble qu'on luy doit permetre dauantage,
Aussi que les vertus florissent en cest' age
Qu'on doit laisser meurir sans beaucoup de rigueur,
Affin que tout à l'aise elles prenent vigueur.
 C'est ce qui m'a contraint de librement escrire
Et sans piquer au vif me mettre à la Satyre
Où poussé du caprice, ainsi que d'vn grand vent,
Ie vais haut dedans l'air quelquefois m'esleuant,

*Et quelque fois auſſi quand la fougue me quitte
Du plus haut, au plus bas, mon vers ſe precipitte
Selon que du ſuget touché diuerſement
Les vers à mon diſcours s'offrent facillement :
Auſſi que la Satyre eſt comme vne prairie
Qui n'eſt belle ſinon qu'en ſa biſarrerie,
Et comme vn pot pouri des freres mandians,
Elle forme ſon gouſt de cent ingredians.
 Or grand Roy dont la gloire en la terre eſpanduë
Dans vn deſſein ſi haut rend ma Muſe éperduë,
Ainſi que l'œil humain le Soleil ne peut voir,
L'eſclat de tes vertus offuſque tout ſçauoir,
Si bien que ie ne ſçay qui me rend plus coupable,
Ou de dire ſi peu d'vn ſuiet ſi capable,
Ou la honte que i'ay d'eſtre ſi mal apris,
Ou la temerité de l'auoir entrepris.
Mais quoy, par ta bonté qui tout autre ſurpaſſe
I'eſpere du pardon auecque ceſte grace
Que tu liras ces vers, où ieune ie m'ébas
Pour eſgayer ma force, ainſi qu'en ces combas
De fleurets on s'exerce, & dans vne barriere
Aus pages lon reueille vne adreſſe guerriere
Follement courageuſe affin qu'en paſſetans
Vn labeur vertueux anime leur printans,
Que leur corps ſe deſnouë, & ſe déſangourdiſſe
Pour eſtre plus adroit à te faire ſeruice.
Auſſi ie fais de meſme en ces caprices fous,
Ie ſonde ma portee, & me taſte le pous
Affin que s'il aduient, comme vn iour ie l'eſpere,
Que Parnaſſe m'adopte, & ſe diſe mon pere,
Emporté de ta gloire & de tes faicts guerriers
Ie plante mon lierre au pied de tes Lauriers.*

A Monsieur le Comte de Caramain.

Satyre II.

Comte de qui l'esprit penetre l'Vniuers,
Soigneus de ma fortune, & facille à mes vers,
Cher soucy de la muse, & sa gloire future,
Dont l'aimable genie, & la douce nature
Faict voir inaccessible aus efforts medisans
Que Vertu n'est pas morte en tous les courtisans,
Bien que foible, & debille, & que mal recongnuë
Son Habit décousu la montre à deminuë,
Qu'elle ait séche la chair, le corps amenuisé,
Et serue à contre-cœur le vice auctorisé,
Le vice qui Pompeus tout merite repousse,
Et va comme vn banquier en carrosse & en housse.
Mais c'est trop sermoné de vice, & de vertu :
Il faut suiure vn sentier qui soit moins rebatu,
Et conduit d'Apollon recognoistre la trace
Du libre Iuuenal, trop discret est Horace
Pour vn homme piqué, ioint que la passion
Comme sans iugement, est sans discretion :
Cependant il vaut mieux sucrer nostre moutarde :
L'homme pour vn caprice est sot qui se hazarde.

Ignorez donc l'auteur de ces vers incertains,
Et comme enfans trouuez qu'ils soient fils de putains,
Exposez en la ruë, à qui mesme la mere
Pour ne se descouurir faict plus mauuaise chere.
Ce n'est pas que ie croye en ces tans effrontez
Que mes vers soient sans pere, & ne soient adoptez,
Et que ces rimasseurs pour faindre vne abondance,
N'approuuent impuissans vne fauce semance :
Comme noz citoyens de race desireux
Qui bercent les enfans qui ne sont pas à eus.
Ainsi tirant profit d'vne fauce doctrine,
S'ils en sont accusez ils feront bonne mine,
Et voudront le niant qu'on lise sur leur front
S'il se fait vn bon vers que c'est eus qui le font,
Ialous d'vn sot honneur, d'vne batarde gloire,
Comme gens entenduz s'en veullent faire accroire,
A faus titre insolens, & sans fruict hazardeus,
Pissent au benestier affin qu'on parle d'eus.
Or auecq' tout cecy le point qui me console
C'est que la pauureté comme moy les affolle,
Et que la grace à Dieu Phœbus & son troupeau
Nous n'eusmes sur le dos iamais vn bon manteau.
Aussi lors que l'on voit vn homme par la ruë,
Dont le rabat est sale, & la chausse rompuë,
Ses gregues aus genous, au coude son pourpoint,
Qui soit de pauure mine, & qui soit mal en point,
Sans demander son nom on le peut recognoistre,
Car si ce n'est vn Poëte au moins il le veut estre.
Pour moy si mon habit par tout cycatrisé
Ne me rendoit du peuple & des grands mesprisé,
Ie prendrois patience, & parmy la misere
Ie trouuerois du goust, mais ce qui doit deplaire
A l'homme de courage, & d'esprit releué,
C'est qu'vn chacun le fuit ainsi qu'vn reprouué,

Car en quelque façon, les malheurs sont propices,
Puis les gueus en gueusant trouuent maintes delices,
Vn repos qui s'egaye en quelque oysiueté.
Mais ie ne puis patir de me voir reietté;
C'est donc pourquoy si ieune abandonnant la France
I'allay vif de courage, & tout chaud d'esperance
En la cour d'vn Prelat, qu'auecq' mille dangers
I'ay suiuy courtisan aux païs estrangers.
I'ay changé mon humeur, alteré ma nature,
I'ay beu chaud, mangé froid, i'ay couché sur la dure,
Ie l'ay sans le quitter à toute heure suiuy,
Donnant ma liberté ie me suis asseruy,
En publiq' à l'Eglise, à la chambre, à la table,
Et pense auoir esté maintefois agreable.
Mais instruict par le temps à la fin i'ay cogneu
Que la fidelité n'est pas grand reuenu,
Et qu'à mon tans perdu sans nulle autre esperance
L'honneur d'estre suiect tient lieu de recompanse,
N'ayant autre interest de dix ans ia passez
Sinon que sans regret ie les ay despensez.
Puis ie sçay quant à luy qu'il a l'ame Royalle,
Et qu'il est de Nature & d'humeur liberalle.
Mais, ma foy, tout son bien enrichir ne me peut,
Ny domter mon malheur si le ciel ne le veut.
C'est pourquoy sans me plaindre en ma deconuenuë
Le malheur qui me suit, ma foy ne diminuë,
Et rebuté du sort ie m'asserui pourtant,
Et sans estre auancé ie demeure contant
Sçachant bien que fortune est ainsi qu'vne louue
Qui sans chois s'abandonne au plus laid qu'elle trouue,
Qui releue vn pedant, de nouueau baptisé,
Et qui par ses larcins se rend authorisé,
Qui le vice ennoblit, & qui tout au contraire
Raualant la vertu la confinne en misere.

Et puis ie m'iray plaindre apres ces gens icy?
Non; l'exemple du temps n'augmante mon soucy.
Et bien qu'elle ne m'ait sa faueur departie
Ie n'entends quant à moy de la prendre à partie :
Puis que selon mon goust son infidelité
Ne donne, & n'oste rien à la felicité.
Mais que veus tu qu'on fasse en ceste humeur austere?
Il m'est comme aux putains mal aisé de me taire.
Il m'en faut discourir de tort & de trauers,
Puis souuent la colere engendre de bons vers.

 Mais, Conte, que sçait-on? elle est peut estre sage,
Voire auecque raison, inconstante, & volage,
Et Deésse auisée aux biens qu'elle depart
Les adiuge au merite, & non point au hazard.
Puis lon voit de son œil, lon iuge de sa teste,
Et chacun à son dire a droit en sa requeste :
Car l'amour de soy-mesme, & nostre affection,
Adiouste auec vsure à la perfection.
Tousiours le fond du sac ne vient en euidence,
Et bien souuent l'effet contredit l'apparance;
De Socrate à ce point l'arrest est mi-party,
Et ne sçait on au vray qui des deux a menty,
Et si philosophant le ieune Alcibiade
Comme son Cheualier en reçeut l'accolade.

 Il n'est à decider rien de si mal-aisé,
Que sous vn sainct habit le vice deguisé.
Par ainsi i'ay doncq' tort, & ne doy pas me plaindre,
Ne pouuant par merite autrement la contraindre
A me faire du bien, ny de me departir
Autre chose à la fin sinon qu'vn repentir.

 Mais quoy, qu'y feroit-on, puis qu'on ne s'ose pendre?
Encor' faut-il auoir quelque chose où se prendre,
Qui flate en discourant le mal que nous sentons.
 Or laissant tout cecy retourne à nos moutons,

Muse, & sans varier dy nous quelques sornettes,
De tes enfans bastards ces tiercelets des Pœtes,
Qui par les carefours vont leurs vers grimassans,
Qui par leurs actions font rire les passans,
Et quand la faim les poind se prenant sur le vostre
Comme les estourneaux ils s'affament l'vn l'autre.
 Cependant sans souliers, ceinture, ny cordon,
L'œil farouche, & troublé, l'esprit à l'abandon,
Vous viennent acoster comme personnes yures,
Et disent pour bon-iour, Monsieur ie fais des liures,
On les vent au Palais, & les doctes du tans
A les lire amusez, n'ont autre passetans.
 De là sans vous laisser importuns ils vous suiuent,
Vous alourdent de vers, d'alaigresse vous priuent,
Vous parlent de fortune, & qu'il faut acquerir
Du credit, de l'honneur, auant que de mourir,
Mais que pour leur respect l'ingrat siecle où nous sommes,
Au pris de la vertu n'estime point les hommes;
Que Ronsard, du Bellay viuants ont eu du bien,
Et que c'est honte au Roy de ne leur donner rien,
Puis sans qu'on les conuie ainsi que venerables,
S'assieffent en Prelats les premiers à vos tables,
Où le caquet leur manque, & des dents discourant,
Semblent auoir des yeux regret au demourant.
 Or la table leuée ils curent la machoire :
Apres graces Dieu beut, ils demandent à boire,
Vous font vn sot discours, puis au partir de là,
Vous disent, mais Monsieur, me donnez vous cela?
C'est tousiours le refrein qu'ils font à leur balade.
Pour moy ie n'en voy point que ie n'en sois malade,
I'en perds le sentiment du corps tout mutilé,
Et durant quelques iours i'en demeure opilé.
 Vn autre renfroingné, resueur, melancolique,
Grimassant son discours semble auoir la colique,

Suant, crachant, touſſant, penſant venir au point :
Parle ſi finement que l'on ne l'entend point.

Vn autre ambitieux pour les vers qu'il compoſe,
Quelque bon benefice en l'eſprit ſe propoſe,
Et deſſus vn cheual, comme vn ſinge attaché
Meditant vn ſonnet, medite vne Eueſché.

Si quelqu'vn comme moy leurs ouurages n'eſtime,
Il eſt lourd, ignorant, il n'ayme point la rime,
Difficille, hargneux, de leur vertu ialoux,
Contraire en iugement au commun bruit de tous,
Que leur gloire il derobe, auecq' ſes artifices.
Les Dames cependant ſe fondent en delices
Liſant leurs beaux eſcrits, & de iour & de nuit
Les ont au cabinet ſous le cheuet du lict,
Que portez à l'Egliſe ils valent des matines,
Tant ſelon leurs diſcours leurs œuures ſont diuines.

Encore apres cela ils ſont enfants des Cieux,
Ils font iournellement carouſſe auecq' les Dieux :
Compagnons de Minerue, & confis en ſcience,
Vn chacun d'eux penſe eſtre vne lumiere en France.

Ronſard fay-m'en raiſon, & vous autres eſprits
Que pour eſtre viuans en mes vers ie n'eſcris,
Pouuez vous endurer que ces-raüques Cygalles
Egallent leurs chanſons à voz œuures Royalles,
Ayant voſtre beau nom lachement dementy ?
Ha! c'eſt que noſtre ſiecle eſt en tout peruerty :
Mais pourtant quelque eſprit entre tant d'inſolence
Sçait trier le ſçauoir d'auecque l'ignorance,
Le naturel de l'art, & d'vn œil auiſé
Voit qui de Calliope eſt plus fauoriſé.

Iuſte poſterité à teſmoing ie t'apelle,
Toy qui ſans paſſion, maintiens l'œuure immortelle,
Et qui ſelon l'eſprit, la grace & le ſçauoir,
De race en race au peuple vn ouurage fais voir,

Vange ceste querelle, & iustement separe
Du Cigne d'Apollon la corneille barbare
Qui croassant par tout d'vn orgueil effronté
Ne couche de rien moins que l'immortalité.

   Mais Comte que sert-il d'en entrer en colere?
Puisque le tans le veut nous n'y pouuons rien faire,
Il faut rire de tout, aussi bien ne peut-on
Changer chose en Virgile, ou bien l'autre en Platon.

   Quel plaisir penses-tu, que dans l'ame ie sente,
Quand l'vn de ceste troupe en audace insolente,
Vient à Vanues à pied, pour grimper au coupeau
Du Parnasse François, & boire de son eau;
Que froidement reçeu, on l'escoute à grand peine,
Que la Muse en groignant luy deffend sa fontaine,
Et se bouchant l'oreille au reçit de ses vers,
Tourne les yeux à gauche, & les lit de trauers,
Et pour fruit de sa peine aux grands vens dispersée,
Tous ses papiers seruir à la chaire percée?

   Mais comme eux ie suis Pœte, & sans discretion
Ie deuiens importun auecq presomption.

   Il faut que la raison retienne le caprice,
Et que mon vers ne soit qu'ainsi qu'vn exercice,
Qui par le iugement doit estre limité
Selon que le requiert ou l'age, ou la santé.

   Ie ne sçay quel Demon m'a fait deuenir Pœte :
Ie n'ay comme ce Grecq des Dieux grand interprete
Dormy sur Helicon, où ces doctes mignons
Naissent en vne nuict comme les champignons,
Si ce n'est que ces iours allant à l'auanture
Resuant comme vn oyson qu'on mene à la pature,
A Vanues i'arriuay, où suiuant maint discours,
On me fit au iardin faire cinq ou six tours,
Et comme vn Conclauiste entre dans le conclaue,
Le sommelier me prit, & m'enferme en la caue,

Où beuuant, & mangeant ie fis mon coup d'essay,
Et où si ie sçay rien, i'apris ce que ie sçay.
 Voyla ce qui m'a fait & Poëte, & Satyrique,
Reglant la medisance à la façon antique.
Mais à ce que ie voy sympatisant d'humeur,
I'ay peur que tout à fait ie deuiendray rimeur,
I'entre sur ma loüange, & bouffi d'arrogance,
Si ie n'en ay l'esprit i'en auray l'insolence.
Mais retournons à nous, & sages deuenus
Soyons à leurs depens vn peu plus retenus.
 Or Comte, pour finir ly doncq' ceste Satyre,
Et voy ceux de ce temps que ie pince sans rire,
Pendant qu'à ce printemps retournant à la cour
I'iray reuoir mon maistre, & luy dire bon iour.

A Monsieur le Marquis de Cœuures.

Satyre III.

arquis, que doy-ie faire en ceste incertitude?
Doy-ie las de courir me remettre à l'estude,
Lire Homere, Aristote, & disciple nouueau
Glaner ce que les Greqs ont de riche, & de beau,
Reste de ces moissons que Ronsard, & Desportes,
Ont remporté du champ sur leurs espaules fortes,
Qu'ils ont comme leur propre en leur grange entassé,
Egallant leurs honneurs aux honneurs du passé?
Ou si continuant à courtiser mon maistre,
Ie me doy iusqu'au bout d'esperance repaistre,
Courtisan morfondu, frenetique, & resueur,
Portrait de la disgrace, & de la defaueur,
Puis sans auoir du bien, troublé de resuerie
Mourir dessus vn coffre en vne hostellerie,
En Toscane, en Sauoye, ou dans quelque autre lieu,
Sans pouuoir faire paix, ou trefue auecques Dieu.
Sans parler ie t'entends il faut suiure l'orage,
Aussi bien on ne peut où choisir auantage.
Nous viuons à tatons, & dans ce monde icy

Souuent auecq' trauail on pourfuit du foucy :
Car les Dieux couroucez contre la race humaine
Ont mis auecq' les biens la fueur, & la paine.
Le monde eft vn berlan où tout eft confondu :
Tel penfe auoir gaigné qui fouuent a perdu
Ainfi qu'en vne blanque où par hazard on tire,
Et qui voudroit choifir fouuent prendroit le pire.
Tout depend du Deftin, qui fans auoir efgard
Les faueurs, & les biens, en ce monde depart.
 Mais puis qu'il eft ainfi que le fort nous emporte,
Qui voudroit fe bander contre vne loy fi forte?
Suiuons doncq' fa conduite en ceft aueuglement.
Qui peche auecq' le ciel peche honorablement.
Car penfer s'affranchir c'eft vne refuerie,
La liberté par fonge en la terre eft cherie :
Rien n'eft libre en ce monde & chaque homme depend
Comtes, Princes, Sultans, de quelque autre plus grand.
Tous les hommes viuans font icy bas efclaues
Mais fuiuant ce qu'ils font ils diferent d'entraues,
Les vns les portent d'or, & les autres de fer :
Mais n'en deplaife aux vieux, ny leur Philofopher
Ny tant de beaux efcrits qu'on lit en leurs efcoles
Pour s'affranchir l'efprit ne font que des paroles.
 Au ioug nous fommes nez & n'a iamais efté
Homme qu'on ayt vu viure en plaine liberté.
 En vain me retirant enclos en vne eftude
Penferoy-ie laiffer le ioug de feruitude,
Eftant ferf du defir d'aprendre, & de fçauoir,
Ie ne ferois finon que changer de deuoir.
C'eft l'arreft de nature, & perfonne en ce monde
Ne fçauroit controler fa fageffe profonde.
 Puis que peut il feruir aux mortels icy bas,
Marquis, d'eftre fçauant, ou de ne l'eftre pas?
Si la fcience pauure, affreufe eft mefprifée,

Sert au peuple de fable, aux plus grands de risée;
Si les gens de Latin des sots sont denigrez
Et si lon nest docteur sans prendre ses degrés.
Pourueu qu'on soit morguant, qu'on bride sa moustache,
Qu'on frise ses cheueux, qu'on porte vn grand pannache,
Qu'on parle baragouin, & qu'on suiue le vent :
En ce temps du iourd'huy lon n'est que trop sçauant.

 Du siecle les mignons, fils de la poule blanche
Ils tiennent à leur gré la fortune en la manche,
En credit esleuez ils disposent de tout,
Et n'entreprennent rien qu'ils n'en viennent à bout.
Mais quoy, me diras tu, il t'en faut autant faire,
Qui ose a peu souuent la fortune contraire :
Importune le Louure, & de iour, & de nuict
Perds pour t'assugetir & la table, & le lict :
Sois entrant, effronté, & sans cesse importune :
En ce temps l'impudance eleue la fortune.

 Il est vray, mais pourtant ie ne suis point d'auis
De degager mes iours pour les rendre asseruis,
Et sous vn nouuel Astre aller nouueau pilote
Conduire en autre mer, mon nauire qui flote,
Entre l'espoir du bien, & la peur du danger
De froisser mon attente, en ce bord estranger.

 Car pour dire le vray c'est vn pays estrange,
Où comme vn vray Prothée à toute heure on se change,
Où les loys par respect sages humainnement,
Confondent le loyer auecq' le chastiment,
Et pour vn mesme fait de mesme intelligence
L'vn est iusticié, l'autre aura recompence.

 Car selon l'interest, le credit, ou l'apuy
Le crime se condamne, & s'absout auiourd'huy.
Ie le dy sans confondre en ces aigres remarques.
La clemence du Roy, le miroir des Monarques,
Qui plus grand de vertu, de cœur, & de renom,

S'eſt acquis de Clement, & la gloire & le nom.
 Or quant à ton conſeil qu'à la cour ie m'engage,
Ie n'en ay pas l'eſprit, non plus que le courage.
Il faut trop de ſçauoir, & de ciuilité,
Et ſi i'oſe en parler trop de ſubtilité,
Ce n'eſt pas mon humeur, ie ſuis melancolique,
Ie ne ſuis point entrant, ma façon eſt ruſtique,
Et le ſurnom de bon me va t on reprochant,
Dautant que ie n'ay pas l'eſprit d'eſtre meſchant.
 Et puis ie ne ſçaurois me forcer ny me faindre,
Trop libre en volonté ie ne me puis contraindre.
Ie ne ſçaurois ſlater, & ne ſçay point comment
Il faut ſe taire acort, ou parler ſaucement,
Benir les fauoris de geſte, & de parolles,
Parler de leurs ayeux, au iour de Ceriʒolles,
Des hauts faicts de leur race, & comme ils ont acquis
Ce titre auecq' honneur de Ducs, & de Marquis.
 Ie n'ay point tant d'eſprit pour tant de menterie :
Ie ne puis m'adonner à la cageollerie,
Selon les accidens, les humeurs ou les iours,
Changer comme d'habits touſ les mois de diſcours.
Suiuant mon naturel ie hay tout artifice;
Ie ne puis deguiſer la vertu, ny le vice,
Offrir tout de la bouche, & d'vn propos menteur,
Dire pardieu Monſieur ie vous ſuis ſeruiteur,
Pour cent bonadies s'arreſter en la ruë,
Faire ſus l'vn des pieds en la ſale la gruë,
Entendre vn mariollet qui dit auecq' meſpris
Ainſi qu'aſnes ces gens ſont tout veſtus de gris,
Ces autres verdelets aux peroquets reſſemblent,
Et ceux-cy mal peigneʒ deuant les Dames tremblent,
Puis au partir de là comme tourne le vent
Auecques vn bon iour amys comme deuant.
 Ie n'entends point le cours du Ciel, ny des planetes,

Ie ne sçay deuiner les affaires secretes,
Cognoistre vn bon visage, & iuger si le cœur
Contraire à ce qu'on voit ne seroit point moqueur.
  De porter vn poullet ie n'ay la suffisance,
Ie ne suis point adroit, ie n'ay point d'eloquence
Pour colorer vn faict, ou detourner la foy,
Prouuer qu'vn grand amour n'est suiect à la loy,
Suborner par discours vne femme coquette,
Luy conter des chansons de Ieanne, & de Paquette,
Desbaucher vne fille, & par viues raisons
Luy monstrer comme Amour faict les bonnes maisons,
Les maintient, les esleue, & propice aux plus belles
En honneur les auance, & les faict Damoyselles,
Que c'est pour leurs beaux nez que se font les ballets,
Qu'elles sont le suiect des vers, & des poulets,
Que leur nom retentit dans les airs que lon chante,
Qu'elles ont à leur suite vne troupe beante
De langoureux transis, & pour le faire court
Dire qu'il n'est rien tel qu'aymer les gens de court
Aleguant maint exemple en ce siecle où nous sommes,
Qu'il n'est rien si facile à prendre que les hommes,
Et qu'on ne s'enquiert plus s'elle a faict le pourquoy,
Pourueu qu'elle soit riche, & qu'elle ayt bien de quoy.
Quand elle auroit suiuy le camp à la Rochelle
S'elle a force ducats elle est toute pucelle.
L'honneur estropié, languissant, & perclus,
N'est plus rien qu'vne idolle en qui lon ne croit plus.
  Or pour dire cecy il faut force mistere,
Et de mal discourir il vaut bien mieux se taire.
Il est vray que ceux là qui n'ont pas tant d'esprit
Peuuent mettre en papier leur dire par escrit,
Et rendre par leurs vers, leur Muse maquerelle;
Mais pour dire le vray ie n'en ay la ceruelle.
  Il faut estre trop pront, escrire à tous propos,

Perdre pour vn sonnet & sommeil, & repos.
Puis ma muse est trop chaste, & i'ay trop de courage,
Et ne puis pour autruy façonner vn ouurage.
Pour moy i'ay de la court autant comme il m'en fault :
Le vol de mon dessein ne s'estend point si haut :
De peu ie suis content, encore que mon maistre
S'il luy plaisoit vn iour mon trauail recongnoistre
Peut autant qu'autre Prince, & a trop de moyen
D'eleuer ma fortune & me faire du bien,
Ainsy que sa Nature à la vertu facille
Promet que mon labeur ne doit estre inutille,
Et qu'il doit quelque iour mal-gré le sort cuisant
Mon seruice honorer d'vn honneste presant,
Honneste, & conuenable à ma basse fortune,
Qui n'abaye, & n'aspire ainsy que la commune
Apres l'or du Perou, ny ne tend aux honneurs,
Que Rome departit aux vertuz des Seigneurs.
 Que me sert de m'asseoir le premier à la table,
Si la faim d'en auoir me rend insatiable ?
Et si le fais leger d'vne double Euesché
Me rendant moins contant me rend plus empesché ?
Si la gloire, & la charge à la peine adonnée
Rend sous l'ambition mon ame infortunée ?
Et quand la seruitude a pris l'homme au collet
I'estime que le Prince est moins que son valet.
C'est pourquoy ie ne tends à fortune si grande :
Loing de l'ambition, la raison me commande :
Et ne pretends auoir autre chose sinon
Qu'vn simple benefice, & quelque peu de nom ;
Affin de pouuoir viure, auecq' quelque asseurance,
Et de m'oster mon bien que lon ait conscience.
 Alors vrayement heureux les liures feuilletant
Ie rendrois mon desir, & mon esprit contant.
Car sans le reuenu l'estude nous abuse,

Et le corps ne se paist aux banquets de la muse.
Ses mets sont de sçauoir discourir par raison,
Comme l'ame se meut vn tans en sa prison,
Et comme deliurée elle monte diuine
Au Ciel lieu de son estre, & de son origine,
Comme le Ciel mobile eternel en son cours
Fait les siecles, les ans, & les mois, & les iours,
Comme aux quatre elemens les matieres encloses,
Donnent comme la mort la vie à toutes choses,
Comme premierement les hommes dispercez,
Furent par l'armonie, en troupes amassez,
Et comme la malice en leur ame glissée,
Troubla de noz ayeux l'innocente pensée,
D'où naquirent les loys, les bourgs, & les citez,
Pour seruir de gourmete à leurs mechancetez,
Comme ils furent en fin reduis sous vn Empire,
Et beaucoup d'autres plats qui seroient longs à dire,
Et quand on en sçauroit ce que Platon en sçait,
Marquis tu n'en serois plus gras, ny plus refaict,
Car c'est vne viande en esprit consommée,
Legere à l'estomac, ainsi que la fumée.

Sçais tu pour sçauoir bien, ce qu'il nous faut sçauoir?
C'est s'affiner le goust de cognoistre, & de voir,
Aprendre dans le monde, & lire dans la vie
D'autres secrets plus fins que de Philosophie,
Et qu'auecq' la science il faut vn bon esprit.

Or entends à ce point ce qu'vn Greq' en escrit,
Iadis vn loup dit-il, que la faim epoinçonne
Sortant hors de son fort rencontre vne lionne
Rugissante à l'abord, & qui montroit aux dens
L'insatiable faim qu'elle auoit au dedans:
Furieuse elle aproche, & le loup qui l'auise,
D'vn langage flateur luy parle, & la courtise:
Car ce fut de tout tans que ployant sous l'effort,

Le petit cede au grand, & le foible au plus fort.
  Luy di-ie, qui craignoit que faute d'autre proye,
La beste l'attaquast, ses ruses il employe.
Mais en fin le hazard si bien le secourut,
Qu'vn mulet gros, & gras à leurs yeux aparut;
Ils cheminent dispos croyant la table preste,
Et s'aprochent tous deux assez pres de la beste,
Le loup qui la congnoist, malin, & defiant,
Luy regardant aux pieds luy parloit en riant :
D'où es-tu? qui es-tu? quelle est ta nouriture?
Ta race, ta maison, ton maistre, ta nature?
Le mulet estonné de ce nouueau discours
De peur ingenieux, aux ruses eut recours,
Et comme les Normans sans luy repondre voire,
Compere, ce dit-il, ie n'ay point de memoire,
Et comme sans esprit ma grand mere me vit,
Sans m'en dire autre chose au pied me l'escriuit.
  Lors il leue la iambe au iaret ramassée,
Et d'vn œil innocent il couuroit sa pensée,
Se tenant suspendu sur les pieds en auant :
Le loup qui l'aperçoit se leue de deuant,
S'excusant de ne lire auecq' ceste parolle,
Que les loups de son tans n'alloient point à l'ecolle :
Quand la chaude lionne à qui l'ardante faim
Alloit precipitant la rage, & le dessein,
S'aproche plus sçauante en volonté de lire,
Le mulet prend le tans, & du grand coup qu'il tire
Luy enfonce la teste, & d'vne autre façon,
Qu'elle ne sçauoit point luy aprit sa leçon.
  Alors le loup s'enfuit voyant la beste morte,
Et de son ignorance ainsi se reconforte :
N'en deplaise aux Docteurs, Cordeliers, Iacopins,
Pardieu les plus grands clers ne sont pas les plus fins.

A Monsieur Motin.

Satyre IIII.

otin la Muse est morte, ou la faueur pour elle :
En vain dessus Parnasse Apollon on apelle,
En vain par le veiller on acquiert du sçauoir,
Si fortune s'en mocque, & s'on ne peut auoir
Ny honneur, ny credit, non plus que si noz paines
Estoient fables du peuple inutiles, & vaines.
 Or va romps toy la teste, & de iour & de nuict,
Pallis dessus vn liure à l'apetit d'vn bruit
Qui nous honore apres que nous sommes sous terre,
Et de te voir paré de trois brins de lierre,
Comme s'il importoit estans ombres là bas,
Que nostre nom vescust ou qu'il ne vescust pas,
Honneur hors de saison, inutile merite
Qui viuans nous trahit, & qui morts nous profite,
Sans soing de l'auenir ie te laisse le bien
Qui vient à contrepoil alors qu'on ne sent rien,
Puis que viuant icy de nous on ne faict conte,
Et que nostre vertu engendre nostre honte.
 Doncq' par d'autres moyens à la court familiers,

Par vice, ou par vertu acquerons des lauriers,
Puis qu'en ce monde icy on n'en faict differance,
Et que souuent par l'vn l'autre se recompense.
Aprenons à mentir, mais d'vne autre façon
Que ne fait Caliope ombrageant sa chanson
Du voille d'vne fable, afin que son mistere
Ne soit ouuert à tous, ny congneu du vulguaire.
 Aprenons à mentir, noz propos deguiser,
A trahir noz amys, noz ennemis baiser,
Faire la court aux grands, & dans leurs antichambres,
Le chapeau dans la main, nous tenir sur noz membres,
Sans oser ny cracher, ny toussir, ny s'asseoir,
Et nous couchant au iour, leur donner le bon soir.
 Car puis que la fortune aueuglement dispose
De tout, peut estre en fin aurons nous quelque chose
Qui pourra destourner l'ingrate aduersité,
Par vn bien incertain à tatons debité,
Comme ces courtisans qui s'en faisant acroire,
N'ont point d'autre vertu, sinon de dire voire.
 Or laissons doncq' la Muse, Apollon, & ses vers,
Laissons le lut, la lyre, & ces outils diuers,
Dont Apollon nous flatte, ingrate frenesie,
Puis que pauure & quémande on voit la poësie,
Où i'ai par tant de nuits mon trauail occupé :
Mais quoy ie te pardonne, & si tu m'as trompé
La honte en soit au siecle, où viuant d'age en age
Mon exemple rendra quelque autre esprit plus sage.
 Mais pour moy mon amy ie suis fort mal payé
D'auoir suiuy cet' art, si i'eusse estudié,
Ieune laborieux sur vn bancq à l'escolle,
Gallien, Hipocrate, ou Iason, ou Bartolle,
Vne cornete au col debout dans vn parquet,
A tort & à trauers ie vendrois mon caquet,
Ou bien tastant le poulx, le ventre & la poitrine,

J'aurois vn beau teston pour iuger d'vne vrine,
Et me prenant au nez loucher dans vn bassin
Des ragous qu'vn malade offre à son Medecin,
En dire mon aduis, former vne ordonnance,
D'vn rechape s'il peut, puis d'vne reuerence,
Contrefaire l'honneste, & quand viendroit au point,
Dire en serrant la main, Dame il n'en falloit point.
 Il est vray que le Ciel qui me regarda naistre,
S'est de mon iugement tousiours rendu le maistre,
Et bien que ieune enfant mon Pere me tançast,
Et de verges souuent mes chançons menaçast,
Me disant de depit, & bouffy de colere,
Badin quitte ces vers, & que penses-tu faire?
La Muse est inutile, & si ton oncle a sçeu
S'auancer par cet art tu t'y verras deçeu.
 Vn mesme Astre tousiours n'eclaire en ceste terre :
Mars tout ardant de feu nous menace de guerre,
Tout le monde fremit, & ces grands mouuemens
Couuent en leurs fureurs de piteux changemens.
 Pense-tu que le lut, & la lyre des Poëtes
S'acorde d'armonie auecques les trompettes,
Les fiffres, les tambours, le canon, & le fer,
Concert extrauagant des musiques d'enfer?
 Toute chose a son regne, & dans quelques années,
D'vn autre œil nous verrons les fieres destinées.
 Les plus grands de ton tans dans le sang aguerris,
Comme en Trace feront brutalement nourris,
Qui rudes n'aymeront la lyre de la Muse,
Non plus qu'vne vielle ou qu'vne cornemuse.
Laisse donc ce métier, & sage prens le soing
De t'acquerir vn art qui te serue au besoing.
 Ie ne sçay mon amy par quelle prescience,
Il eut de noz Destins si claire congnoissance,
Mais pour moy ie sçay bien que sans en faire cas,

Ie mesprisois son dire, & ne le croyois pas,
Bien que mon bon Démon souuent me dist le mesme :
Mais quand la passion en nous est si extreme,
Les aduertissemens n'ont ny force ny lieu :
Et l'homme croit à peine aux parolles d'vn Dieu.
   Ainsi me tançoit-il d'vne parolle emeuë.
Mais comme en se tournant ie le perdoy de veuë
Ie perdy la memoire auecques ses discours,
Et resueur m'esgaray tout seul par les destours
Des Antres & des Bois affreux & solitaires,
Où la Muse en dormant m'enseignoit ses misteres,
M'aprenoit des secrets & m'echaufant le sein,
De gloire & de renom releuoit mon dessein.
Inutile science, ingrate, & mesprisée,
Qui sert de fable au peuple, aux plus grands de risée.
   Encor' seroit ce peu si sans estre auancé,
L'on auoit en cet art son age depencé ;
Apres vn vain honneur que le tans nous refuse,
Si moins qu'vne Putain l'on n'estimoit la Muse.
Eusse tu plus de feu, plus de soing, & plus d'art
Que Iodelle n'eut oncq', Desportes, ny Ronsard,
L'on te fera la mouë, & pour fruict de ta paine,
Ce n'est ce dirat-on qu'vn Poete à la douzaine.
   Car on n'a plus le goust comme on l'eut autrefois,
Apollon est gené par de sauuages loix,
Qui retiennent sous l'art sa nature offusquée,
Et de mainte figure est sa beauté masquée.
Si pour sçauoir former quatre vers enpoullez
Faire tonner des mots mal ioincts & mal collez,
Amy l'on estoit Poete, on verroit cas estranges,
Les Poetes plus espais que mouches en vandanges.
   Or que des ta ieunesse Apollon t'ait apris,
Que Caliope mesme ait tracé tes escris,
Que le neueu d'Atlas les ait mis sur la lyre,

Qu'en l'Antre Thespean on ait daigné les lire,
Qu'ils tiennent du sçauoir de l'antique leçon,
Et qu'ils soient imprimez des mains de Patisson,
Si quelqu'vn les regarde & ne leur sert d'obstacle,
Estime mon amy que c'est vn grand miracle.
 Lon a beau faire bien, & semer ses escris
De ciuette, bainjoin, de musc, & d'ambre gris,
Qu'ils soient plains releuez & graues à l'oreille,
Qu'ils fassent sourciller les doctes de merueille,
Ne pense pour cela estre estimé moins fol,
Et sans argent contant qu'on te preste vn licol,
Ny qu'on n'estime plus (humeur extrauagante)
Vn gros asne pouruëu de mille escuz de rente.
 Ce malheur est venu de quelques ieunes veaux
Qui mettent à l'encan l'honneur dans les bordeaux,
Et raualant Phœbus, les Muses, & la grace,
Font vn bouchon à vin du laurier de Parnasse,
A qui le mal de teste est commun & fatal,
Et vont bisarement en poste à l'hopital,
Disant s'on n'est hargneux, & d'humeur difficille,
Que lon est mesprisé de la troupe ciuille,
Que pour estre bon Poete il faut tenir des fous,
Et desirent en eux ce qu'on mesprise en tous,
Et puis en leur chanson sotement importune,
Ils accusent les grands, le Ciel, & la fortune,
Qui fustez de leurs vers en sont si rebatus,
Qu'ils ont tiré cet' art du nombre des vertus,
Tiennent à mal d'esprit leurs chansons indiscrettes
Et les mettent au ranc des plus vaines sornetes.
 Encore quelques grands affin de faire voir
De Mæcene riuaux qu'ils ayment le sçauoir,
Nous voient de bon œil, & tenant vne gaule,
Ainsi qu'à leurs cheuaux nous en flatent l'espaule,
Auecque bonne mine, & d'vn langage doux,

Nous disent souriant, & bien que faictes vous?
Auez vous point sur vous quelque chanson nouuelle?
I'en vy ces iours passez de vous vne si belle,
Que c'est pour en mourir, ha ma foy ie voy bien,
Que vous ne m'aymez plus, vous ne me donnez rien.

 Mais on lit à leurs yeux & dans leur contenance,
Que la bouche ne parle ainsi que l'ame pense,
Et que c'est mon amy, vn grimoire & des mots
Dont tous les courtisans endorment les plus sots.

 Mais ie ne m'aperçoy que trenchant du prudhomme,
Mon tans en cent caquets sottement ie consomme;
Que mal instruit ie porte en Brouage du sel,
Et mes coquilles vendre à ceux de sainct Michel.

 Doncq' sans mettre l'enchere aux sotises du monde,
Ny gloser les humeurs de Dame Fredegonde,
Ie diray librement pour finir en deux mots,
Que la plus part des gens sont habillez en sots.

A Monsieur Bertault, Euesque de Sées.

Satyre V.

ertault c'est vn grand cas quoy que lon puisse faire,
Il n'est moyen qu'vn homme à chacun puisse plaire
Et fust-il plus parfaict que la perfection,
L'homme voit par les yeux de son affection.
Chaque fat a son sens dont sa raison s'escrime,
Et tel blasme en autruy ce dequoy ie l'estime,
Tout fuyant l'intelec change d'ordre & de rang,
Les Mores auiourd'huy peignent le Diable blanc,
Le sel est doux aux vns, le sucre amer aux autres,
Lon reprend tes humeurs ainsi qu'on fait les nostres,
Les Critiques du tans m'apellent debauché,
Que ie suis iour & nuict aux plaisirs ataché,
Que i'y pers mon esprit, mon ame & ma ieunesse,
Les autres au rebours accusent ta sagesse,
Et ce hautain desir qui te faict mépriser
Plaisirs, tresors, grandeurs pour t'immortaliser,
Et disent, ô chetifs qui mourant sur vn liure,
Pensez seconds Phœnis en vos cendres reuiure,
Que vous estes trompez en vostre propre erreur,

SATYRE V.

Car & vous & vos vers viuez par procureur.
  Vn liuret tout moyſi vit pour vous & encore
Comme la mort vous fait, la taigne le deuore,
Ingrate vanité dont l'homme ſe repaiſt,
Qui baille apres vn bien qui ſottement luy plaiſt.
  Ainſi les actions aux langues ſont ſugettes;
Mais ces diuers rapors ſont de foibles ſagettes,
Qui bleçent ſeulement ceux qui ſont mal armez,
Non pas les bons eſpris à vaincre acoutumez,
Qui ſçauent auiſez auecques differance,
Separer le vray bien du fard de l'apparence.
  C'eſt vn mal bien eſtrange aux cerueaux des humains
Qui ſuiuant ce qu'ils ſont malades ou plus ſains,
Digerent la viande, & ſelon leur nature,
Ils prennent ou mauuaiſe ou bonne nouriture.
  Ce qui plaiſt à l'œil ſain offence vn chaſſieux,
L'eau ſe iaunit en bile au corps du bilieux,
Le ſang d'vn Hidropique en pituite ſe change,
Et l'eſtommac gaſté pourit tout ce qu'il mange,
De la douce liqueur rouſſoyante du Ciel,
L'vne en fait le venin, & l'autre en fait le miel.
Ainſi c'eſt la nature, & l'humeur des perſonnes,
Et non la qualité qui rend les choſes bonnes.
  Charnellement ſe ioindre auecq' ſa paranté,
En France c'eſt inceſte, en Perſe charité,
Tellement qu'à tout prendre en ce monde où nous ſommes,
Et le bien, & le mal depend du gouſt des hommes.
  Or ſans me tourmenter des diuers apetis,
Quels ils ſont aux plus grands, & quels aux plus petis,
Ie te veux diſcourir comme ie trouue eſtrange
Le chemin d'où nous vient le blaſme, & la loüange,
Et comme i'ay l'eſprit de Chimeres brouillé,
Voyant qu'vn More noir m'appelle barbouillé,
Que les yeux de trauers s'offenſent que ie lorgne,

Et que les quinze vints disent que ie suis borgne.
　C'est ce qui m'en deplaist encor que i'aye apris
En mon Philosopher d'auoir tout à mépris.
Penses tu qu'à present vn homme a bonne grace,
Qui dans le four l'Euesque enterine sa grace,
Ou l'autre qui poursuit des abolitions,
De vouloir ietter l'œil dessus mes actions,
Vn traistre, vn vsurier, qui par misericorde,
Par argent, ou faueur s'est sauué de la corde,
Moy qui dehors sans plus ay veu le Chastelet,
Et que iamais sergent ne saisit au collet,
Qui vis selon les loix & me contiens de sorte
Que ie ne tremble point quand on heurte à ma porte,
Voyant vn President le cœur ne me tressault,
Et la peur d'vn Preuost ne m'eueille en sursault,
Le bruit d'vne recherche au logis ne m'areste,
Et nul remord facheux ne me trouble la teste,
Ie repose la nuict sur l'vn & l'autre flanc,
Et cependant Bertault ie suis desus le ranc.
　Scaures du tans present, hipocrites seueres,
Vn Claude effrontement parle des adulteres,
Milon sanglant encor reprend vn assassin,
Grache, vn seditieux, & Verres, le larcin.
　Or pour moy, tout le mal que leur discours m'obiette,
C'est que mon humeur libre à l'amour est sugette,
Que i'ayme mes plaisirs, & que les passetans
Des amours m'ont rendu grison auant le tans,
Qu'il est bien malaisé que iamais ie me change,
Et qu'à d'autres façons ma ieunesse se range.
　Mon oncle m'a conté que montrant à Ronsard
Tes vers estincellants & de lumiere, & d'art,
Il ne sçeut que reprendre en ton aprentissage
Sinon qu'il te iugeoit pour vn Poete trop sage.
　Et ores au contraire, on m'obiecte à peché

Les humeurs qu'en ta Muſe il euſt bien recherché.
Auſſi ie m'emerueille au feu que tu recelles,
Qu'vn eſprit ſi raſis ait des fougues ſi belles,
Car ie tien comme luy que le chaud element,
Qui donne ceſte pointe au vif entendement,
Dont la verue s'echauffe & s'enflame de ſorte
Que ce feu dans le Ciel ſur des aiſles l'emporte,
Soit le meſme qui rend le Poete ardant & chaud,
Suiect à ſes plaiſirs, de courage ſi haut,
Qu'il mepriſe le peuple, & les choſes communes,
Et brauant les faueurs ſe moque des fortunes,
Qui le fait debauché, frenetique reſuant
Porter la teſte baſſe, & l'eſprit dans le vent,
Egayer ſa fureur parmy des precipices,
Et plus qu'à la raiſon ſuiect à ſes caprices.
  Faut il doncq' à preſent s'etonner ſi ie ſuis
Enclin à des humeurs qu'euiter ie ne puis,
Où mon temperament malgré moy me tranſporte,
Et rend la raiſon foible où la nature eſt forte,
Mais que ce mal me dure il eſt bien malaiſé,
L'homme ne ſe plaiſt pas d'eſtre touſiours fraiſé,
Chaque age a ſes façons, & change la Nature
De ſept ans en ſept ans noſtre temperature;
Selon que le Soleil ſe loge en ſes maiſons,
Se tournent noz humeurs, ainſi que noz ſaiſons,
Toute choſe en viuant auecq' l'age s'altere,
Le debauché ſe rit des ſermons de ſon pere,
Et dans vingt & cinq ans venant à ſe changer,
Retenu, vigilant, ſoigneux & meſnager,
De ces meſmes diſcours ſes fils il admoneſte,
Qui ne font que s'en rire & qu'en hocher la teſte,
Chaque age a ſes humeurs, ſon gouſt, & ſes plaiſirs,
Et comme noſtre poil blanchiſſent noz deſirs.
  Nature ne peut pas l'age en l'age confondre :

L'enfant qui fçait defia demander & refpondre,
Qui marque affeurement la terre de fes pas,
Auecque fes pareils fe plaift en fes ébas,
Il fuit, il vient, il parle, il pleure, il faute d'aife,
Sans raifon d'heure en heure, il s'émeut & s'apaife.
 Croiffant l'age en auant fans foing de gouuerneur
Releué, courageux, & cupide d'honneur,
Il fe plaift aux cheuaux, aux chiens, à la campagne,
Facille au vice il hait les vieux, & les dedagne,
Rude à qui le reprend, pareffeux à fon bien,
Prodigue, depencier, il ne conferue rien,
Hautain, audacieux, confeiller de foy mefme,
Et d'vn cœur obftiné fe heurte à ce qu'il aime.
 L'age au foing fe tournant homme fait il acquiert
Des biens, & des amis, fi le tans le requiert,
Il mafque fes difcours, comme fur vn theatre,
Subtil ambitieux l'honneur il idolatre,
Son efprit auifé preuient le repentir,
Et fe garde d'vn lieu difficille à fortir.
 Maints facheux accidans furprennent fa vielleffe,
Soit qu'auecq du foucy gagnant de la richeffe,
Il s'en deffend l'vfage, & craint de s'en feruir,
Que tant plus il en a, moins s'en peut affouuir,
Ou foit qu'auecq' froideur il faffe toute chofe,
Imbecille, douteux, qui voudroit, & qui n'ofe,
Dilayant, qui toufiours a l'œil fur l'auenir,
De leger il n'efpere, & croit au fouuenir,
Il parle de fon tans, difficille & feuere,
Cenfurant la ieuneffe vfe des droits de pere,
Il corrige, il reprend, hargneux en fes façons,
Et veut que tous fes mots foient autant de leçons.
 Voilla doncq' de par Dieu comme tourne la vie,
Ainfi diuerfement aux humeurs afferuie,
Que chaque age depart à chaque homme en viuant,

De son temperament la qualité suiuant :
Et moy qui ieune encor' en mes plaisirs m'égaye,
Il faudra que ie change, & mal gré que i'en aye
Plus soigneux deuenu, plus froid, & plus rassis,
Que mes ieunes pensers cedent aux vieux soucis,
Que i'en paye l'escot remply iusque à la gorge,
Et que i'en rende vn iour les armes à sainct George.

 Mais de ces discoureurs il ne s'en trouue point,
Ou pour le moins bien peu qui cognoissent ce point,
Effrontez, ignorans, n'ayants rien de solide,
Leur esprit prend l'essor où leur langue le guide,
Sans voir le fond du sac ils prononcent l'arest,
Et rangent leurs discours au point de l'interest,
Pour exemple parfaitte ils n'ont que l'aparance,
Et c'est ce qui nous porte à ceste indifferance,
Qu'ensemble l'on confond le vice & la vertu,
Et qu'on l'estime moins qu'on n'estime vn festu.

 Aussi qu'importe-il de mal ou de bien faire,
Si de noz actions vn iuge volontaire,
Selon ses apetis les decide, & les rend
Dignes de recompense, ou d'vn suplice grand :
Si tousiours noz amis, en bon sens les expliquent,
Et si tout au rebours noz haineux nous en piquent ?
Chacun selon son goust s'obstine en son party,
Qui fait qu'il n'est plus rien qui ne soit peruerty :
La vertu n'est vertu, l'enuie la deguise,
Et de bouche sans plus le vulgaire la prise :
Au lieu du iugement regnent les passions,
Et donne l'interest, le pris, aux actions.

 Ainsi ce vieux resueur qui nagueres à Rome
Gouuernoit vn enfant & faisant le preud'homme,
Contre-caroit Caton, Critique en ses discours,
Qui tousiours rechinoit & reprenoit tousiours,
Apres que cet enfant s'est fait plus grand par l'age

Reuenant à la court d'vn si lointain voyage,
Ce Critique changeant d'humeurs & de cerueau,
De son pedant qu'il fut, deuient son maquereau.
  O gentille vertu qu'aisement tu te changes!
Non non ces actions meritent des loüanges,
Car le voyant tout seul qu'on le prenne à ferment,
Il dira qu'icy bas l'homme de iugement
Se doit accommoder au tans qui luy commande,
Et que c'est à la court vne vertu bien grande.
  Donq' la mesme vertu le dressant au poulet,
De vertueux qu'il fut le rend Dariolet,
Donq' à si peu de frais, la vertu se profane,
Se deguise, se masque & deuient courtisane,
Se transforme aux humeurs, suit le cours du marché,
Et dispence les gens de blasme & de peché.
  Peres des siecles vieux, exemple de la vie,
Dignes d'estre admirez d'vne honorable enuie,
(Si quelque beau desir viuoit encor' en nous)
Nous voyant de là haut Peres qu'en dittes vous?
  Iadis de vostre tans la vertu simple & pure
Sans fard, sans fiction imitoit sa nature,
Austere en ses façons, seuere en ses propos,
Qui dans vn labeur iuste egayoit son repos,
D'hommes vous faisant Dieux vous paissoit d'ambrosie,
Et donnoit place au Ciel à vostre fantasie.
La lampe de son front partout vous esclairoit,
Et de toutes frayeurs voz esprits asseuroit,
Et sans penser aux biens où le vulgaire pense,
Elle estoit vostre prix, & vostre recompense,
Où la nostre auiourd'huy qu'on reuere icy bas,
Va la nuict dans le bal, & dance les cinq pas,
Se parfume, se frise, & de façons nouuelles
Veut auoir par le fard du nom entre les belles,
Fait creuer les courtaux en chassant aux forests.

SATYRE V.

Court le faquin, la bague, escrime des fleurets,
Monte vn cheual de bois, fait desus des Pommades,
Talonne le Genet, & le dresse aux passades,
Chante des airs nouueaux, inuente des ballets,
Sçait escrire & porter les vers, & les poulets,
A l'œil tousiours au guet, pour des tours de souplesse,
Glose sur les habits, & sur la gentillesse,
Se plaist à l'entretien, commente les bons mots,
Et met à mesme pris, les sages, & les sots.

Et ce qui plus encor' m'enpoisonne de rage,
Est quand vn Charlatan releue son langage,
Et de coquin faisant le Prince reuestu,
Bastit vn Paranimse à sa belle vertu,
Et qu'il n'est crocheteur ny courtault de boutique,
Qui n'estime à vertu l'art où sa main s'aplique,
Et qui paraphrasant sa gloire, & son renom,
Entre les vertueux ne veuille auoir du nom.

Voilla comme à present chacun l'adulterise,
Et forme vne vertu comme il plaist à sa guise :
Elle est comme au marché dans les impressions,
Et s'adiugeant aux taux de noz affections,
Fait que par le caprice, & non par le merite,
Le blasme, & la loüange au hazard se debite :
Et peut vn ieune sot, suiuant ce qu'il conçoit,
Ou ce que par ses yeux son esprit en reçoit,
Donner son iugement, en dire ce qu'il pense,
Et mettre sans respec noſtre honneur en balance.

Mais puis que c'est le tans, mesprisant les rumeurs
Du peuple, laisson là le monde en ces humeurs,
Et si selon son goust, vn chacun en peut dire,
Mon goust sera Bertault, de n'en faire que rire.

A Monsieur de Bethune estant Ambassadeur pour
Sa Maiesté à Rome.

Satyre VI.

Bethune si la charge où ta vertu s'amuse,
Te permet écouter les chansons que la Muse,
Desus les bords du Tibre & du mont Palatin,
Me fait dire en François au riuage Latin,
Où comme au grand Hercule, à la poictrine large,
Nostre Atlas de son fais sur ton dos se descharge;
Te commet de l'Estat l'entier gouuernement,
Ecoute ce discours tissu bijarement,
Où ie ne pretens point escrire ton Histoire :
Ie ne veux que mes vers s'honorent en la gloire
De tes nobles ayeux, dont les faits releuez,
Dans les cœurs des Flamens sont encore grauez,
Qui tiennent à grandeur de ce que tes Ancestres
En armes glorieux furent iadis leurs maistres.

Ni moins comme ton frere aidé de ta vertu,
Par force, & par conseil, en France a combatu
Ces auares Oyseaux dont les grifes gourmandes
Du bon Roy des François rauissoient les viandes,

Suget trop haut pour moy, qui doy sans m'egarer,
Au champ de sa valeur, la voir & l'admirer.
  Aussi selon le corps on doit tailler la robe :
Ie ne veux qu'à mes vers vostre Honneur se derobe,
Ny qu'en tissant le fil de voz faits plus qu'humains,
Dedans ce Labirinte il m'eschape des mains :
On doit selon la force entreprendre la paine,
Et se donner le ton suyuant qu'on a d'halaine,
Non comme vn fou chanter de tort, & de trauers.
  Laissant doncq' aux sçauans à vous paindre en leurs vers,
Haut esleuez en l'air sur vne aisle dorée,
Dignes imitateurs des enfans de Borée,
Tandis qu'à mon pouuoir mes forces mesurant,
Sans prendre ny Phœbus, ny la Muse à garant,
Ie suyuray le caprice en ces pays estranges
Et sans paraphraser tes faits, & tes loüanges,
Ou me fantasier le cerueau de soucy,
Sur ce qu'on dit de France, ou ce qu'on voit icy,
Ie me deschargeray d'vn fais que ie dedaigne,
Suffisant de creuer vn Genet de Sardaigne,
Qui pourroit defaillant en sa morne vigueur,
Succomber soubs le fais que i'ay desus le cœur.
  Or ce n'est point de voir, en regne la sottise,
L'Auarice, & le Luxe, entre les gens d'Eglise,
La Iustice à l'ancan, l'Innocent opressé,
Le conseil corrompu suiure l'interessé,
Les estats peruertis toute chose se vendre,
Et n'auoir du credit qu'au pris qu'on peut dependre :
  Ny moins que la valeur n'ait icy plus de lieu,
Que la noblesse coure en poste à l'hostel Dieu,
Que les ieunes oisifs aux plaisirs s'abandonnent,
Que les femmes du tans soient à qui plus leur donnent,
Que l'vsure ait trouué (bien que ie n'ay dequoy.
Tant elle a bonnes dents) que mordre desus moy:

Tout cecy ne me pese, & l'esprit ne me trouble,
Que tout s'y peruertisse il ne m'en chaut d'vn double,
Du tans, ni de l'estat il ne faut s'affliger,
Selon le vent qui fait l'homme doit nauiger.

Mais ce dont ie me deuls est bien vne autre chose
Qui fait que l'œil humain iamais ne se repose,
Qu'il s'abandonne en proye aux soucis plus cuisans.

Ha! que ne suis-ie Roy pour cent ou six vingts ans,
Par vn Edit public qui fust irreuocable,
Ie bannirois l'Honneur, ce monstre abominable,
Qui nous trouble l'esprit & nous charme si bien,
Que sans luy les humains icy ne voyent rien,
Qui trahit la nature, & qui rend imparfaite
Toute chose qu'au goust les delices ont faicte.

Or ie ne doute point, que ces esprits bossus,
Qui veulent qu'on les croye en droite ligne yssus
Des sept sages de Grece, à mes vers ne s'oposent,
Et que leurs iugemens desus le mien ne glosent :

Comme de faire entendre à chacun que ie suis
Aussi perclus d'esprit comme Pierre du Puis,
De vouloir sottement que mon discours se dore
Au despens d'vn suget que tout le monde adore,
Et que ie suis de plus priué de iugement,
De t'offrir ce caprice ainsi si librement,

A toy qui des ieunesse apris en son escolle,
As adoré l'Honneur, d'effect, & de parolle,
Qui l'as pour vn but sainct, en ton penser profond,
Et qui mourrois plustost, que luy faire vn faux bond.

Ie veux bien auoir tort en cette seulle chose,
Mais ton doux naturel fait que ie me propose
Librement te montrer à nu mes passions,
Comme à cil qui pardonne aux imperfections :
Qu'ils n'en parlent doncq' plus & qu'estrange on ne trouue
Si ie hay plus l'Honneur qu'vn mouton vne louue,

SATYRE VI.

L'Honneur que soubs faux tiltre habite auecque nous,
Qui nous oste la vie & les plaisirs plus doux,
Qui trahit nostre espoir & fait que lon se paine
Apres l'esclat fardé d'vne aparance vaine :
Qui seure les desirs & passe mechamment
La plume par le becq' à nostre sentiment,
Qui nous veut faire entendre en ses vaines chimeres,
Que pour ce qu'il nous touche, il se perd si noz meres,
Noz femmes, & noz sœurs, font leurs maris ialoux,
Comme si leurs desirs dependissent de nous.

   Ie pense quant à moy que cest homme fust yure,
Qui changea le premier l'vsage de son viure,
Et rangeant soubs des loys, les hommes escartez,
Bastit premierement & villes & citez,
De tours & de fossez renforça ses murailles,
Et s'enferma dedans cent sortes de quenailles.

   De cest amas confus, naquirent à l'instant,
L'enuie, le mespris, le discord inconstant,
La peur, la trahison, le meurtre, la vengeance,
L'horrible desespoir ; & toute ceste engeance
De maux, qu'on voit regner en l'Enfer de la court,
Dont vn pedant de Diable en ses leçons discourt
Quand par art il instruit ses escoliers pour estre,
(S'il se peut faire) en mal plus grands clers que leur maistre.

   Ainsi la liberté du monde s'enuola,
Et chascun se campant qui deçà, qui delà,
De hayes, de buissons remarqua son partage,
Et la fraude fist lors la figue au premier age.

   Lors du Mien, & du Tien naquirent les proces,
A qui l'argent depart bon, ou mauuais succes,
Le fort batit le foible, & luy liura la guerre,
De là l'Ambition fit anuahir la terre,
Qui fut auant le tans que suruindrent ces maux,
Vn hospital commun à tous les animaux,

Quand le mary de Rhée au fiecle d'innocence,
Gouuernoit doucement le monde en son enfance :
Que la terre de soy le fourment raportoit,
Que le chesne de Masne & de miel degoutoit :
Que tout viuoit en paix, qu'il n'estoit point d'vsures :
Que rien ne se vendoit, par poix ny par mesures :
Qu'on n'auoit point de peur qu'vn Procureur fiscal
Formast sur vne eguille vn long proces verbal :
Et se iettant d'aguet dessus vostre personne,
Qu'vn Barisel vous mist dedans la Tour de Nonne.

 Mais si tost que le Fils le Pere dechassa,
Tout sans desus desous icy se renuersa.
Les soucis, les ennuis, nous broüillerent la teste,
L'on ne pria les saincts, qu'au fort de la tempeste,
L'on trompa son prochain, la medisance eut lieu,
Et l'Hipocrite fist barbe de paille à Dieu,
L'homme trahit sa foy, d'où vindrent les Notaires,
Pour attacher au ioug les humeurs volontaires.

 La faim, & la cherté se mirent sur le rang,
La fiebure, les charbons, le maigre flux de sang,
Commencerent d'eclore, & tout ce que l'Autonne,
Par le vent de midy, nous aporte & nous donne.

 Les soldats puis après, ennemis de la paix,
Qui de l'auoir d'autruy ne se soulent iamais,
Troublerent la campagne, & saccageant noz villes,
Par force en noz maisons, violerent noz filles,
D'où naquit le Bordeau qui s'eleuant debout,
A l'instant comme vn Dieu s'etendit tout par tout,
Et rendit Dieu mercy ces fiebures amoureuses,
Tant de galants pelez, & de femmes galeuses,
Que les perruques sont & les drogues encor,
(Tant on en a besoing) aussi cheres que l'or.

 Encore tous ces maux ne seroient que fleurettes,
Sans ce maudit Honneur, ce conteur de sornettes,

Ce fier serpent qui couue vn venin soubs des fleurs,
Qui noye iour & nuict noz esprits en noz pleurs :
    Car pour ces autres maux c'estoient legeres paines,
Que Dieu donna selon les foiblesses humaines.
    Mais ce traistre cruël excedant tout pouuoir,
Nous fait suër le sang soubs vn pesant deuoir,
De Chimeres nous pipe & nous veut faire acroire
Qu'au trauail seulement doibt consister la gloire,
Qu'il faut perdre & someil, & repos, & repas,
Pour tâcher d'aquerir vn suget qui n'est pas,
Ou s'il est, que iamais aux yeux ne se decouure,
Et perdu pour vn coup iamais ne se recouure,
Qui nous gonfle le cœur de vapeurs & de vent,
Et d'exces par luy mesme il se perd bien souuent.
    Puis on adorera ceste menteuse Idolle,
Pour Oracle on tiendra ceste croyance folle,
Qu'il n'est rien de si beau que tomber bataillant,
Qu'au despens de son sang, il faut estre vaillant,
Mourir d'vn coup de lance, ou du choc d'vne pique,
Comme les Paladins de la saison antique,
Et respendant l'esprit, blessé par quelque endroit,
Que nostre Ame s'enuolle en Paradis tout droit.
    Ha ! que c'est chose belle & fort bien ordonnée,
Dormir dedans vn lict la grasse matinee,
En Dame de Paris, s'habiller chaudement,
A la table s'asseoir, manger humainement,
Se reposer vn peu, puis monter en carosse,
Aller à Gentilly caresser vne rosse,
Pour escroquer sa fille & venant à l'effect,
Luy monstrer comme Iean, à sa mere le fait.
    Ha ! Dieu pourquoy faut-il que mon esprit ne vaille,
Autant que cil qui mist les Souris en bataille,
Qui sceut à la Grenouille aprendre son caquet,
Ou que l'autre qui fist en vers vn Sopiquet,

SATYRE VI.

Ie ferois esloigné de toute raillerie,
Vn pæme grand, & beau, de la poltronnerie,
En depit de l'honneur, & des femmes qui l'ont,
D'effect sous la chemise, ou d'aparance au front,
Et m'asseure pour moy qu'en ayant leu l'Histoire,
Elles ne seroient plus si sottes que d'y croire.

Mais quand ie considere où l'Ingrat nous reduit,
Comme il nous ensorcelle & comme il nous seduit,
Qu'il assemble en festin, au Regnard, la Ciguoigne,
Et que son plus beau ieu ne gist rien qu'en sa troigne :

Celuy le peut bien dire à qui des le berceau,
Ce malheureux Honneur a tint le becq en l'eau,
Qui le traine à tastons, quelque part qu'il puisse estre,
Ainsi que fait vn chien, vn aueugle, son maistre :
Qui s'en va doucement apres luy, pas à pas,
Et librement se fie à ce qu'il ne voit pas.

S'il veut que plus long tans à ces discours ie croye,
Qu'il m'offre à tout le moins quelque chose qu'on voye,
Et qu'on sauoure, affin qu'il se puisse sçauoir
Si le goust dement point ce que l'œil en peut voir.

Autrement quant à moy ie lui fay banqueroute,
Estant imperceptible il est comme la Goutte :
Et le mal qui caché nous oste l'embon-point,
Qui nous tuë à veu d'œil, & que l'on ne voit point.
On a beau se charger de telle marchandise,
A peine en auroit on vn Catrin à Venise,
Encor qu'on voye apres, courir certains cerueaux,
Comme apres les raisins, courent les Estourneaux.

Que font tous ces vaillans de leur valeur gueriere,
Qui touchent du penser l'Etoille poussiniere,
Morguent la Destinee & gourmendent la mort,
Contre qui rien ne dure, & rien n'est assez fort,
Et qui tout transparants de claire renommée,
Dressent cent fois le iour, en discours vne armee,

Donnent quelque bataille, & tuant vn chacun,
Font que mourir & viure à leur dire n'eſt qu'vn :
Releuez, emplumez, braues comme ſainct George,
Et Dieu ſçait cependant s'ils mentent par la gorge,
Et bien que de l'honneur, ils facent des leçons,
Enfin au fond du ſac, ce ne ſont que chanſons.
 Mais mon Dieu que ce Traiſtre eſt d'vne eſtrange ſorte,
Tandis qu'à le blaſmer la raiſon me transporte,
Que de luy ie meſdis, il me flate, & me dit
Que ie veux par ces vers acquerir ſon credit,
Que c'eſt ce que ma Muſe en trauaillant pourchaſſe,
Et mon intention qu'eſtre en ſa bonne grace,
Qu'en mediſant de luy ie le veux requerir,
Et tout ce que ie fay que c'eſt pour l'aquerir.
 Si ce n'eſt qu'on diroit qu'il me l'auroit fait faire,
Ie l'irois apeller comme mon aduerſaire,
Auſſi que le duël eſt icy defendu,
Et que d'vne autre part i'ayme l'Indiuidu.
 Mais tandis qu'en colere à parler ie m'areſte,
Ie ne m'aperçoy pas, que la viande eſt preſte,
Qu'icy non plus qu'en France on ne s'amuſe pas
A diſcourir d'honneur quand on prend ſon repas,
Le ſommelier en haſte, eſt ſorty de la caue,
Deſia Monſieur le maiſtre, & ſon monde ſe laue,
Trefues auecq' l'honneur, ie m'en vais tout courant,
Decider au Tinel vn autre different.

A Monsieur le Marquis de Cœuures.

Satyre VII.

otte, & facheuse humeur, de la plus part des hommes
Qui fuyuant ce qu'ils font, iugent ce que nous sommes,
Et sucrant d'vn souris vn discours ruineux,
Acusent vn chacun des maux qui sont en eux,
  Nostre Melancolique en sçauoit bien que dire,
Qui nous pique en riant, & nous flate sans rire,
Qui porte vn cœur de sang, desous vn front blemy,
Et duquel il vaut moins estre amy qu'ennemy.
  Vous qui tout au contraire auez dans le courage
Les mesmes mouuemens qu'on vous lit au visage,
Et qui parfaict amy voz amis espargnez,
Et de mauuais discours leur vertu n'eborgnez,
Dont le cœur grand, & ferme, au changement ne ploye,
Et qui fort librement, en l'orage s'employe,
Ainsi qu'vn bon patron, qui soigneux, sage, & fort,
Sauue ses compagnons, & les conduit à bord.
  Congnoissant doncq' en vous vne vertu facille
A porter les defauts d'vn esprit imbecille,
Qui dit sans aucun fard, ce qu'il sent librement,

Et dont iamais le cœur, la bouche ne dement,
Comme à mon confesseur vous ouurant ma pensée,
De ieunesse, & d'Amour, follement incensée;
Ie vous conte le mal, où trop enclin ie suis,
Et que prest à laisser ie ne veux & ne puis,
Tant il est mal aisé d'oster auecq' estude,
Ce qu'on a de nature, ou par longue habitude.

 Puis la force me manque, & n'ay le iugement
De conduire ma barque en ce rauissement,
Au gouffre du plaisir la courante m'emporte ;
Tout ainsi qu'vn cheual qui a la bouche forte,
I'obeis au caprice, & sans discretion,
La raison ne peut rien dessus ma passion.

 Nulle loy ne retient mon ame abandonnée,
Ou soit par volonté, ou soit par Destinée
En vn mal euident ie clos l'œil à mon bien :
Ny conseil, ny raison, ne me seruent de rien.
Ie choppe par dessein, ma faute est volontaire,
Ie me bande les yeux, quand le Soleil m'éclaire :
Et contant de mon mal ie me tien trop heureux
D'estre comme ie suis, en tous lieux amoureux,
Et comme à bien aymer mille causes m'inuitent,
Aussi mille beautez mes amours ne limitent,
Et courant çà, & là, ie trouue tous les iours,
En des suiets nouueaux de nouuelles amours.

 Si de l'œil du desir, vne femme i'auise,
Ou soit belle, ou soit laide, ou sage, ou mal aprise,
Elle aura quelque trait qui de mes sens vainqueur,
Me passant par les yeux me bleçera le cœur :
Et c'est comme vn miracle, en ce monde où nous sommes,
Tant l'aueugle apetit ensorcelle les hommes
Qu'encore qu'vne femme aux amours fasse peur,
Que le Ciel, & Venus, la voye à contre-cœur,
Toutesfois estant femme, elle aura ses delices,

Releuera sa grace auecq' des artifices,
Qui dans l'estat d'amour la sçauront maintenir,
Et par quelques atraits les amans retenir.

Si quelqu'vne est difforme, elle aura bonne grace,
Et par l'art de l'Esprit, embellira sa face,
Captiuant les Amans des mœurs, ou du discours,
Elle aura du credit en l'Empire d'amours.

En cela l'on cognoist que la Nature est sage,
Qui voyant les deffaux du fœminin ouurage,
Qu'il seroit sans respect, des hommes meprisé,
L'anima d'vn esprit, & vif, & deguisé :
D'vne simple innocence elle adoucit sa face,
Elle luy mist au sein, la ruse, & la falace,
Dans sa bouche la foy, qu'on donne à ses discours,
Dont ce sexe trahit les Cieux, & les amours,
Et selon plus ou moins qu'elle estoit belle, ou laide,
Sage elle sçeut si bien vser d'vn bon remede,
Diuisant de l'esprit, la grace, & la beauté,
Qu'elle les separa d'vn & d'autre costé,
De peur qu'en les ioignant quelqu'vne eust l'auantage,
Auecq' vn bel esprit d'auoir vn beau visage.

La belle du depuis ne le recherche point,
Et l'esprit rarement à la beauté se ioint.

Or affin que la laide autrement inutille,
Dessous le ioug d'amour rendit l'homme seruille,
Elle ombragea l'esprit d'vn morne aueuglement,
Auecques le desir troublant le iugement,
De peur que nulle femme, ou fust laide, ou fust belle,
Ne vescust sans le faire, & ne mourust pucelle.

D'où vient que si souuent les hommes offusquez
Sont de leurs apetis si lourdement moquez,
Que d'vne laide femme ils ont l'ame eschauffée,
Dressent à la laideur d'eux mesmes vn trophée,
Pensent auoir trouué la febue du gasteau,

SATYRE VII.

Et qu'au farail du Turc il n'eſt rien de ſi beau.

 Mais comme les beautez ſoit des corps, ou des ames,
Selon l'obiect des ſens ſont diuerſes aux Dames,
Auſſi diuerſement les hommes ſont domtez,
Et font diuers effets les diuerſes beautez :
(Eſtrange prouidence, & prudente methode
De Nature qui ſert vn chaſcun à ſa mode.)

 Or moy qui ſuis tout flame & de nuit & de iour,
Qui n'haleine que feu, ne reſpire qu'amour,
Ie me laiſſe emporter à mes flames communes,
Et cours ſous diuers vens de diuerſes fortunes,
Rauy de tous obiects, i'ayme ſi viuement,
Que ie n'ay pour l'amour ny chois, ny iugement :
De toute election, mon ame eſt depourueuë,
Et nul obiect certain ne limite ma veuë.
Toute femme m'agrée, & les perfections
Du corps ou de l'eſprit troublent mes paſſions.
I'ayme le port de l'vne, & de l'autre la taille,
L'autre d'vn trait lacif, me liure la bataille,
Et l'autre dedaignant d'vn œil ſeuere, & dous,
Ma peine, & mon amour, me donne mille coups,
Soit qu'vne autre modeſte à l'impourueu m'auiſe,
De vergongne, & d'amour mon ame eſt toute épriſe,
Ie ſens d'vn ſage feu mon eſprit enflamer,
Et ſon honneſteté me contrainct de l'aymer.

 Si quelque autre afettée en ſa douce malice,
Gouuerne ſon œillade auecq' de l'artifice,
I'ayme ſa gentilleſſe, & mon nouueau deſir
Se la promet ſçauante en l'amoureux plaiſir.

 Que l'autre parle liure, & faſſe des merueilles,
Amour qui prend par tout me prend par les oreilles,
Et iuge par l'eſprit parfaict en ſes acords,
Des points plus acomplis que peut auoir le corps :
Si l'autre eſt au rebours des lettres nonchalante,

Ie croy qu'au fait d'amour elle fera fçauante,
Et que nature habille à couurir fon deffaut
Luy aura mis au lict tout l'efprit qu'il luy faut.

 Ainfi de toute femme à mes yeux oppofée,
Soit parfaite en beauté, ou foit mal compofée,
De mœurs, ou de façons, quelque chofe m'en plaift,
Et ne fçay point comment, ny pourquoy, ny que c'eft.

 Quelque obiect que l'efprit, par mes yeux, fe figure,
Mon cœur tendre à l'amour, en reçoit la pointure :
Comme vn miroir en foy toute image reçoit,
Il reçoit en amour quelque obiect que ce foit,
Autant qu'vne plus blanche, il ayme vne brunette,
Si l'vne a plus d'efclat, l'autre eft plus fadinette,
Et plus viue de feu, d'amour, & de defir,
Comme elle en reçoit plus, donne plus de plaifir.

 Mais fans parler de moy que toute amour emporte,
Voyant vne beauté folatrement acorte,
Dont l'abord foit facile, & l'œil plain de douceur,
Que femblable à Venus on l'eftime fa fœur,
Que le Ciel fur fon front ait pofé fa richeffe,
Qu'elle ait le cœur humain, le port d'vne Déeffe,
Qu'elle foit le tourment, & le plaifir des cœurs,
Que Flore fous fes pas faffe naiftre des fleurs,
Au feul trait de fes yeux, fi puiffans fur les ames,
Les cœurs les plus glacez font tous brulans de flames,
Et fut-il de metail, ou de bronze, ou de roc,
Il n'eft Moine fi fainct qui n'en quittaft le froc.

 Ainfi moy feulement fous l'Amour ie ne plie,
Mais de tous les mortels la nature accomplie
Flechit fous ceft Empire, & n'eft homme icy bas,
Qui foit exempt d'amour, non plus que du trepas.

 Ce n'eft doncq' chofe eftrange (eftant fi naturelle)
Que cefte paffion me trouble la ceruelle,
M'empoifonne l'efprit, & me charme fi fort,

Que i'aimeray, ie croye, encore apres ma mort.
   Marquis voilà le vent dont m'a nef est portée,
A la triste mercy de la vague indomtée,
Sans cordes, sans timon, sans etoille, ny iour,
Reste ingrat, & piteux de l'orage d'amour,
Qui contant de mon mal, & ioyeux de ma perte,
Se rit de voir de flots ma poitrine couuerte,
Et comme sans espoir flote ma passion,
Digne non de risée, ains de compassion.
   Cependant incertain du cours de la tempeste,
Ie nage sur les flots, & releuant la teste,
Ie semble depiter naufrage audacieux,
L'infortune, les vents, la marine, & les Cieux,
M'egayant en mon mal comme vn melancolique
Qui repute à vertu son humeur frenetique,
Discourt de son caprice, en caquete tout haut :
   Aussi comme à vertu i'estime ce deffaut,
Et quand tout par malheur iureroit mon dommage,
Ie mourray fort contant mourant en ce voyage.

A Monsieur l'Abé de Beaulieu
nommé par Sa Maiesté à l'Euesché du Mans.

Satyre VIII.

Charles de mes pechez i'ay bien fait penitence,
Or toy qui te cognois aux cas de conscience,
Iuge si i'ay raison, de penser estre absoubs :
I'oyois vn de ces iours, la Messe à deux genoux,
Faisant mainte oraison, l'œil au Ciel, les mains iointes,
Le cœur ouuert aux pleurs, & tout percé des pointes
Qu'vn deuot repentir élançoit dedans moy,
Tremblant des peurs d'Enfer, & tout bruslant de foy,
 Quand vn ieune frisé, releué de moustache,
De galoche, de botte, & d'vn ample pennache,
Me vint prendre, & me dist, pensant dire vn bon mot,
Pour vn Poete du tans, vous estes trop deuot,
Moy ciuil, ie me leue, & le bon iour luy donne,
(Qu'heureux est le folastre, à la teste grisonne,
Qui brusquement eust dit auecq' vne sambieu,
Ouy-bien pour vous Monsieur qui ne croyez en Dieu.)

Sotte discretion, ie voulus faire acroire,
Qu'vn Poete n'est bisarre, & facheux qu'apres boire,
Ie baisse vn peu la teste, & tout modestement,
Ie luy fis à la mode, vn petit compliment,
Luy comme bien apris, le mesme me sceut rendre,
Et ceste courtoisie à si haut pris me vendre,
Que i'aymerois bien mieux, chargé d'age, & d'ennuys,
Me voir à Rome pauure, entre les mains des Iuys.
   Il me prist par la main, apres mainte grimace,
Changeant sur l'vn des pieds, à toute heure de place,
Et dansant tout ainsi qu'vn Barbe encastelé,
Me dist en remachant vn propos aualé,
Que vous estes heureux vous autres belles ames,
Fauoris d'Apolon, qui gouuernez les Dames,
Et par mille beaux vers les charmez tellement,
Qu'il n'est point de beautez, que pour vous seullement,
Mais vous les meritez, voz vertuz non communes
Vous font digne Monsieur de ces bonnes fortunes.
   Glorieux de me voir si hautement loué,
Ie deuins aussi fier qu'vn chat amadoüé,
Et sentant au Palais, mon discours se confondre,
D'vn ris de sainct Medard il me fallut répondre :
Il poursuyt, mais amy, laissons le discourir,
Dire cent, & cent fois, il en faudroit mourir,
Sa Barbe pinçoter, cageoller la science,
Releuer ses cheueux, dire en ma conscience,
Faire la belle main, mordre vn bout de ses guents,
Rire hors de propos, monstrer ses belles dents,
Se carrer sur vn pied, faire arser son espee,
Et s'adoucir les yeux ainsi qu'vne poupée :
Cependant qu'en trois mots ie te feray sçauoir,
Où premier à mon dam ce facheux me peut voir.
   I'estois chez vne Dame, en qui si la Satyre
Permetoit en ces vers que ie le peusse dire,

Reluit, enuironné de la diuinité,
Vn esprit aussi grand, que grande est sa beauté.
  Ce Fanfaron chez elle, eut de moy cognoissance,
Et ne fut de parler iamais en ma puissance,
Luy voyant ce iour là, son chapeau de velours,
Rire d'vn facheux conte, & faire vn sot discours,
Bien qu'il m'eust à l'abord doucement fait entendre
Qu'il estoit mon valet, à vendre & à dependre,
Et detournant les yeux, Belle à ce que i'entens,
Comment vous gouuernez les beaux esprits du tans,
Et faisant le doucet de parole, & de geste,
Il se met sur vn lict, luy disant, Ie proteste
Que ie me meurs d'amour, quand ie suis pres de vous :
Ie vous ayme si fort que i'en suis tout ialoux,
Puis rechangeant de note, il monstre sa rotonde,
Cest ouurage est-il beau? que vous semble du monde;
L'homme que vous sçauez, m'a dit qu'il n'ayme rien,
Madame à vostre auis, ce iourd'huy suis-ie bien;
Suis-ie pas bien chaussé, ma iambe est-elle belle,
Voyez ce tafetas, la mode en est nouuelle,
C'est œuure de la Chine, à propos on m'a dit
Que contre les clinquants le Roy fait vn edit :
Sur le coude il se met, trois boutons se delace,
Madame baisez moy, n'ay-ie pas bonne grace,
Que vous estes facheuse, à la fin on verra,
Rosete le premier qui s'en repentira.
  D'assez d'autres propos il me rompit la teste,
Voilà quant & comment ie cogneu ceste beste,
Te iurant mon amy que ie quitté ce lieu,
Sans demander son nom, & sans luy dire adieu.
  Ie n'eus depuis ce iour, de luy nouuelle aucune,
Si ce n'est ce matin que de male fortune,
Ie fus en ceste Eglise, où comme i'ay conté,
Pour me persecutter Satan l'auoit porté.

SATYRE VIII.

Apres tous ces propos qu'on se dit d'ariuée,
D'vn fardeau si pesant ayant l'ame greuée,
Ie chauuy de l'oreille, & demourant pensif,
L'echine i'alongois comme vn asne retif,
Minutant me sauuer de ceste tirannie,
Il le iuge à respect, ô sans ceremonie,
Ie vous suply (dit-il) viuons en compagnons.
Ayant ainsi qu'vn pot les mains sur les roignons,
Il me pousse en auant, me presente la porte,
Et sans respect des Saincts hors l'Eglise il me porte.
Aussi froid qu'vn ialoux qui voit son corriual,
Sortis, il me demande, estes-vous à cheual,
Auez vous point icy quelqu'vn de vostre troupe,
Ie suis tout seul à pied, luy de m'offrir la croupe,
Moy pour m'en depêtrer, luy dire tout expres,
Ie vous baise les mains, ie m'en vais icy pres,
Chez mon oncle disner, ô Dieu le galand homme,
I'en suis, & moy pour lors comme vn bœuf qu'on assomme,
Ie laisse choir la teste, & bien peu s'en falut,
Remettant par depit en la mort mon salut,
Que ie n'alasse lors la teste la premiere,
Me ietter du pont neuf, à bas en la riuiere.

 Insensible il me tresne en la court du Palais,
Où trouuant par hasard quelqu'vn de ses valets,
Il l'appelle & luy dit, hola hau Ladreuille,
Qu'on ne m'attende point, ie vay disner en ville.

 Dieu sçait si ce propos me trauersa l'esprit,
Encor n'est-ce pas tout, il tire vn long escrit,
Que voyant ie fremy, lors sans cageollerie,
Monsieur ie ne m'entends à la chicannerie,
Ce luy dis-ie, feignant l'auoir veu de trauers,
Aussi n'en est-ce pas, ce sont des meschans vers,
(Ie cogneu qu'il estoit veritable à son dire)
Que pour tuer le tans ie m'efforce d'ecrire,

Et pour vn courtiſan quand vient l'occaſion,
Ie monſtre que i'en ſçay pour ma prouiſion.
  Il lit, & ſe tournant bruſquement par la place,
Les banquiers étonneʒ admiroient ſa grimace,
Et montroient en riant qu'ils ne luy euſſent pas
Preſté ſur ſon minois, quatre doubles ducats,
(Que i'euſſe bien donneʒ pour ſortir de ſa pate,)
Ie l'ecoute, & durant que l'oreille il me flate,
Le bon Dieu ſçait comment à chaque fin de vers,
Tout expres ie diſois quelque mot de trauers,
Il pourſuit non-obſtant d'vne fureur plus grande,
Et ne ceſſa iamais qu'il n'euſt fait ſa legende.
  Me voyant froidement ſes œuures aduoüer,
Il les ſerre, & ſe met luy meſme à ſe loüer,
Doncq' pour vn Caualier n'eſt-ce pas quelque choſe :
Mais Monſieur n'aueʒ-vous iamais veu de ma proſe?
Moy de dire que ſi : tant ie craignois qu'il euſt
Quelque proces verbal, qu'entendre il me falluſt.
  Encore dittes moy en voſtre conſcience,
Pour vn qui n'a du tout nul acquis de ſcience,
Cecy n'eſt-il pas rare? Il eſt vray ſur ma foy,
Luy dis-ie ſouriant : lors ſe tournant vers moy,
M'acolle à tour de bras, & tout petillant d'aiſe,
Doux comme vne epouſee, à la iouë il me baiſe :
Puis me flatant l'épaule, il me fiſt librement
L'honneur que d'aprouuer mon petit iugement,
Apres ceſte careſſe, il rentre de plus belle,
Tantoſt il parle à l'vn, tantoſt l'autre l'appelle,
Touſiours nouueaux diſcours, & tant fut-il humain
Que touſiours de faueur il me tint par la main.
I'ay peur que ſans cela i'ay l'ame ſi fragile,
Que le laiſſant du guet i'euſſe peu faire gille :
Mais il me fut bien force eſtant bien attaché,
Que ma diſcretion expiaſt mon peché.

SATYRE VIII.

    Quel heur ce m'eust esté, si sortant de l'Eglise,
Il m'eust conduit chez luy, & m'ostant la chemise,
Ce beau valet à qui ce beau maistre parla,
M'eust donné l'anguillade, & puis m'eust laissé là,
Honorable defaite, heureuse échapatoire,
Encores de rechef me la fallut-il boire.
    Il vint à reparler de sus le bruit qui court,
De la Royne, du Roy, des Princes, de la Court,
Que Paris est bien grand, que le Pont neuf s'achéue,
Si plus en paix qu'en guerre, vn Empire s'éleue.
Il vint à definir que c'estoit qu'Amitié
Et tant d'autres Vertus, que c'en estoit pitié.
Mais il ne definit, tant il estoit nouice,
Que l'Indiscretion est vn si fâcheux vice,
Qu'il vaut bien mieux mourir, de rage, ou de regret,
Que de viure à la gesne auecq' vn indiscret.
    Tandis que ses discours me donnoient la torture,
Ie sonde tous moyens pour voir si d'auanture
Quelque bon accident eust peu m'en retirer,
Et m'enpescher en fin de me desesperer.
    Voyant vn President, ie luy parle d'affaire,
S'il auoit des proces, qu'il estoit necessaire
D'estre tousiours apres ces Messieurs bonneter,
Qu'il ne laissast pour moy, de les soliciter,
Quant à luy qu'il estoit homme d'intelligence,
Qui sçauoit comme on perd son bien par negligence,
Où marche l'interest, qu'il faut ouurir les yeux.
Ha! non Monsieur (dit-il) i'aymerois beaucoup mieux
Perdre tout ce que i'ay, que vostre compagnie,
Et se mist aussi-tost sur la ceremonie.
Moy qui n'ayme à debatre en ces fadeses là,
Vn tans sans luy parler, ma langue vacila :
Enfin ie me remets sur les cageolleries,
Luy dis comme le Roy estoit aux Tuilleries,

Ce qu'au Louure on diſoit qu'il feroit ce iourd'huy,
Qu'il deuroit ſe tenir touſiours aupres de luy :
Dieu ſçait combien alors il me diſt de ſottiſes,
Parlant de ſes hauts faicts, & de ſes vaillantiſes,
Qu'il auoit tant ſeruy, tant faict la faction,
Et n'auoit cependant aucune penſion,
Mais qu'il ſe conſoloit, en ce qu'au moins l'Hiſtoire,
Comme on fait ſon trauail, ne derobroit ſa gloire,
Et s'y met ſi auant que ie creu que mes iours
Deuoient pluſtoſt finir, que non pas ſon diſcours.
 Mais comme Dieu voulut apres tant de demeures,
L'orloge du Palais, vint à frapper onze heures;
Et luy qui pour la ſouppe auoit l'eſprit ſubtil,
A quelle heure Monſieur, voſtre oncle diſne-til?
 Lors bien peu s'en falut, ſans plus longtans attendre,
Que de rage au gibet ie ne m'allaſſe pendre.
Encor l'euſſe-ie fait eſtant deſeſperé,
Mais ie croy que le Ciel, contre moy coniuré,
Voulut que s'acomplit ceſte auanture mienne,
Que me diſt ieune enfant vne Bohemienne.
 Ny la peſte, la fain, la verolle, la tous,
La fieure, les venins, les larrons, ny les lous,
Ne tueront ceſtuy-cy, mais l'importun langage
D'vn facheux, qu'il s'en garde, eſtant grand, s'il eſt ſage.
 Comme il continuoit ceſte vieille chanſon,
Voicy venir quelqu'vn d'aſſez pauure façon :
Il ſe porte au deuant, luy parle, le cageolle,
Mais ceſt autre à la fin, ſe monta de parole,
Monſieur c'eſt trop long-tans : tout ce que vous voudrez,
Voicy l'Arreſt ſigné, non Monſieur vous viendrez.
Quand vous ſerez dedans vous ſerez à partie,
Et moy qui cependant n'eſtois de la partie,
I'eſquiue doucement, & m'en vais à grand pas,
La queue en loup qui fuit, & les yeux contre bas,

Le cœur sautant de ioye, & triste d'aparance :
Depuis aux bons Sergens i'ay porté reuerance,
Comme à des gens d'honneur, par qui le Ciel voulut
Que ie receusse vn iour le bien de mon salut.
  Mais craignant d'encourir vers toy le mesme vice
Que ie blasme en autruy, ie suis à ton seruice,
Et prie Dieu qu'il nous garde, en ce bas monde icy,
De faim, d'vn importun, de froid, & de soucy.

A Monsieur Rapin.

Satyre IX.

Rapin le fauorit d'Apollon & des Muses,
Pendant qu'en leur mestier iour & nuit tu t'amuses,
Et que d'vn vers nombreux non encore chanté,
Tu te fais vn chemin à l'immortalité,
Moy qui n'ay ny l'esprit ny l'halaine assez forte,
Pour te suiure de prez & te seruir d'escorte,
Ie me contenteray sans me precipiter,
D'admirer ton labeur ne pouuant l'imiter,
Et pour me satisfaire au desir qui mé reste,
De rendre cest hommage à chacun manifeste :
Par ces vers i'en prens acte, affin que l'auenir,
De moy par tá vertu, se puisse souuenir,
Et que ceste memoire à iamais s'entretienne,
Que ma Muse imparfaite eut en honneur la tienne,
Et que si i'eus l'esprit d'ignorance abatu,
Ie l'euz au moins si bon, que i'aymay ta vertu,
Contraire à ces reueurs dont la Muse insolente,
Censurant les plus vieux, arrogamment se vante
De reformer les vers non les tiens seulement,
Mais veulent deterrer les Grecs du monument,

Les Latins, les Hebreux, & toute l'Antiquaille,
Et leur dire à leur nez qu'ils n'ont rien fait qui vaille.
 Ronsard en son mestier n'estoit qu'vn aprentif,
Il auoit le cerueau fantastique & rétif,
Desportes n'est pas net, du Bellay trop facile,
Belleau ne parle pas comme on parle à la ville,
Il a des mots hargneux, bouffis & releuez
Qui du peuple auiourd'huy ne sont pas aprouuez.
 Comment il nous faut doncq' pour faire vne œuure grande
Qui de la calomnie & du tans se deffende,
Qui trouue quelque place entre les bons autheurs;
Parler comme à sainct Iean parlent les Crocheteurs.
 Encore ie le veux pourueu qu'ils puissent faire
Que ce beau sçauoir entre en l'esprit du vulgaire,
Et quand les Crocheteurs seront Pœtes fameux :
Alors sans me facher ie parleray comme eux.
 Pensent-ils des plus vieux offenceant la memoire,
Par le mespris d'autruy s'aquerir de la gloire,
Et pour quelque vieux mot, estrange, ou de trauers,
Prouuer qu'ils ont raison de censurer leurs vers,
(Alors qu'une œuure brille & d'art, & de science,
La verue quelque fois s'egaye en la licence.)
 Il semble en leur discours hautain & genereux,
Que le Cheual volant n'ait pissé que pour eux,
Que Phœbus à leur ton accorde sa vielle,
Que la Mouche du Grec leurs leures emmielle,
Qu'ils ont seuls icy bas trouué la Pie au nit,
Et que des hauts esprits le leur est le zenit :
Que seuls des grands secrets ils ont la cognoissance,
Et disent librement que leur experience
A rafiné les vers fantastiques d'humeur,
Ainsi que les Gascons ont fait le point d'honneur,
Qu'eux tous seuls du bien dire ont trouué la metode,
Et que rien n'est parfaict s'il n'est fait à leur mode

Cependant leur sçauoir ne s'estend seulement,
Qu'à regrater vn mot douteux au iugement,
Prendre garde qu'vn qui ne heurte vne diphtongue,
Epier si des vers la rime est breue ou longue,
Ou bien si la voyelle à l'autre s'vnissant,
Ne rend point à l'oreille vn vers trop languissant,
Et laissent sur le verd le noble de l'ouurage :
Nul eguillon diuin n'esleue leur courage,
Ils rampent bassement foibles d'inuentions,
Et n'osent peu hardis tanter les fictions,
Froids à l'imaginer, car s'ils font quelque chose,
C'est proser de la rime, & rimer de la prose
Que l'art lime & relime & polit de façon
Qu'elle rend à l'oreille vn agreable son.
Et voyant qu'vn beau feu leur ceruelle n'embrase,
Ils attifent leurs mots, ageolliuent leur frase,
Affectent leur discours tout si releué d'art,
Et peignent leurs defaux de couleurs & de fard.
Aussi ie les compare à ces femmes iolies,
Qui par les Affiquets se rendent embelies,
Qui gentes en habits & sades en façons,
Parmy leur point coupé tendent leurs hameçons,
Dont l'œil rit molement auecque affeterie,
Et de qui le parler n'est rien que flaterie :
De rubans pioleʒ s'agencent proprement,
Et toute leur beauté ne gist qu'en l'ornement,
Leur visage reluit de ceruse & de peautre,
Propres en leur coifure vn poil ne passe l'autre.
 Où ses diuins esprits hautains & releueʒ,
Qui des eaux d'Helicon ont les sens abreuueʒ :
De verue & de fureur leur ouurage etincelle,
De leurs vers tout diuins la grace est naturelle,
Et sont comme lon voit la parfaite beauté,
Qui contante de soy, laisse la nouueauté

Que l'art trouue au Palais ou dans le blanc d'Espagne,
Rien que le naturel sa grace n'acompagne,
Son front laué d'eau claire, éclaté d'vn beau teint,
De roses & de lys la Nature l'a peint,
Et, laissant là Mercure, & toutes ses malices,
Les nonchalances sont les plus grands artifices.

  Or Rapin quant à moy qui n'ay point tant d'esprit,
Ie vay le grand chemin que mon oncle m'aprit,
Laissant là ces Docteurs que les Muses instruisent,
En des arts tout nouueaux, & s'ils font comme ils disent,
De ses fautes vn liure aussi gros que le sien,
Telles ie les croiray quand ils auront du bien,
Et que leur belle Muse à mordre si cuisante,
Leur don'ra, comme à luy dix mil escus de rente,
De l'honneur, de l'estime, & quand par l'Vniuers,
Sur le lut de Dauid on chantera leurs vers,
Qu'ils auront ioint l'vtille auecq' le delectable,
Et qu'ils sçauront rimer vne aussi bonne table.

  On fait en Italie vn conte assez plaisant,
Qui vient à mon propos, qu'vne fois vn Paisant,
Homme fort entendu & suffisant de teste,
Comme on peut aisement iuger par sa requeste,
S'en vint tróuuer le Pape & le voulut prier,
Que les Prestres du tans se peussent marier,
Affin ce disoit-il que nous puissions nous autres
Leurs femmes caresser, ainsi qu'ils font les nostres.

  Ainsi suis-ie d'auis comme ce bon lourdaut,
S'ils ont l'esprit si bon, & l'intellect si haut,
Le iugement si clair, qu'ils fassent vn ouurage,
Riche d'inuentions, de sens, & de langage,
Que nous puissions draper comme ils font nos escris,
Et voir comme l'on dit, s'ils sont si bien apris,
Qu'ils montrent de leur eau, qu'ils entrent en cariere,
Leur age defaudra plustost que la matiere,

Nous sommes en vn siecle où le Prince est si grand,
Que tout le monde entier à peine le comprend,
Qu'ils fassent par leurs vers, rougir chacun de honte,
Et comme de valeur nostre Prince surmonte
Hercule, Ænée, Achil', qu'ils ostent les lauriers
Aux vieux, comme le Roy l'a fait aux vieux guerriers :
Qu'ils composent vne œuure, on verra si leur liure,
Apres mile, & mile ans, sera digne de viure,
Surmontant par vertu, l'enuie & le Destin,
Comme celuy d'Homere, & du chantre Latin.

Mais Rapin mon amy c'est la vieille querelle,
L'homme le plus parfaict a manque de ceruelle,
Et de ce grand defaut vient l'imbecilité,
Qui rend l'homme hautain, insolent, effronté,
Et selon le suget qu'à l'œil il se propose,
Suiuant son apetit il iuge toute chose.

Aussi selon noz yeux, le Soleil est luysant,
Moy-mesme en ce discours qui fay le suffisant,
Ie me cognoy frappé, sans le pouuoir comprendre,
Et de mon vercoquin ie ne me puis deffendre.

Sans iuger, nous iugeons, estant nostre raison
Là haut dedans la teste, où selon la saison
Qui regne en nostre humeur, les brouillas nous embrouillent
Et de lieures cornus le cerueau nous barbouillent.

Philosophes resueurs discourez hautement,
Sans bouger de la terre allez au firmament,
Faites que tout le Ciel bransle à vostre cadance,
Et pesez vos discours mesme, dans sa Balance,
Congnoissez les humeurs, qu'il verse de sus nous,
Ce qui se fait de sus, ce qui se fait de sous,
Portez vne lanterne aux cachots de Nature,
Sçachez qui donne aux fleurs ceste aymable painture,
Quelle main sus la terre, en broye la couleur,
Leurs secretes vertus, leurs degrez de chaleur,

Voyez germer à l'œil les semances du monde,
Allez metre couuer les poiſſons dedans l'onde,
Dechifrez les ſecrets de Nature & des Cieux,
Voſtre raiſon vous trompe, auſſi-bien que vos yeux.

 Or ignorant de tout, de tout ie me veus rire,
Faire de mon humeur moy-meſme vne Satyre,
N'eſtimer rien de vray qu'au gouſt il ne ſoit tel,
Viure, & comme Chreſtien adorer l'Immortel,
Où giſt le ſeul repos qui chaſſe l'Ignorance,
Ce qu'on voit hors de luy, n'eſt que ſote aparance,
Piperie, artifice, encore ô cruauté
Des hommes & du tans, noſtre mechanceté.
S'en ſert aux paſſions, & de ſous vne aumuſſe,
L'Ambition, l'Amour, l'Auarice ſe muſſe :
L'on ſe couure d'vn frocq pour tromper les ialoux,
Les Temples auiourd'huy ſeruent aux rendez-vous :
Derriere les pilliers, on oit mainte ſornete,
Et comme dans vn bal, tout le monde y caquette :
On doit rendre ſuiuant & le tans, & le lieu,
Ce qu'on doit à Ceſar, & ce qu'on doit à Dieu,
Et quant aux apetis de la ſottiſe humaine,
Comme vn homme ſans gouſt, ie les ayme ſans peine,
Auſſi bien rien n'eſt bon que par affection,
Nous iugeons, nous voyons ſelon la paſſion.

 Le Soldat auiourd'huy ne reſue que la guerre,
En paix le Laboureur veut cultiuer ſa terre :
L'Auare n'a plaiſir qu'en ſes doubles ducas,
L'Amant iuge ſa Dame vn chef d'œuure icy bas,
Encore qu'elle n'ait ſur ſoy rien qui ſoit d'elle,
Que le rouge, & le blanc, par art la faſſe belle,
Qu'elle ante en ſon palais ſes dents tous les matins,
Qu'elle doiue ſa taille au bois de ſes patins,
Que ſon poil des le ſoir, friſé dans la boutique,
Comme vn caſque au matin, ſur ſa teſte s'aplique,

Qu'elle ait comme vn piquier le corſelet au dos,
Qu'à grand paine ſa peau puiſſe couurir ſes os,
Et tout ce qui de iour la fait voir ſi doucete,
La nuit comme en depoſt ſoit de ſous la toillette.
Son eſprit vlceré iuge en ſa paſſion,
Que ſon taint fait la nique à la perfection.

 Le ſoldat tout-ainſi pour la guerre ſoupire
Iour & nuit il y penſe & touſiours la deſire,
Il ne reſue la nuit, que carnage, & que ſang,
La pique dans le poing, & l'eſtoc ſur le flanc,
Il penſe mettre à chef quelque belle entrepriſe,
Que forçant vn chaſteau tout eſt de bonne priſe,
Il ſe plaiſt aux treſors qu'il cuide rauager,
Et que l'honneur luy rie au milieu du danger.

 L'Auare d'autre part n'ayme que la richeſſe,
C'eſt ſon Roy, ſa faueur, la court & ſa maitreſſe,
Nul obiect ne luy plaiſt, ſinon l'or & l'argent,
Et tant plus il en a plus il eſt indigent.

 Le Paiſant d'autre ſoing ſe ſent l'ame ambraſée,
Ainſi l'humanité ſottement abuſée,
Court à ſes apetis qui l'aueuglent ſi bien,
Qu'encor qu'elle ait des yeux ſi ne voit-elle rien.
Nul chois hors de ſon gout ne regle ſon enuie,
Mais s'aheurte où ſans plus quelque apas la conuie,
Selon ſon apetit le monde ſe repaiſt;
Qui fait qu'on trouue bon ſeulement ce qui plaiſt.

 O debille raiſon où eſt ores ta bride,
Ou ce flambeau qui ſert aux perſonnes de guide,
Contre les paſſions trop foible eſt ton ſecours,
Et ſouuent courtiſane apres elle tu cours
Et ſauourant l'apas qui ton ame enſorcelle,
Tu ne vis qu'à ſon gouſt, & ne voys que par elle.

 De là vient qu'vn chacun meſmes en ſon defaut,
Penſe auoir de l'eſprit autant qu'il luy en faut,

Auſſi rien n'eſt party ſi bien par la nature
Que le ſens, car chacun en a ſa fourniture.

   Mais pour nous moins hardis à croire à nos raiſons,
Qui reglons nos eſpris par les comparaiſons
D'vne choſe auecq' l'autre, épluchons de la vie
L'action qui doit eſtre, ou blaſmée, ou ſuiuie,
Qui criblons le diſcours, au chois ſe variant,
D'auecq' la fauceté la verité triant,
(Tant que l'homme le peut) qui formons nos ouurages,
Aux moules ſi parfaicts de ces grands perſonnages,
Qui depuis deux mile ans, ont acquis le credit,
Qu'en vers rien n'eſt parfaict, que ce qu'ils en ont dit,
Deuons nous auiourd'huy, pour vne erreur nouuelle
Que ces clers deuoyez forment en leur ceruelle,
Laiſſer legerement la vieille opinion,
Et ſuiuant leurs auis croire à leur paſſion?

   Pour moy les Huguenots pouroient faire miracles,
Reſſuciter les morts, rendre de vrais oracles,
Que ie ne pourois pas croire à leur verité,
En toute opinion ie fuy la nouueauté.
Auſſi doit-on plutoſt imiter nos vieux peres,
Que ſuiure des nouueaux, les nouuelles Chimeres,
De meſme en l'art diuin de la Muſe doit-on
Moins croire à leur eſprit, qu'à l'eſprit de Platon.

   Mais Rapin à leur gouſt, ſi les vieux ſont profanes,
Si Virgille, le Taſſe, & Ronſard ſont des aſnes,
Sans perdre en ces diſcours le tans que nous perdons,
Allons comme eux aux champs & mangeons des chardons.

Satyre X.

e mouuement de temps peu cogneu des humains,
Qui trompe noſtre eſpoir, noſtre eſprit, & nos mains,
Cheuelu ſur le front & chauue par derriere,
N'eſt pas de ces oyſeaux qu'on prend à la pantiere,
Non plus que ce milieu des vieux tant debatu,
Où l'on miſt par deſpit à l'abry la vertu,
N'eſt vn ſiege vaccant au premier qui l'occupe,
Souuent le plus Mattois ne paſſe que pour Dupe :
Ou par le iugement il faut perdre ſon temps
A choiſir dans les mœurs ce Milieu que i'entens.
 Or i'excuſe en cecy noſtre foibleſſe humaine,
Qui ne veut, ou ne peut, ſe donner tant de peine,
Que s'exercer l'eſprit en tout ce qu'il faudroit,
Pour rendre par eſtude vn lourdaut plus adroit.
 Mais ie n'excuſe pas les Cenſeurs de Socrate,
De qui l'eſprit rongneux de ſoy-meſme ſe grate,
S'idolatre, s'admire, & d'vn parler de miel,
Se va preconiſant confin de Larcanciel :
Qui baillent pour raiſons des chanſons & des bourdes,
Et tous ſages qu'ils ſont font les fautes plus lourdes :
Et pour ſçauoir gloſer ſur le Magnificat,

SATYRE X.

Tranchent en leurs discours de l'esprit delicat,
Controllent vn chacun, & par apostasie
Veulent paraphraser dessus la fantasie :
Aussi leur bien ne sert qu'à monstrer le deffaut,
Et semblent se baigner quand on chante tout haut,
Qu'ils ont si bon cerueau, qu'il n'est point de sottise
Dont par raison d'estat leur esprit ne s'aduise.
 Or il ne me chaudroit insensez ou prudens
Qu'ils fissent à leurs frais Messieurs les intendans,
A chaque bout de champ si sous ombre de chere
Il ne m'en falloit point payer la folle enchere.
 Vn de ces iours derniers par des lieux destournez
Ie m'en allois resuant le manteau sur le nez,
L'âme bizarément de vappeurs occupee
Comme vn Poëte qui prend les vers à la pippee :
En ces songes profonds où flottoit mon esprit,
Vn homme par la main hazardement me prit,
Ainsi qu'on pourroit prendre vn dormeur par l'oreille,
Quand on veut qu'à minuict en sursaut il s'esueille,
Ie passe outre d'aguet sans en faire semblant,
Et m'en vois à grands pas tout froid & tout tremblant :
Craignant de faire encor' auec ma patience
Des sottises d'auiruy nouuelle penitence.
Tout courtois il me suit, & d'vn parler remis,
Quoy? Monsieur, est-ce ainsi qu'on traite ses amis,
Ie m'arreste contraint d'vne façon confuse,
Grondant entre mes dents ie barbotte vne excuse :
De vous dire son nom il ne guarit de rien,
Et vous iure au surplus qu'il est homme de bien,
Que son cœur conuoiteux d'ambition ne créue
Et pour ses factions qu'il n'ira point en Gréue :
Car il aime la France, & ne souffriroit point,
Le bon seigneur qu'il est, qu'on la mist en pourpoint.
Au compas du deuoir il regle son courage,

Et ne laiſſe en depoſt pourtant ſon auantage,
Selon le temps il met ſes partis en auant,
Alors que le Roy paſſe, il gaigne le deuant,
Et dans la Gallerie, encor' que tu luy parles,
Il te laiſſe au Roy Iean, & s'en court au Roy Charles.
Meſme aux plus auancez demandant le pourquoy
Il ſe met ſur vn pied, & ſur le quant à moy,
Et ſeroit bien faſché le Prince aſſis à table
Qu'vn autre en fuſt plus pres, ou fiſt plus l'agreable,
Qui plus ſuffiſamment entrant ſur le deuis
Fiſt mieux le Philoſophe ou diſt mieux ſon auis,
Qui de chiens ou d'oyſeaux euſt plus d'experience,
Ou qui déuidaſt mieux vn cas de conſcience :
Puis dittes comme vn ſot qu'il eſt ſans paſſion,
Sans gloſer plus auant ſur ſa perfection.
Auec maints hauts diſcours, de chiens, d'oyſeaux, de bottes,
Que les vallets de pied ſont fort ſuiects aux crottes,
Pour bien faire du pain il faut bien enfourner,
Si Domp-Pedre eſt venu qu'il s'en peut retourner,
Le Ciel nous fiſt ce bien qu'encor' d'aſſez bonne heure,
Nous vinſmes au Logis où ce Monſieur demeure,
Où ſans hiſtorier le tout par le menu,
Il me dict vous ſoyez Monſieur le bien venu.
Apres quelque propos, ſans propos & ſans ſuitte
Auecq' un froid Adieu ie minutte ma fuitte,
Plus de peur d'accident que de diſcretion :
Il commence vn ſermon de ſon affection,
Me rid, me prend, m'embraſſe, auec ceremonie,
Quoy? vous ennuyez-vous en noſtre compagnie?
Non non, ma foy dit-il, il n'ira pas ainſi,
Et puis que ie vous tiens, vous ſoupperez icy.
Ie m'excuſe, il me force, ô Dieux quelle iniuſtice?
Alors, mais las trop tard ie cogneus mon ſupplice
Mais pour l'auoir cogneu, ie ne peux l'éuiter,

Tant le destin se plaist à me persecuter.
A peine à ces propos eut-il fermé la bouche,
Qu'il entre à l'estourdi vn sot faict à la fourche,
Qui pour nous saluër laissant choir son chappeau,
Fist comme vn entre-chat auec vn escabeau,
Trebuschant sur le cul, s'en va deuant derriere,
Et grondant se fascha qu'on estoit sans lumiere :
Pour nous faire sans rire aualler ce beau saut
Le Monsieur sur la veuë excuse ce deffaut,
Que les gens de sçauoir ont la visiere tendre :
L'autre se releuant deuers nous se vint rendre,
Moins honteux d'estre cheut, que de s'estre dressé
Et luy demandast-il s'il s'estoit point blessé.
 Apres mille discours dignes d'vn grand volume,
On appelle vn vallet, la chandelle s'allume :
On apporte la nappe, & met-on le couuert,
Et suis parmy ces gens comme vn homme sans vert,
Qui fait en rechignant aussi maigre visage
Qu'vn Renard que Martin porte au Louure en sa cage.
 Vn long-temps sans parler ie regorgeois d'ennuy
Mais n'estant point garand des sottises d'autruy,
Ie creu qu'il me falloit d'vne mauuaise affaire
En prendre seulement ce qui m'en pouuoit plaire.
Ainsi consideránt ces hommes & leurs soings,
Si ie n'en disois mot ie n'en pense pas moings,
Et iugé ce lourdaut à son nez autentique,
Que c'estoit vn Pedant, animal domestique,
De qui la mine rogue & le parler confus,
Les cheueux gras & longs, & les sourcils touffus
Faisoient par leur sçauoir, comme il faisoit entendre,
La figue sur le nez au Pedant d'Alexandre.
 Lors ie fus asseuré de ce que i'auois creu,
Qu'il n'est plus Courtisan de la Cour si recreu,
Pour faire l'entendu qu'il n'ait pour quoy qu'il vaille,

Vn Poëte, vn Astrologue, ou quelque Pedentaille;
Qui durant ses Amours auec son bel esprit
Couche de ses faueurs l'histoire par escrit.
Maintenant que l'on voit & que ie vous veux dire,
Tout ce qui se fist là digne d'vne satyre,
Ie croirois faire tort à ce Docteur noūueau,
Si ie ne luy donnois quelques traicts de pinceau;
Mais estant mauuais peintre ainsi que mauuais Poëte,
Et que i'ay la ceruelle & la main mal adroitte,
O Muse ie t'inuoque! emmielle-moy le bec,
Et bandes de tes mains les nerfs de ton rebec.
Laisse moy là Phœbus chercher son auanture,
Laisse moy son B. mol, prend la clef de Nature,
Et vien simple sans fard, nuë & sans ornement,
Pour accorder ma fluste auec ton instrument.

 Dy moy comme sa race autres fois ancienne
Dedans Rome accoucha d'vne Patricienne,
D'où nasquit dix Catons & quatre vingts Preteurs,
Sans les Historiens & tous les Orateurs :
Mais non, venons à luy, dont la maussade mine
Ressemble vn de ces Dieux des coutaux de la Chine,
Et dont les beaux discours plaisamment estourdis
Feroient creuer de rire vn sainct de Paradis.

 Son teint iaune enfumé de couleur de malade,
Feroit donner au Diable, & ceruze, & pommade,
Et n'est blanc en Espaigne à qui ce Cormoran
Ne fasse renier la loy de l'Alcoran.

 Ses yeux bordez de rouge esgarez sembloient estre;
L'vn à Mont-marthe, & l'autre au chasteau de Bicestre :
Toutesfois redressant leur entre-pas tortu,
Ils guidoient la ieunesse au chemin de vertu.

 Son nez haut releué sembloit faire la nique
A l'Ouide Nason, au Scipion Nasique,
Où maints rubiz balez tous rougissants de vin

Monstroient vn HAC ITVR *à la pomme de pin :*
Et preschant la vendange asseuroient en leur trongne,
Qu'vn ieune Medecin vit moins qu'vn vieux yurongne.

    Sa bouche est grosse & torte, & semble en son porfil,
Celle-là d'Alizon qui retordant du fil
Fait la moüe aux passans, & feconde en grimace,
Baue comme au Prin-temps vne vieille limace.

    Vn rateau mal rangé pour ses dents paroissoit,
Où le chancre & la roüille en monceaux s'amassoit,
Dont pour lors ie congneus grondant quelques parolles
Qu'expert il en sçauoit creuer ses euerolles,
Qui me fist bien iuger qu'aux veilles des bons iours
Il en souloit roigner ses ongles de velours.

    Sa barbe sur sa ioüe esparse à l'auanture,
Où l'art est en colere auecque la nature,
En Bosquets s'esleuoit, où certains animaux
Qui des pieds, non des mains, luy faisoient mille maux.

    Quant au reste du corps il est de telle sorte
Qu'il semble que ses reins & son espaule torte
Façent guerre à sa teste, & par rebellion,
Qu'ils eussent entassé Osse sur Pellion :
Tellement qu'il n'a rien en tout son attelage
Qui ne suiue au galop la trace du visage.

    Pour sa robbe elle fut autre qu'elle n'estoit
Alors qu'Albert le Grand aux festes la portoit;
Mais tousiours recousant piece à piece nouuelle,
Depuis trente ans c'est elle, & si ce n'est pas elle :
Ainsi que ce vaisseau des Grecs tant renommé
Qui suruescut au temps qu'il auoit consommé :
Vne taigne affamée estoit sur ses espaules,
Qui traçoit en Arabe vne Carte des Gaules :
Les pieces & les trous semez de tous costez,
Representoient les Bourgs, les monts, & les Citez :
Les filets separez qui se tenoient à peine,

Imitoient les ruiſſeaux coulans dans vne pleine.
Les Alpes en iurant luy grimpoient au collet,
Et Sauoy' qui plus bas ne pend qu'à vn fillet.
 Les puces & les poux & telle autre quenaille,
Aux plaines d'alentour ſe mettoient en bataille,
Qui les places d'autruy par armes vſurpant
Le titre diſputoient au premier occupant.
 Or deſſous ceſte robbe illuſtre & venerable,
Il auoit vn iupon, non celuy de Conſtable :
Mais vn qui pour vn temps ſuiuit l'arriere-ban,
Quand en premiere nopce il ſeruit de caban
Au croniqueur Turpin, lors que par la campagne
Il portoit l'arbaleſtre au bon Roy Charlemagne :
Pour aſſeurer ſi c'eſt, ou laine, ou ſoye, ou lin,
Il faut en deuinaille eſtre maiſtre Gonin.
 Sa ceinture honorable ainſi que ſes iartieres,
Furent d'vn drap du ſeau, mais i'entends de liʒieres
Qui ſur maint Couſturier ioüerent maint rollet,
Mais pour l'heure preſente ils ſangloient le mulet.
 Vn mouchoir & des gans auecq' ignominie
Ainſi que des larrons pendus en compagnie,
Luy pendoient au coſté, qui ſembloit en lambeaux,
Crier en ſe mocquant vieux linge, & vieux drapeaux :
De l'autre brimballoit vne clef fort honneſte,
Qui tire à ſa cordelle vne noix d'arbaleſte.
 Ainſi ce perſonnage en magnifique arroy,
Marchant pedetentim s'en vint iuſques à moy
Qui ſentis à ſon neʒ, à ſes leures décloſes,
Qu'il fleuroit bien plus fort, mais non pas mieux que roſes.
 Il me parle latin, il allegue, il diſcourt,
Il reforme à ſon pied les humeurs de la Court :
Qu'il a pour enſeigner vne belle maniere,
Que ſans robe il a veu la matiere premiere,
Qu'Epicure eſt yurongne, Hypocrate vn bourreau,

Que Bartolle & Iaſon ignorent le barreau :
Que Virgille eſt paſſable, encor' qu'en quelques pages,
Il meritaſt au Louure eſtre chifflé des Pages,
Que Pline eſt ineſgal, Terence vn peu ioly,
Mais ſur tout il eſtime vn langage poly.

 Ainſi ſur chaſque Autheur il trouue de quoy mordre,
L'vn n'a point de raiſons, & l'autre n'a point d'ordre,
L'autre auorte auant temps des œuures qu'il conçoit,
Or il vous prend Macrobe & luy donne le foit,
Ciceron il s'en taiſt d'autant que l'on le crie
Le pain quotidian de la Pedanterie,
Quant à ſon iugement il eſt plus que parfait
Et l'immortalité n'ayme que ce qu'il fait,
Par hazard diſputant ſi quelqu'vn luy replique,
Et qu'il ſoit à quia, vous eſtes heretique :
Ou pour le moins fauteur, ou vous ne ſçauez point
Ce qu'en mon manuſcrit i'ay noté ſur ce point.

 Comme il n'eſt rien de ſimple auſſi rien n'eſt durable,
De pauure on deuient riche, & d'heureux miſerable,
Tout ſe change qui fiſt qu'on changea de diſcours,
Apres maint entretien, maints tours, & maints retours,
Vn valet ſe leuant le chapeau de la teſte
Nous vint dire tout haut que la ſouppe eſtoit preſte :
Ie congneu qu'il eſt vray ce qu'Homere en eſcrit,
Qu'il n'eſt rien qui ſi fort nous reſueille l'eſprit,
Car i'eus au ſon des plats l'ame plus alteree
Que ne l'auroit vn chien au ſon de la curee :
Mais comme vn iour d'Eſté où le Soleil reluit,
Ma ioye en moins d'vn rien comme vn éclair s'enfuit,
Et le Ciel qui des dents me rid à la pareille,
Me bailla gentiment le lieure par l'oreille :
Et comme en vne montre où les paſſe-volans
Pour ſe monſtrer ſoldats ſont les plus inſolens :
Ainſi parmy ces gens vn gros vallet d'eſtable,

Glorieux de porter les plats deſſus la table,
D'vn neʒ de Maiordome, & qui morgue la faim,
Entra ſeruiette au bras & fricaſſee en main,
Et ſans reſpect du lieu, du Docteur ny des ſauſſes,
Heurtant table & treteaux, verſa tout ſur mes chauſſes :
On le tance, il s'excuſe, & moy tout reſolu,
Puis qu'à mon dam le Ciel l'auoit ainſi voulu,
Ie tourne en raillerie vn ſi faſcheux miſtere
De ſorte que Monſieur m'obligea de s'en taire.
Sur ce point on ſe laue, & chacun en ſon rang,
Se met dans vne chaire ou s'aſſied ſur vn banc :
Suiuant ou ſon merite, ou ſa charge, ou ſa race.
Des niais ſans prier ie me mets en la place,
Où i'eſtois reſolu faiſant autant que trois,
De boire & de manger comme aux veilles des Rois :
Mais à ſi beau deſſein defaillant la matiere,
Ie fus enfin contraint de ronger ma littiere,
Comme vn aſne affamé qui n'a chardons ny foing,
N'ayant pour lors dequoy me ſaouler au beſoing.
 Or entre tous ceux-là qui ſe mirent à table,
Il n'en eſtoit pas vn qui ne fuſt remarcable,
Et qui ſans eſplucher n'aualaſt l'Eperlan :
L'vn en titre d'office exerçoit vn berlan,
L'autre eſtoit des ſuiuants de Madame Lipee,
Et l'autre cheualier de la petite eſpee,
Et le plus ſainct d'entr'eux (ſauf le droict du cordeau)
Viuoit au Cabaret pour mourir au bordeau.
 En forme d'Eſchiquier les plats rangeʒ ſur table,
N'auoient ny le maintien, ny la grace accoſtable,
Et bien que nos diſneurs mengeaſſent en Sergens,
La viande pourtant ne prioit point les gens :
Mon Docteur de Meneſtre en ſa mine alteree,
Auoit deux fois autant de mains que Briaree,
Et n'eſtoit quel qu'il fuſt morceau dedans le plat,

Qui des yeux & des mains n'eust vn escheq & mat.
D'où i'aprins en la cuitte aussi bien qu'en la cruë,
Que l'âme se laissoit piper comme vne Gruë,
Et qu'aux plats comme au lict auec lubricité
Le peché de la chair tentoit l'humanité.

 Deuant moy iustement on plante vn grand potage,
D'où les mousches à ieun se sauuoient à la nage :
Le broüet estoit maigre, & n'est Nostradamus
Qui l'Astrolabe en main ne demeurast camus,
Si par galanterie ou par sottise expresse
Il y pensoit trouuer vne estoille de gresse :
Pour moy si i'eusse esté sur la mer de Leuant,
Où le vieux Louchaly fendit si bien le vent,
Quand sainct Marc s'habilla des enseignes de Trace,
Ie l'acomparerois au golphe de Patrasse,
Pource qu'on y voyoit en mille & mille parts
Les mouches qui flottoient en guise de Soldarts,
Qui morts sembloient encor' dans les ondes salees
Embrasser les charbons des Galeres bruslees.

 I'oy ce semble quelqu'vn de ces nouueaux Docteurs,
Qui d'estoc & de taille estrillent les Autheurs,
Dire que ceste exemple est fort mal assortie :
Homere, & non pas moy t'en doit la garantie,
Qui dedans ses escrits, en des certains effets
Les compare peut-estre aussi mal que ie faits.

 Mais retournons à table où l'esclanche en ceruelle
Des dents & du chalan separoit la querelle,
Et sur la nappe allant de quartier en quartier
Plus dru qu'vne nauette au trauers d'vn mestier,
Glissoit de main en main où sans perdre auantage
Ebrechant le cousteau tesmoignoit son courage :
Et durant que Brebis elle fut parmy nous
Elle sçeut brauement se deffendre des loups,
Et de se conseruer elle mist si bon ordre,

Que morte de vieilleſſe elle ne ſçauroit mordre :
A quoy glouton oyſeau du ventre renaiſſant
Du fils du bon Iapet te vas-tu repaiſſant,
Aſſez, & trop long-temps, ſon poulmon tu gourmandes,
La faim ſe renouuelle au change des viandes :
Laiſſant là ce larron, vien icy deſormais
Où la tripaille eſt fritte en cent ſortes de mets.
Or durant ce feſtin Damoyſelle famine
Auec ſon nez etique, & ſa mourante mine,
Ainſi que la charté par Edit l'ordonna,
Faiſoit vn beau diſcours deſſus l'alezina,
Et nous torchant le bec aleguoit Symonide
Qui dict pour eſtre ſain qu'il faut maſcher à vuide.
Au reſte à manger peu, Monſieur beuuoit d'autant,
Du vin qu'à la tauerne on ne payoit contant,
Et ſe faſchoit qu'vn Iean bleçé de la Logique,
Luy barboüilloit l'eſprit d'vn ergō Sophiſtique.
    Eſmiant quant à moy du pain entre mes doigts,
A tout ce qu'on diſoit doucet ie m'accordois :
Leur voyant de piot la ceruelle eſchauffée,
De peur (comme l'on dict) de courroucer la Fée.
    Mais à tant d'accidents l'vn ſur l'autre amaſſez,
Sçachant qu'il en falloit payer les pots caſſez :
De rage ſans parler ie m'en mordois la leure
Et n'eſt Iob de deſpit qui n'en euſt pris la cheure :
Car vn limier boiteux de galles damaſſé
Qu'on auoit d'huile chaude & de ſouffre greſſé,
Ainſi comme vn verrat enueloppé de fange,
Quand ſous le corcelet la craſſe luy demange,
Se bouchonne par tout, de meſme en pareil cas
Ce rongneux las d'aller ſe frottoit à mes bas
Et fuſt pour eſtriller ſes galles ou ſes crottes,
De ſa grace il greſſa mes chauſſes pour mes bottes
En ſi digne façon que le frippier Martin

Auec ſa malle-tache y perdroit ſon Latin.

  Ainſi qu'en ce deſpit le ſang m'eſchauffoit l'ame,
Le monſieur ſon Pedant à ſon aide reclame,
Pour ſoudre l'argument, quand d'vn ſçauant parler,
Il eſt, qui fait la mouë aux chimeres en l'air.
Le Pedant tout fumeux de vin & de doctrine
Reſpond, Dieu ſçait comment le bon Iean ſe mutine
Et ſembloit que la gloire en ce gentil aſſaut
Fuſt à qui parleroit non pas mieux mais plus haut,
Ne croyez en parlant que l'vn ou l'autre dorme,
Comment voſtre argument diſt l'vn n'eſt pas en forme,
L'autre tout hors du ſens, mais c'eſt vous, mal-autru
Qui faites le ſçauant & n'eſtes pas congru.
L'autre, Monſieur le ſot ie vous feray bien taire.
Quoy? comment? eſt-ce ainſi qu'on frape Deſpautere?
Quelle incongruité, vous mentez par les dents,
Mais vous, ainſi ces gens à ſe picquer ardents,
S'en vindrent du parler à tic tac, torche, lorgne,
Qui caſſe le muſeau, qui ſon riual éborgne,
Qui iette vn pain, vn plat, vne aſſiette, vn couteau,
Qui pour vne rondache empoigne vn eſcabeau,
L'vn faict plus qu'il ne peut, & l'autre plus qu'il n'oſe,
Et penſe en les voyant voir la Metamorphoſe,
Où les Centaures ſouz au Bourg Athracien,
Voulurent chauds de rains faire nopces de chien,
Et cornus du bon pere encorner le Lapite,
Qui leur fiſt à la fin enfiler la garitte,
Quand auecque des plats, des treteaux, des tiſons,
Par force les chaſſant my-morts de ſes maiſons,
Il les fiſt gentiment apres la Tragedie,
De Cheuaux deuenir gros Aſnes d'Arcadie :
Noz gens en ce combat n'eſtoient moins inhumains,
Car chacun s'eſcrimoit & des pieds & des mains :
Et comme eux tous ſanglants en ces doctes alarmes,

La fureur aueuglee en main leur miſt des armes :
Le bon Iean crie au meurtre, & ce Docteur harault,
Le Monſieur diſt tout-beau, l'on apelle Girault.
A ce nom voyant l'homme & ſa gentille trongne,
En memoire auſſi-toſt me tomba la Gaſcongne.
Ie cours à mon manteau, ie deſcens l'eſcalier,
Et laiſſe auec ces gens Monſieur le cheualier
Qui vouloit mettre barre entre ceſte canaille.
Ainſi ſans coup ferir ie ſors de la bataille,
Sans parler de flambeau, ny ſans faire autre bruit,
Croyez qu'il n'eſtoit pas, O nuict ialouſe nuict,
Car il ſembloit qu'on euſt aueuglé la nature,
Et faiſoit vn noir brun d'auſſi bonne teinture,
Que iamais on en vit ſortir des Gobelins,
Argus pouuoit paſſer pour vn des Quinze vingts :
Qui pis-eſt il pleuuoit d'vne telle maniere,
Que les reins par deſpit me ſeruoient de goutiere :
Et du haut des maiſons tomboit vn tel degout,
Que les chiens alterez pouuoient boire debout.
   Alors me remettant ſur ma philoſophie,
Ie trouue qu'en ce monde il eſt ſot qui ſe fie,
Et ſe laiſſe conduire, & quant aux Courtiſans,
Qui doucets & gentils font tant les ſuffiſans,
Ie trouue les mettant en meſme patenoſtre,
Que le plus ſot d'entr'eux eſt auſſi ſot qu'vn autre :
Mais pour ce qu'eſtant là ie n'eſtois dans le grain,
Auſſi que mon manteau la nuict craint le ſerain,
Voyant que mon logis eſtoit loin, & peut eſtre
Qu'il pourroit en chemin changer d'air & de maiſtre,
Pour eſuiter la pluye à l'abry de l'auuent,
I'allois doublant le pas, comme vn qui fend le vent,
Quand bronchant lourdement en vn mauuais paſſage
Le Ciel me fiſt ioüer vn autre perſonnage :
Car heurtant vne porte en penſant m'accoter,

Ainsi qu'elle obeit ie viens à culbuter :
Et s'ouurant à mon heurt, ie tombay sur le ventre,
On demande que c'est, ie me releue, i'entre :
Et voyant que le chien n'aboyoit point la nuict,
Que les verroux greffez ne faifoient aucun bruit :
Qu'on me rioit au nez, & qu'vne chambriere
Vouloit monstrer ensemble, & cacher la lumiere :
I'y suis, ie le voy bien, ie parle l'on respond,
Où sans fleurs de bien dire, ou d'autre art plus profond,
Nous tombasmes d'accord, le monde ie contemple,
Et me retrouue en lieu de fort mauuais exemple :
Toutesfois il falloit en ce plaisant malheur,
Mettre pour me sauuer en danger mon honneur.
 Puis donc que ie suis là, & qu'il est pres d'vne heure,
N'esperant pour ce iour de fortune meilleure,
Ie vous laisse en repos, iusques à quelques iours,
Que sans parler Phœbus ie feray le discours
De mon giste, où pensant reposer à mon ayse,
Ie tombé par malheur de la poisle en la braise.

Satyre XI.

Suitte.

oyez que c'est du monde, & des choses humaines,
Tousiours à nouueaux maux naissent nouuelles peines,
Et ne m'ont les destins à mon dam trop constans
Iamais apres la pluye enuoyé le beau-temps;
Estant né pour souffrir ce qui me reconforte,
C'est que sans murmurer la douleur ie supporte;
Et tire ce bon-heur du mal-heur où ie suis,
Que ie fais en riant bon visage aux ennuis,
Que le Ciel affrontant ie nazarde la Lune,
Et voy sans me troubler l'vne & l'autre fortune.
 Pour lors bien m'en vallut : car contre ces assauts
Qui font lors que i'y pense encor' que ie tressauts :
Petrarque & son remede y perdant sa rondache
En eust de marisson ploré comme vne vache.
 Outre que de l'obiect la puissance s'esmeut,
Moy qui n'ay pas le nez d'estre Iean qui ne peut,
Il n'est mal dont le sens la nature resueille,
Qui Ribaut ne me prist ailleurs que par l'oreille.
Entré doncq' que ie fus en ce logis d'honneur,
Pour faire que d'abord on me traitte en Seigneur,
Et me rendre en Amour d'autant plus aggreable,

La bourse desliant ie mis piece sur table,
Et guarissant leur mal du premier appareil,
Ie fis dans vn escu reluire le Soleil,
De nuict dessus leur front la ioye estincelante
Monstroit en son midy que l'ame estoit contente,
Deslors pour me seruir chacun se tenoit prest,
Et murmuroïent tout bas, l'honneste homme que c'est.
Toutes à qui mieux mieux s'efforçoient de me plaire,
L'on allume du feu dont i'auois bien affaire,
Ie m'aproche, me sieds, & m'aidant au besoing,
Ià tout appriuoisé ie mangeois sur le poing,
Quand au flamber du feu trois vieilles rechignees,
Vinrent à pas contez comme des erignees,
Chacune sur le cul au foyer s'accropit,
Et sembloient se plaignant marmoter par despit.
L'vne comme vn fantosme affreusement hardie,
Sembloit faire l'entree en quelque Tragedie,
L'autre vne Egyptienne en qui les rides font
Contre-escarpes, rampards, & fossez sur le front.
L'autre qui de soy-mesme estoit diminutiue,
Ressembloit transparante vne lanterne viue
Dont quelque Paticier amuse les enfans,
Où des oysons bridez, Guenuches, Elefans,
Chiens, chats, lieures, renards, & mainte estrange beste
Courent l'vne apres l'autre, ainsi dedans sa teste
Voyoit-on clairement au trauers de ses os,
Ce dont sa fantasie animoit ses propos :
Le regret du passé, du present la misere,
La peur de l'auenir, & tout ce qu'elle espere
Des biens que l'Hypocondre en ses vapeurs promet,
Quand l'humeur ou le vin luy barboüillent l'armet.
L'vne se pleint des reins, & l'autre d'vn côtaire,
L'autre du mal des dents, & comme en grand mistere,
Auec trois brins de sauge, vne figue d'antan,

Vn va-t'en, si tu peux, vn si tu peux va-t'en,
Escrit en peau d'oignon, entouroit sa machoire,
Et toutes pour guarir se reforçoient de boire.

Or i'ignore en quel champ d'honneur & de vertu,
Ou dessous quels drapeaux elles ont combatu,
Si c'estoit mal de Sainct ou de fiéure-quartaine,
Mais ie sçay bien qu'il n'est Soldat ny Capitaine,
Soit de gens de cheual, ou soit de gens de pié,
Qui dans la charité soit plus estropié.
Bien que maistre Denis soit sçauant en Sculture,
Fist-il auec son art quinaude la nature,
Ou comme Michel l'Ange, eust-il le Diable au corps,
Si ne pourroit-il faire auec tous ses efforts,
De ces trois corps tronquez vne figure entiere,
Manquant à cet effect, non l'art mais la matiere.

En tout elles n'auoient seulement que deux yeux
Encore bien flétris, rouges & chassieux,
Que la moitié d'vn nez, que quatre dents en bouche,
Qui durant qu'il fait vent branlent sans qu'on les touche,
Pour le reste il estoit comme il plaisoit à Dieu,
En elles la santé n'auoit ny feu ny lieu :
Et chacune à par-soy representoit l'idolle
Des fiéures, de la peste, & de l'orde verolle.

A ce piteux spectacle il faut dire le vray
I'euz vne telle horreur que tant que ie viuray,
Ie croiray qu'il n'est rien au monde qui guarisse
Vn homme vicieux comme son propre vice.

Toute chose depuis me fut à contre-cœur,
Bien que d'vn cabinet sortist vn petit cœur,
Auec son chapperon, sa mine de pouppee,
Disant i'ay si grand peur de ces hommes d'espee
Que si ie n'eusse veu qu'esties vn Financier,
Ie me susse plustost laissé crucifier,
Que de mettre le nez où ie n'ay rien affaire,

Iean mon mary, Monsieur, il est Apoticaire.
Sur tout viue l'Amour, & bran pour les Sergens,
Ardez, voire, c'est-mon, ie me cognois en gens,
Vous estes, ie voy bien, grand abbateur de quilles,
Mais au reste honneste homme, & payez bien les filles,
Cognoissez-vous, mais non, ie n'ose le nommer,
Ma foy c'est vn braue homme & bien digne d'aymer,
Il sent tousiours si bon, mais quoy vous l'iriez dire.
 Cependant de despit il semble qu'on me tire
Par la queuë vn matou, qui m'escrit sur les reins,
De griffes & de dents mille alibis forains :
Comme vn singe fasché i'en dy ma patenostre,
De rage ie maugree & le mien & le vostre,
Et le noble vilain qui m'auoit attrapé :
Mais Monsieur, me dist-elle, auez-vous point soupé.
Ie vous prie notez l'heure, & bien que vous en semble,
Estes-vous pas d'auis que nous couchions ensemble :
Moy crotté iusqu'au cul, & moüillé iusqu'à l'os,
Qui n'auois dans le lict besoin que de repos,
Ie faillis à me pendre oyant que ceste lice
Effrontément ainsi me presentoit la lice.
On parle de dormir, i'y consens à regret,
La Dame du logis me mene au lieu secret,
Allant on m'entretient de Ieanne & de Macette,
Par le vray Dieu que Ieanne estoit & claire & nette,
Claire comme vn bassin, nette comme vn denier,
Au reste, fors Monsieur, que i'estois le premier.
Pour elle qu'elle estoit niepce de Dame Auoye,
Qu'elle feroit pour moy de la fauce monnoye,
Qu'elle eust fermé sa porte à tout autre qu'à moy,
Et qu'elle m'aymoit plus mille fois que le Roy.
Estourdy de cacquet ie feignois de la croire,
Nous montons, & montans d'vn c'est-mon & d'vn voire,
Doucement en riant i'apointois noz procez,

La montee eſtoit torte & de faſcheux accez,
Tout branloit deſſous nous iuſqu'au dernier eſtage,
D'eſchelle en eſchelon comme vn linot en cage,
Il falloit ſauteller & des pieds s'approcher
Ainſi comme vne chéure en grimpant vn rocher.
Apres cent ſoubres-ſauts nous vinſmes en la chambre,
Qui n'auoit pas le gouſt de muſc, ciuette, ou d'ambre,
La porte en eſtoit baſſe, & ſembloit vn guichet,
Qui n'auoit pour ſerrure autre engin qu'vn crochet.
Six douues de poinçon ſeruoient d'aix & de barre,
Qui baillant grimaſſoient d'vne façon bizarre,
Et pour ſe reprouuer de mauuais entretien,
Chacune par grandeur ſe tenoit ſur le ſien,
Et loin l'vne de l'autre en leur mine alteree
Monſtroient leur ſaincte vie eſtroite & retiree.

Or comme il pleut au Ciel en trois doubles plié,
Entrant ie me heurté la caboche & le pié,
Dont ie tombe en arriere eſtourdi de ma cheute,
Et du haut iuſqu'au bas ie fis la cullebutte :
De la teſte & du cul contant chaque degré,
Puis que Dieu le voulut ie prins le tout à gré.
Auſſi qu'au meſme temps voyant choir ceſte Dame,
Par ie ne ſçay quel trou ie luy vis iuſqu'à l'ame,
Qui fiſt en ce beau ſault m'eſclatant comme vn fou,
Que ie prins grand plaiſir à me rompre le cou.
Au bruit Macette vint, la chandelle on apporte,
Car la noſtre en tombant de frayeur eſtoit morte :
Dieu ſçait comme on la vit & derriere & deuant,
Le nez ſur les carreaux & le feſſier au vent,
De quelle charité l'on ſoulagea ſa peine,
Cependant de ſon long ſans poux & ſans haleine,
Le muſeau vermoulu, le nez eſcarboüillé,
Le viſage de poudre & de ſang tout ſoüillé,
Sa teſte deſcouuerte où l'on ne ſçait que tondre,

Et lors qu'on luy parloit qui ne pouuoit respondre,
Sans collet, sans beguin, & sans autre affiquet,
Ses mules d'vn costé de l'autre son tocquet.
En ce plaisant mal-heur ie ne sçaurois vous dire
S'il en falloit pleurer ou s'il en falloit rire?
Apres cest accident trop long pour dire tout,
A deux bras on la prend & la met-on debout,
Elle reprend courage, elle parle, elle crie,
Et changeant en vn rien sa douleur en furie,
Dist à Ieanne en mettant la main sur le roignon,
C'est mal-heureuse toy qui me porte guignon :
A d'autres beaux discours la collere la porte,
Tant que Macette peut elle la reconforte :
Cependant ie la laisse & la chandelle en main,
Regrimpant l'escalier ie suy mon vieux dessein.
I'entre dans ce beau lieu, plus digne de remarque
Que le riche Palais d'vn superbe Monarque.
Estant là ie furette aux recoings plus cachez,
Où le bon Dieu voulut que pour mes vieux pechez,
Ie sçeusse le despit dont l'âme est forcenée,
Lors que trop curieuse ou trop endemenee,
Rodant de tous costez & tournant haut & bas,
Elle nous fait trouuer ce qu'on ne cherche pas.
Or en premier item souz mes pieds ie rencontre
Vn chaudron ebreché, la bourse d'vne monstre,
Quatre boëtes d'vnguents, vne d'alun bruslé,
Deux gands depariez, vn manchon tout pelé,
Trois fioles d'eau bleuë, autrement d'eau seconde,
La petite seringue, vne esponge, vne sonde,
Du blanc, vn peu de rouge, vn chifon de rabat,
Vn balet pour brusler en allant au Sabat,
Vne vieille lanterne, vn tabouret de paille,
Qui s'estoit sur trois pieds sauué de la bataille,
Vn baril defoncé, deux bouteilles sur-cu,

Qui difoient fans goulet nous auons trop vefcu :
Vn petit fac tout plein de poudre de Mercure,
Vn vieux chapperon gras de mauuaife teinture,
Et dedans vn coffret qui s'ouure auecq' enhan,
Ie trouue des tifons du feu de la fainct Iean,
Du fel, du pain benit, de la feugere, vn cierge,
Trois dents de mort pliez en du parchemin vierge,
Vne Chauue-fouris, la carcaffe d'vn Gay,
De la greffe de loup & du beurre de May.

 Sur ce point Ieanne arriue & faifant la doucette,
Qui vit ceans ma foy n'a pas befongne faite :
Toufiours à nouueau mal nous vient nouueau foucy,
Ie ne fçay quant à moy quel logis c'eft icy.
Il n'eft par le vray Dieu iour ouurier ny fefte,
Que ces carongnes là ne me rompent la tefte,
Bien bien, ie m'en iray fi toft qu'il fera iour,
On trouue dans Paris d'autres maifons d'amour.
Ie fuis là cependant comme vn que l'on nazarde,
Ie demande que c'eft? hé! n'y prenez pas garde,
Ce me refpondit elle, on n'auroit iamais fait,
Mais bran, bran, i'ay laiffé là-bas mon attifet,
Toufiours apres foupper cefte vilaine crie.
Monfieur, n'eft-il pas temps, couchons nous ie vous prie.
Cependant elle met fur la table les dras,
Qu'en bouchons tortillez elle auoit fous le bras :
Elle approche du lict fait d'vne eftrange forte,
Sur deux treteaux boiteux fe couchoit vne porte,
Où le lict repofoit, auffi noir qu'vn foüillon,
Vn garderobe gras feruoit de pauillon,
De couuerte vn rideau, qui fuyant (vert & iaune)
Les deux extremitez, eftoit trop court d'vne aune.
Ayant confideré le tout de point en point,
Ie fis vœu cefte nuict de ne me coucher point,
Et de dormir fur pieds comme vn coq fur la perche;

Mais Ieanne tout en rut, s'aproche & me recherche,
D'amour ou d'amitié, duquel qu'il vous plaira,
Et moy, maudit soit-il, m'amour qui le fera.
Polyenne pour lors me vint en la pensee,
Qui sçeut que vaut la femme en amour offensee,
Lors que par impuissance, ou par mespris la nuit,
On fauce compagnie ou qu'on manque au desduit,
C'est pourquoy i'euz grand peur qu'on me troussast en malle,
Qu'on me foüetast pour voir si i'auois point la galle,
Qu'on me crachast au nez, qu'en perche on me le mist
Et que l'on me bernast si fort qu'on m'endormist,
Ou me baillant du Iean Ieanne vous remercie,
Qu'on me tabourinast le cul d'vne vessie :
Cela fut bien à craindre & si ie l'euité,
Ce fut plus par bon-heur que par dexterité.
Ieanne non moins que Circe entre ses dents murmure,
Sinon tant de vengeance, aumoins autant d'iniure,
Or pour flater enfin son mal-heur & le mien,
Ie dis quand ie fais mal, c'est quand ie paye bien,
Et faisant reuerence à ma bonne fortune,
En la remerciant ie le conte pour vne.
Ieanne rongeant son frein de mine s'apaisa
En prenant mon argent en riant me baisa,
Non pour ce que i'en dis, ie n'en parle pas, voire,
Mon maistre pensez-vous i'entends bien le grimoire,
Vous estes honneste homme & sçauez l'entre-gent,
Mais monsieur crayez vous que ce soit pour l'argent,
I'en faits autant d'estat comme de chaneuottes,
Non, ma foy i'ay encor vn demy-ceint, deux cottes,
Vne robe de sarge, vn chapperon, deux bas,
Trois chemises de lin, six mouchoirs, deux rabats,
Et ma chambre garnie aupres de sainct Eustache,
Pourtant ie ne veux pas que mon mary le sçache :
Disant cecy tousiours son lict elle brassoit,

Et les linceux trop cours par les pieds tiraſſoit,
Et fiſt à la fin tant par ſa façon adroite,
Qu'elle les fiſt venir à moitié de la coite.
Dieu ſçait quel lacs d'amour, quels chiffres, quelles fleurs,
De quels compartiments & combien de couleurs,
Releuoient leur maintien, & leur blancheur naïfue,
Blanchie en vn ſiué, non dans vne leſciue.
Comme ſon lict eſt fait, que ne vous couchez-vous,
Monſieur n'eſt-il pas temps, & moy de filer dous,
Sur ce point elle vient, me prend & me détache,
Et le pourpoint du dos par force elle m'arrache,
Comme ſi noſtre ieu fuſt au Roy deſpoüillé :
I'y reſiſte pourtant, & d'eſprit embroüillé,
Comme par compliment ie tranchois de l'honneſte,
N'y pouuant rien gaigner ie me gratte la teſte.
A la fin ie pris cœur, reſolu d'endurer
Ce qui pouuoit venir ſans me deſeſperer,
Qui fait vne follie il la doit faire entiere,
Ie détache vn ſoüillé, ie m'oſte vne iartiere
Froidement toutesfois, & ſemble en ce coucher,
Vn enfant qu'vn Pedant contraint ſe détacher.
Que la peur tout enſemble eſperonne & retarde :
A chacune eſguillette il ſe faſche, regarde,
Les yeux couuers de pleurs, le viſage d'ennuy,
Si la grace du Ciel ne deſcend point ſur luy.
L'on heurte ſur ce point, Catherine on appelle,
Ieanne pour ne reſpondre eſtaignit la chandelle,
Perſonne ne dit mot, l'on refrappe plus fort,
Et faiſoit-on du bruit pour réueiller vn mort :
A chaque coup de pied toute la maiſon tremble,
Et ſemble que le feſte à la caue s'aſſemble.
Bagaſſe ouuriras-tu? c'eſt ceſtuy-cy, c'eſt-mon,
Ieanne ce temps-pendant me faiſoit vn ſermon.
Que Diable auſſi, pourquoy? que voulez-vous qu'on face,

Que ne vous couchiez-vous. Ces gens de la menace
Venant à la priere essayoient tout moyen.
Or ilz parlent Soldat & ores Citoyen,
Ilz contrefont le guet & de voix magistrale,
Ouurez de par le Roy, au Diable vn qui deuale,
Vn chacun sans parler se tient clos & couuert.
Or comme à coups de pieds l'huis s'estoit presque ouuert,
Tout de bon le Guet vint, la quenaille fait Gille,
Et moy qui iusques-là demeurois immobile
Attendant estonné le succez de l'assaut,
Ce pensé-ie il est temps que ie gaigne le haut,
Et troussant mon pacquet de sauuer ma personne :
Ie me veux r'habiller, ie cherche, ie tastonne,
Plus estourdy de peur que n'est vn hanneton :
Mais quoy, plus on se haste & moins auance t'on.
Tout comme par despit se trouuoit souz ma pate,
Au lieu de mon chappeau ie prens vne sauate,
Pour mon pourpoint ses bas, pour mes bas son collet,
Pour mes gands ses souliers, pour les miens vn ballet,
Il sembloit que le Diable eust fait ce tripotage :
Or Ieanne me disoit pour me donner courage,
Si mon compere Pierre est de garde auiourd'huy,
Non, ne vous faschez point, vous n'aurez point d'ennuy.
Cependant sans delay, Messieurs frapent en maistre,
On crie patience, on ouure la fenestre.
Or sans plus m'amuser apres le contenu,
Ie descends doucement pied chaussé l'autre nu,
Et me tapis d'aguet derriere vne muraille,
On ouure & brusquement entra ceste quenaille,
En humeur de nous faire vn assez mauuais tour,
Et moy qui ne leur dist ny bon soir ny bon iour,
Les voyant tous passez ie me sentis alaigre,
Lors dispos du talon ie vais comme vn chat maigre,
I'enfile la venelle, & tout leger d'effroy,

Ie cours vn fort long-temps fans voir derriere moy :
Iufqu'à tans que trouuant du mortier, de la terre,
Du bois, des eflançons, mains plâtras, mainte pierre,
Ie me fentis pluftoft au mortier embourbé,
Que ie ne m'aperçeus que ie fuffe tombé.
 On ne peut efuiter ce que le Ciel ordonne,
Mon âme cependant de colere friffonne,
Et prenant s'elle euft peu le deftin à party,
De defpit à fon nez elle l'euft dementy,
Et m'affeure qu'il euft reparé mon dommage.
Comme ie fus fus pieds enduit comme vne image,
I'entendis qu'on parloit, & marchant à grands pas,
Qu'on difoit haftons-nous ie l'ay laiffé fort bas,
Ie m'aproche, ie voy, defireux de cognoiftre,
Au lieu d'vn Medecin il lui faudroit vn Preftre,
Dift l'autre, puis qu'il eft fi proche de fa fin,
Comment, dift le valet, eftes-vous medecin?
Monfieur pardonnez moy, le Curé ie demande,
Il s'encourt, & difant Adieu me recommande,
Il laiffe là monfieur fafché d'eftre deceu.
Or comme allant toufiours de pres ie l'aperceu,
Ie cogneu que c'eftoit noftre amy, ie l'aproche,
Il me regarde au nez, & riant me reproche
Sans flambeau l'heure indeuë & de pres me voyant
Fangeux comme vn pourceau, le vifage effroyant,
Le manteau fous le bras, la façon affoupie,
Eftes-vous trauaillé de la Licantropie,
Dift-il en me prenant pour me tafter le pous,
Et vous, dy-ie, Monfieur, quelle fiéure auez-vous?
Vous qui tranchez du fage ainfi parmy la ruë,
Faites vous fus vn pied toute la nuict la gruë?
Il voulut me conter comme on l'auoit pipé,
Qu'vn valet du fommeil ou de vin occupé,
Souz couleur d'aller voir vne femme malade

L'auoit galantement payé d'vne caſſade :
Il nous faiſoit bon voir tous deux bien eſtonnez,
Auant iour par la ruë auecq' vn pied de nez,
Luy pour s'eſtre leué eſperant deux piſtoles
Et moy tout las d'auoir receu tant de bricolles.
Il ſe met en diſcours, ie le laiſſe en riant,
Auſſi que ie voyois aux riues d'Oriant
Que l'aurore s'ornant de ſaffran & de roſes,
Se faiſant voir à tous faiſoit voir toutes choſes,
Ne voulant pour mourir qu'vne telle beauté
Me viſt en ſe leuant ſi ſale & ſi crotté,
Elle qui ne m'a veu qu'en mes habits de feſte.
Ie cours à mon logis, ie heurte, ie tempeſte,
Et croyez à frapper que ie n'eſtois perclus :
On m'ouure, & mon valet ne me recognoiſt plus,
Monſieur n'eſt pas ici, que Diable à ſi bonne heure,
Vous frappez comme vn ſourd, quelque temps ie demeure,
Ie le vois, il me voit, & demande eſtonné,
Si le moine bouru m'auoit point promené,
Dieu, comme eſtes-vous fait, il va, moy de le ſuiure,
Et me parle en riant comme ſi ie fuſſe yure,
Il m'allume du feu, dans mon lict ie me mets,
Auec vœu ſi ie puis de n'y tomber iamais,
Ayant à mes deſpens appris ceſte ſentence,
Qui gay fait vne erreur, la boit à repentance,
Et que quand on ſe frotte auecq' les Courtiſants,
Les branles de ſortie en ſont fort deſplaiſants,
Plus on penetre en eux plus on ſent le remeugle,
Et qui troublé d'ardeur entre au bordel aueugle,
Quand il en ſort il a plus d'yeux & plus aigus,
Que Lyncé l'Argonaute ou le ialoux Argus.

A Monsieur Freminet.

Satyre XII.

n dit que le grand Paintre ayant fait vn ouurage,
Des iugemens d'autruy tiroit cest auantage,
Que selon qu'il iugeoit qu'ils estoient vrays, ou faux,
Docile à son profit, reformoit ses defaux,
Or c'estoit du bon tans que la hayne & l'enuye,
Par crimes suposez n'attentoient à la vie,
Que le Vray du Propos estoit cousin germain,
Et qu'vn chacun parloit le cœur dedans la main.
  Mais que seruiroit-il maintenant de pretendre
S'amander par ceux là qui nous viennent reprendre,
Si selon l'interest tout le monde discourt :
Et si la verité n'est plus femme de court :
S'il n'est bon Courtisan, tant frisé peut-il estre;
S'il a bon apetit, qu'il ne iure à son maistre
Des la pointe du iour, qu'il est midy sonné,
Et qu'au logis du Roy tout le monde a disné,
Estrange effronterie en si peu d'importance.
Mais de ce costé là ie leur donrois quittance,
S'ils vouloient s'obliger d'epargner leurs amys,

Où par raison d'estat il leur est bien permis.
  Cecy pourroit suffire à refroidir vne ame
Qui n'ose rien tenter pour la crainte du blasme,
A qui la peur de perdre enterre le talent :
Non pas moy qui me ry d'vn esprit nonchalant,
Qui pour ne faillir point retarde de bien faire :
C'est pourquoy maintenant ie m'expose au vulgaire
Et me donne pour bute aux iugements diuers.
Qu'vn chacun taille, roigne, & glose sur mes vers,
Qu'vn resueur insolent d'ignorance m'accuse
Que ie ne suis pas net, que trop simple est ma Muse,
Que i'ai l'humeur bizarre, inégual le cerueau,
Et s'il luy plaist encor qu'il me relie en veau.
  Auant qu'aller si vite, au moins ie le supplie
Sçauoir que le bon vin ne peut estre sans lie,
Qu'il n'est rien de parfait en ce monde auiourd'huy :
Qu'homme ie suis suget à faillir comme luy :
Et qu'au surplus, pour moy, qu'il se face paroistre
Aussi vray, que pour luy, ie m'efforce de l'estre.
  Mais sçais-tu Freminet ceux qui me blasmeront,
Ceux qui dedans mes vers leurs vices trouueront,
A qui l'Ambition la nuit tire l'oreille,
De qui l'esprit auare en repos ne someille,
Tousiours s'alambiquant apres nouueaux partis,
Qui pour Dieu, ny pour loy, n'ont que leurs apetis,
Qui rodent toute nuict, troublez de ialousie,
A qui l'amour lascif regle la fantasie,
Qui preferent vilains le profit à l'honneur,
Qui par fraude ont rauy les terres d'vn myneur
  Telles sortes de gens vont apres les Pœtes,
Comme apres les hiboux vont criant les Chouëttes.
Leurs femmes vous diront, fuyez ce medisant,
Facheuse est son humeur, son parler est cuisant,
Quoy Monsieur ! n'est-ce pas cest homme à la Satyre,

Qui perdroit son amy, plustost qu'vn mot pour rire,
Il emporte la piéce! & c'est là de par-Dieu,
(Ayant peur que ce soit celle-là du milieu)
Où le soulier les blece, autrement ie n'estime
Qu'aucune eust volonté de m'accuser de crime.

  Car pour elles depuis qu'elles viennent au point,
Elles ne voudroient pas que l'on ne le sçeut point.
Vn grand contentement mal-aisement se celle :
Puis c'est des amoureux la regle vniuerselle,
De defferer si fort à leur affection
Qu'ils estiment honneur leur folle passion.

  Et quand est de l'honneur de leurs maris, ie pense
Qu'aucune à bon escient n'en prendroit la deffence,
Sçachant bien qu'on n'est pas tenu par charité,
De leur donner vn bien qu'elles leur ont osté.

  Voilà le grand mercy que i'auray de mes paines,
C'est le cours du marché des affaires humaines,
Qu'encores qu'vn chacun vaille icy bas son pris
Le plus cher toutesfois est souuent à mépris.

  Or amy ce n'est point vne humeur de médire
Qui m'ayt fait rechercher ceste façon d'écrire,
Mais mon Pere m'aprist que des enseignemens
Les humains aprentifs formoient leurs iugemens,
Que l'exemple d'autruy doibt rendre l'homme sage,
Et guettant à propos les fautes au passage,
Me disoit, considere où cest homme est reduict
Par son ambition, cest autre toute nuict
Boit auec des Putains, engage son domaine,
L'autre sans trauailler, tout le iour se promeyne,
Pierre le bon enfant aux dez a tout perdu,
Ces iours le bien de Iean par decret fut vendu,
Claude ayme sa voisine, & tout son bien luy donne :
Ainsi me mettant l'œil sur chacune personne
Qui valoit quelque chose, ou qui ne valoit rien,

M'aprenoit doucement & le mal & le bien,
Affin que fuyant l'vn, l'autre ie recherchaffe,
Et qu'aux defpens d'autruy fage ie m'enfeignaffe.

 Sçays tu fi ces propos me fçeurent efmouuoir,
Et contenir mon ame en vn iufte deuoir,
S'ils me firent penfer à ce que l'on doit fuiure,
Pour bien & iuftement en ce bas monde viure.

 Ainfi que d'vn voifin le trefpas furuenu
Fait refoudre vn malade en fon lict detenu
A prendre malgré luy tout ce qu'on luy ordonne,
Qui pour ne mourir point de crainte fe pardonne,
De mefmes les efpris debonnaires & doux
Se façonnent prudens, par l'exemple des foux,
Et le blafme d'autruy leur fait ces bons offices,
Qu'il leur aprend que c'eft de vertus, & de vices.

 Or quoy que i'aye fait, fi m'en font-ils reftez,
Qui me pouront par l'age, à la fin eftre oftez,
Ou bien de mes amis auec la remonftrance,
Ou de mon bon Demon fuyant l'intelligence :
Car quoy qu'on puiffe faire eftant homme, on ne peut
Ny viure comme on doit, ny viure comme on veut.
En la terre icy bas il n'habitte point d'Anges :
Or les moins vicieux meritent des loüanges,
Qui fans prendre l'autruy, viuent en bon Chreftien,
Et font ceux qu'on peut dire & faincts & gens de bien.

 Quand ie fuis à par moy fouuent ie m'eftudie,
(Tant que faire fe peut) apres la maladie
Dont chacun eft blecé, ie penfe à mon deuoir,
I'ouure les yeux de l'ame, & m'efforce de voir
Au trauers d'vn chacun, de l'efprit ie m'efcrime,
Puis deffus le papier mes caprices ie rime,
Dedans vne Satyre, où d'vn œil doux amer,
Tout le monde s'y voit, & ne s'y fent nommer.

 Voilà l'vn des pechez, où mon ame eft encline,

On dit que pardonner eſt vne œuure diuine,
Celuy m'obligera qui voudra m'excuſer,
A ſon gouſt toutesfois chacun en peut vſer :
Quant à ceux du meſtier, ils ont de quoy s'ebatre,
Sans aller ſur le pré nous nous pouuons combatre,
Nous montrant ſeulement de la plume ennemis,
En ce cas là du Roy les duëls ſont permis :
Et faudra que bien forte ils facent la partie,
Si les plus fins d'entre eux s'en vont ſans repartie.
   Mais c'eſt vn Satyrique il le faut laiſſer là :
Pour moi i'en ſuis d'auis, & cognois à cela
Qu'ils ont vn bon eſprit, Corſaires à Corſaires,
L'vn l'autre s'attaquant, ne font pas leurs affaires.

Macette

Satyre XIII.

a fameuse Macette à la Cour si connuë,
Qui s'est aux lieux d'honneur en credit maintenuë,
Et qui depuis dix ans, iusqu'en ses derniers iours,
A soustenu le prix en l'escrime d'amours,
Lasse en fin de seruir au peuple de quintaine,
N'estant passe-volant, soldat ny capitaine,
Depuis les plus chetifs iusques aux plus fendants,
Qu'elle n'ait desconfit & mis dessus les dents,
Lasse, di-ie, & non soule enfin s'est retiree
Et n'a plus autre obiet que la voute Etheree,
Elle qui n'eust auant que plorer son delit
Autre ciel pour obiet que le ciel de son lict,
A changé de courage, & confitte en destresse
Imite auec ses pleurs la saincte pecheresse,
Donnant des sainctes loix à son affection,
Elle a mis son amour à la deuotion.
Sans art elle s'habille & simple en contenance,
Son teint mortifié presche la continence,
Clergesse elle fait jà la leçon aux prescheurs,

Elle lit sainct Bernard, la Guide des Pecheurs,
Les Meditations de la mere Therese,
Sçait que c'est qu'hypostase, auecque synderese;
Iour & nuict elle va de conuent en conuent,
Visite les saincts lieux, se confesse souuent,
A des cas reseruez grandes intelligences,
Sçait du nom de Iesus toutes les Indulgences;
Que valent chapelets, grains benits enfilez,
Et l'ordre du cordon des peres recollez.
Loin du monde elle fait sa demeure & son giste;
Son œil tout penitent ne pleure qu'eau beniste,
En fin c'est vn exemple en ce siecle tortu
D'amour, de charité, d'honneur & de vertu.
Pour Beate par tout le peuple la renomme,
Et la Gazette mesme a des-ià dit à Rome
La voyant aymer Dieu & la chair maistriser
Qu'on n'attend que sa mort pour la canoniser.
Moy mesme qui ne croy de leger aux merueilles,
Qui reproche souuent mes yeux & mes oreilles,
La voyant si changée en vn temps si subit,
Ie creu qu'elle l'estoit d'ame comme d'habit,
Que Dieu la retiroit d'vne faute si grande,
Et disois à par moy, mal vit qui ne s'amende;
Ià des-ià tout deuot contrit & penitent,
Ie fus à son exemple esmeu d'en faire autant,
Quand par arrest du Ciel qui hait l'hypocrisie,
Au logis d'vne fille où i'ay ma fantaisie,
N'ayant pas tout à fait mis fin à ses vieux tours,
La vieille me rendit tesmoin de ses discours.
Tapy dans vn recoin & couuert d'vne porte
I'entendy son propos, qui fut de ceste sorte;
Ma fille, Dieu vous garde & vous vueille benir,
Si ie vous veux du mal, qu'il me puisse aduenir,
Qu'eussiez vous tout le bien dont le Ciel vous est chiche,

L'ayant ie n'en seroy plus pauure ny plus riche.:
Car n'estant plus du monde au bien ie ne pretens,
Ou bien si i'en desire, en l'autre ie l'attens,
D'autre chose icy bas, le bon Dieu ie ne prie:
A propos, sçauez-vous? on dit qu'on vous marie,
Ie sçay bien vostre cas, vn homme grand, adroit,
Riche & Dieu sçait s'il a tout ce qu'il vous faudroit,
Il vous ayme si fort, aussi pourquoy ma fille
Ne vous aimeroit-il, vous estes si gentille,
Si mignonne & si belle, & d'vn regard si doux,
Que la beauté plus grande est laide aupres de vous :
Mais tout ne respond pas au traict de ce visage,
Plus vermeil qu'vne rose & plus beau qu'vn nuage,
Vous deuriez estant belle auoir de beaux habits,
Esclater de satin, de perles, de rubis.
Le grand regret que i'ay, non pas à Dieu ne plaise,
Que i'en ay de vous voir belle & bien à vostre aise :
Mais pour moy ie voudrois que vous eussiez au moins
Ce qui peut en amour satisfaire à vos soins,
Que cecy fust de soye & non pas d'estamine.
Ma foy les beaux habits seruent bien à la mine,
On a beau s'agencer & faire les doux yeux,
Quand on est bien paré on en est tousiours mieux :
Mais sans auoir du bien, que sert la renommee?
C'est vne vanité confusement semee,
Dans l'esprit des humains vn mal d'opinion,
Vn faux germe auorté dans nostre affection.
Ces vieux contes d'honneur dont on repaist les Dames
Ne sont que des appas pour les debiles ames
Qui sans chois de raison ont le cerueau perclus.
L'honneur est vn vieux sainct que l'on ne chomme plus.
Il ne sert plus de rien, sinon d'vn peu d'excuse,
Et de sot entretien pour ceux là qu'on amuse,
Ou d'honneste refus quand on ne veut aymer,

Il eſt bon en diſcours pour ſe faire eſtimer :
Mais au fonds c'eſt abus ſans excepter perſonne,
La ſage le ſçait vendre où la ſotte le donne.
  Ma fille c'eſt par là qu'il vous en faut auoir,
Nos biens comme nos maux ſont en noſtre pouuoir,
Fille qui ſçait ſon monde a ſaiſon oportune,
Chacun eſt artiſan de ſa bonne fortune,
Le mal-heur par conduite au bonheur cedera.
Aydez vous ſeulement & Dieu vous aydera.
Combien pour auoir mis leur honneur en ſequeſtre,
Ont elles aux atours eſchangé le limeſtre,
Et dans les plus hauts rangs eſleué leurs maris :
Ma fille c'eſt ainſi que l'on vit à Paris,
Et la vefue auſſi bien comme la mariee,
Celle eſt chaſte ſans plus qui n'en eſt point priee.
Toutes au fait d'amour ſe chauſſent en vn poinct
Et Ieanne, que tu vois dont on ne parle point,
Qui fait ſi doucement la ſimple & la diſcrete
Elle n'eſt pas plus chaſte, ains elle eſt plus ſecrete,
Elle a plus de reſpect non moins de paſſion
Et cache ſes amours ſous ſa diſcretion.
Moy meſme croiriez vous pour eſtre plus âgee
Que ma part comme on dit en fuſt deſià mangee,
Non ma foy ie me ſents & dedans & dehors
Et mon bas peut encor vſer deux ou trois corps.
Mais chaſque âge a ſon temps, ſelon le drap la robe,
Ce qu'vn temps on a trop en l'autre on le deſrobe :
Eſtant ieune i'ay ſceu bien vſer des plaiſirs,
Ores i'ay d'autres ſoins en ſemblables deſirs,
Ie veux paſſer mon temps & couurir le myſtere,
On trouue bien la cour dedans vn monaſtere,
Et apres maint eſſay en fin i'ay reconnu
Qu'vn homme comme vn autre eſt vn moine tout nu,
Puis outre le ſainct væu qui ſert de couuerture,

Ils font trop obligez au secret de nature
Et sçauent plus discrets apporter en aymant,
Auecque moins d'esclat plus de contentement.
C'est pourquoy desguisant les boüillons de mon ame,
D'vn long habit de cendre enuelopant ma flame,
Ie cache mon dessein aux plaisirs adonné,
Le peché que l'on cache est demi pardonné,
La faute seullement ne gist en la deffence,
Le scandale & l'opprobre est cause de l'offence,
Pourueu qu'on ne le sçache il n'importe comment,
Qui peut dire que non ne peche nullement,
Puis la bonté du Ciel nos offences surpasse,
Pourueu qu'on se confesse on a tousiours sa grace,
Il donne quelque chose à nostre passion,
Et qui ieune n'a pas grande deuotion,
Il faut que pour le monde à la feindre il s'exerce :
« *C'est entre les deuots vn estrange commerce,*
« *Vn trafic par lequel au ioly temps qui court,*
« *Toute affaire fascheuse est facile à la Cour.*
Ie sçay bien que vostre âge encore ieune & tendre,
Ne peut ainsi que moy ces mysteres comprendre :
Mais vous deuriez ma fille en l'âge où ie vous voy,
Estre riche, contente, auoir fort bien dequoy,
Et pompeuse en habits, fine, accorte & rusee,
Reluire de ioyaux ainsi qu'vne espousée :
Il faut faire vertu de la necessité,
Qui sçait viure icy bas n'a iamais pauureté,
Puis qu'elle vous deffend des dorures l'vsage,
Il faut que les brillants soient en vostre visage,
Que vostre bonne grace en acquiere pour vous :
« *Se voir du bien, ma fille, il n'est rien de si doux,*
« *S'enrichir de bonne heure est vne grand' sagesse,*
« *Tout chemin d'acquerir se ferme à la vieillesse*
« *A qui ne reste rien auec la pauureté,*

« Qu'vn regret espineux d'auoir iadis esté,
Où lors qu'on a du bien, il n'est si decrepite
Qui ne trouue (en donnant) couuercle à sa marmite.
   Non, non, faites l'amour, & vendez aux amans
Vos accueils, vos baisers & vos embrassemens,
C'est gloire & non pas honte en ceste douce peine
Des acquests de son lict accroistre son domaine,
Vendez ces doux regards, ces attraicts, ces appas,
Vous mesme vendez vous, mais ne vous liurez pas;
Conseruez vous l'esprit, gardez vostre franchise,
Prenez tout s'il se peut, ne soyez iamais prise.
Celle qui par amour s'engage en ces mal-heurs,
Pour vn petit plaisir, a cent mille douleurs,
Puis vn homme au desduit ne vous peut satisfaire,
Et quand plus vigoureux il le pourroit bien faire;
Il faut tondre sur tout & changer à l'instant,
L'enuie en est bien moindre & le gain plus contant.
Sur tout soyez de vous la maistresse & la dame,
Faites s'il est possible, vn miroir de vostre ame,
Qui reçoit tous obiects & tout content les pert,
Fuyez ce qui vous nuist, aymez ce qui vous sert,
Faites profit de tout, & mesme de vos pertes,
A prendre sagement ayez les mains ouuertes;
Ne faites s'il se peut iamais present ny don,
Si ce n'est d'vn chabot pour auoir vn gardon.
Par fois on peut donner pour les galands attraire,
A ces petits presents ie ne suis pas contraire,
Pourueu que ce ne soit que pour les amorcer :
Les fines en donnant se doiuent efforcer
A faire que l'esprit & que la gentillesse
Face estimer les dons & non pas la richesse.
Pour vous estimez plus qui plus vous donnera,
Vous gouuernant ainsi Dieu vous assistera,
Au reste n'espargnez ny Gaultier ni Garguille;

Qui se trouuera pris ie vous pri' qu'on l'estrille,
Il n'est que d'en auoir, le bien est tousiours bien,
Et ne vous doit chaloir ny de qui, ny combien.
Prenez à toutes mains, ma fille & vous souuienne,
Que le gain a bon goust de quelque endroit qu'il vienne.
Estimez vos amans selon le reuenu :
Qui donnera le plus qu'il soit le mieux venu,
Laissez la mine à part, prenez garde à la somme,
Riche vilain vaut mieux que pauure Gentil-homme :
Ie ne iuge pour moy les gens sur ce qu'ils sont,
Mais selon le profit & le bien qu'ils me font.
Quand l'argent est meslé l'on ne peut reconnoistre
Celuy du seruiteur d'auec celuy du maistre,
L'argent d'vn cordon bleu n'est pas d'autre façon
Que celuy d'vn fripier ou d'vn aide à maçon,
Que le plus & le moins y mette difference
Et tienne seullement la partie en souffrance;
Que vous restablirez du iour au lendemain
Et tousiours retenez le bon bout à la main,
De crainte que le temps ne destruise l'affaire.
Il faut suiure de pres le bien que l'on differe
Et ne le differer qu'entant que l'on le peut,
Ou se puisse aisement restablir quand on veut.
Tous ces beaux suffisans, dont la cour est semee,
Ne sont que triacleurs & vendeurs de fumee,
Ils sont beaux, bien peignez, belle barbe au menton :
Mais quand il faut payer, au diantre le teston,
Et faisant des mouuans & de l'ame saisie,
Ils croyent qu'on leur doit pour rien la courtoisie,
Mais c'est pour leur beau nez : le puits n'est pas commun,
Si i'en auois vn cent, ils n'en auroient pas vn.
   Et le Poëte croté auec sa mine austere
Vous diriez à le voir que c'est vn secretaire;
Il va melancolique & les yeux abaissez,

Comme vn Sire qui plaint ses parens trespassez,
Mais Dieu sçait, c'est vn homme aussi bien que les autres.
Iamais on ne luy voit aux mains des patenostres,
Il hante en mauuais lieux, gardez vous de cela,
Non, si i'estoy de vous, ie le planteroy là.
Et bien il parle liure, il a le mot pour rire :
Mais au reste apres tout, c'est vn homme à Satyre,
Vous croiriez à le voir qu'il vous deust adorer,
Gardez, il ne faut rien pour vous des-honorer.
Ces hommes mesdisans ont le feu sous la leure,
Ils sont matelineurs, prompts à prendre la cheure,
Et tournent leurs humeurs en bijarres façons,
Puis ils ne donnent rien si ce n'est des chansons :
Mais non, ma fille non, qui veut viure à son aise,
Il ne faut simplement vn amy qui vous plaise,
Mais qui puisse au plaisir ioindre l'vtilité,
En amour autrement c'est imbecilité,
Qui le fait à credit n'a pas grande resource,
On y fait des amis, mais peu d'argent en bourse.
Prenez moy ces Abbez, ces fils de financiers
Dont depuis cinquante ans les peres vsuriers,
Volans à toutes mains, ont mis en leur famille
Plus d'argent que le Roy n'en a dans la Bastille,
C'est là que vostre main peut faire de beaux cous,
Ie sçay de ces gens là qui languissent pour vous :
Car estant ainsi ieune en vos beautez parfaites,
Vous ne pouuez sçauoir tous les coups que vous faites,
Et les traicts de vos yeux haut & bas eslancez,
Belle, ne voyent pas tous ceux que vous blessez,
Tel s'en vient plaindre à moy qui n'ose le vous dire,
Et tel vous rit de iour qui toute nuict souspire,
Et se plaint de son mal, d'autant plus vehement,
Que vos yeux sans dessein le font innocemment.
En amour l'innocence est vn sçauant mystere,

Pourueu que ce ne soit vne innocence austere,
Mais qui sçache par art donnant vie & trespas,
Feindre auecques douceur qu'elle ne le sçait pas :
Il faut aider ainsi la beauté naturelle,
L'innocence autrement est vertu criminelle,
Auec elle il nous faut & blesser & garir,
Et parmy les plaisirs faire viure & mourir.
Formez vous des desseins dignes de vos merites,
Toutes basses amours sont pour vous trop petites,
Ayez dessein aux dieux, pour de moindres beautez
Ils ont laissé iadis les cieux des-habitez.

 Durant tous ces discours, Dieu sçait l'impatience :
Mais comme elle a tousiours l'œil à la deffiance,
Tournant deçà delà vers la porte où i'estois,
Elle vist en sursaut comme ie l'escoutois,
Elle trousse bagage, & faisant la gentille,
Ie vous verray demain, à Dieu, bon soir ma fille.
Ha vieille, dy-ie lors, qu'en mon cœur ie maudis,
Est-ce là le chemin pour gaigner Paradis,
Dieu te doint pour guerdon de tes œuures si sainctes,
Que soient auant ta mort tes prunelles esteintes,
Ta maison descouuerte & sans feu tout l'Hyuer,
Auecque tes voisins iour & nuict estriuer
Et trainer sans confort triste & desesperee,
Vne pauure vieillesse & tousiours alteree.

Satyre XIIII.

J'ay pris cent & cent fois la lanterne en la main
Cherchant en plain midy parmy le genre humain,
Vn homme qui fuſt homme & de faict & de mine
Et qui peuſt des vertus paſſer par l'eſtamine :
Il n'eſt coing & recoing que ie n'aye tanté
Depuis que la nature icy bas m'a planté.
Mais tant plus ie me lime & plus ie me rabote,
Ie croy qu'à mon aduis tout le monde radote,
Qu'il a la teſte vuide & ſans deſſus deſſous
Ou qu'il faut qu'au rebours ie ſois l'vn des plus fous.
 C'eſt de noſtre folie vn plaiſant ſtratageſme,
Se flattant de iuger les autres par ſoy-meſme.
 Ceux qui pour voyager s'embarquent deſſus l'eau,
Voyent aller la terre & non pas leur vaiſſeau,
Peut eſtre ainſi trompé que fauſſement ie iuge,
Toutesfois ſi les fous ont leur ſens pour refuge,
Ie ne ſuis pas tenu de croire aux yeux d'autruy.
Puis, i'en ſçay pour le moins autant ou plus que luy.
 Voylà fort bien parlé ſi l'on me vouloit croire,
Sotte preſomption vous m'enyurez ſans boire.

Mais apres en cherchant auoir autant couru
Qu'aux Auans de Noel fait le Moyne Bourru,
Pour retrouuer vn homme enuers qui la Satyre
Sans flater, ne trouuast que mordre & que redire,
Qui sceust d'vn chois prudent toute chose éplucher,
Ma foy si ce n'est vous ie n'en veux plus chercher.
Or ce n'est point pour estre esleué de fortune,
Aux sages comme aux fous c'est chose assez commune,
Elle auance vn chacun sans raison & sans chois,
Les fous sont aux echets les plus proches des Roys.
 Aussi mon iugement sur cela ne se fonde,
Au compas des grandeurs ie ne iuge le monde,
L'esclat de ces clinquans ne m'esblouit les yeux,
Pour estre dans le Ciel ie n'estime les Dieux,
Mais pour s'y maintenir & gouuerner de sorte
Que ce tout en deuoir reglement se comporte,
Et que leur prouidence egallement conduit
Tout ce que le Soleil en la terre produit.
Des hommes tout ainsi ie ne puis recognoistre
Les grans : mais bien ceux là qui meritent de l'estre,
Et de qui le merite indomtable en vertu,
Force les accidens & n'est point abatu,
Non plus que de farceurs ie n'en puis faire conte.
Ainsi que l'vn descend on voit que l'autre monte,
Selon ou plus ou moins que dure le roollet,
Et l'habit faict sans plus le maistre ou le vallet.
De mesme est de ces gens dont la grandeur se ioüe,
Auiourd'huy gros, enflez sur le haut de la roüe,
Ilz font vn personnage, & demain renuersez ,
Chacun les met au rang des pechez effacez.
La faueur est bizarre, à traitter indocille,
Sans arrest, inconstante, & d'humeur difficille,
Auecq' discretion il la faut carasser :
L'vn la perd bien souuent pour la trop embrasser,

Ou pour s'y fier trop, l'autre par infolence,
Ou pour auoir trop peu ou trop de violence,
Ou pour fe la promettre ou fe la defnier,
En fin c'eſt vn caprice eſtrange à manier,
Son Amour eſt fragile & fe rompt comme verre,
Et faiɛt aux plus Matois donner du ne{ en terre.
  Pour moy ie n'ay point veu parmy tant d'auance{,
Soit de ces temps icy, foit des fiecles paſſe{,
Homme que la fortune ayt tafché d'introduire,
Qui durant le bon vent ait fceu fe bien conduire.
Or d'eſtre cinquante ans aux honneurs eſleué,
Des grands & des petits dignement approuué,
Et de fa vertu propre aux malheurs faire obſtacle,
Ie n'ay point veu de fots auoir faiɛt ce miracle.
Auſſi pour difcerner & le bien & le mal,
Voir tout, congnoiſtre tout, d'vn œil toufiours égal,
Manier dextrement les deſſeins de nos Princes,
Refpondre à tant de gens de diuerſes Prouinces,
Eſtre des-eſtrangers pour Oracle tenu,
Preuoir tout accident auant qu'eſtre aduenu,
Deſtourner par prudence vne mauuaife affaire,
Ce n'eſt pas chofe ayfée ou trop facille à faire.
Voilà comme on conferue auecq' le iugement
Ce qu'vn autre diſſipe & perd imprudemment :
Quand on fe bruſle au feu que foi mefme on attife,
Ce n'eſt point accident, mais c'eſt vne fottife.
Nous fommes du bon-heur de nous mefme artifans
Et fabriquons nos iours ou fafcheux ou plaifans,
La fortune eſt à nous & n'eſt mauuaife ou bonne
Que felon qu'on la forme ou bien qu'on fe la donne.
  A ce point le mal-heur amy comme ennemy,
Trouuant au bord d'vn puis vn enfant endormy,
En rifque d'y tomber à fon ayde s'auance
Et luy parlant ainfi, le refueille & le tance :

Sus badin leuez-vous : si vous tombiez dedans,
De douleur vos parens comme vous imprudens,
Croyant en leur esprit que de tout ie dispose,
Diroient en me blasmant que i'en serois la cause.
 Ainsi nous seduisant d'vne fauce couleur,
Souuent nous imputons nos fautes au mal-heur
Qui n'en peut mais, mais quoy! l'on le prend à partie,
Et chacun de son tort cherche la garantie.
Et nous pensons bien fins, soit veritable ou faux,
Quand nous pouuons couurir d'excuses nos defaux :
Mais ainsi qu'aux petis aux plus grands personnages
Sondez tout iusqu'au fond, les fous ne sont pas sages.
 Or c'est vn grand chemin iadis assez frayé,
Qui des rimeurs François ne fut oncq' essayé,
Suiuant les pas d'Horace entrant en la carriere,
Ie trouue des humeurs de diuerse maniere,
Qui me pourroient donner subiect de me mocquer,
Mais qu'est-il de besoin de les aller chocquer?
Chacun ainsi que moy sa raison fortifie,
Et se forme à son goust vne philosophie,
Ils ont droit de leur cause & de la contester,
Ie ne suis chicanneur & n'aime à disputer.
 Gallet a sa raison, & qui croira son dire,
Le hazard pour le moins luy promet vn Empire,
Toutesfois au contraire, estant leger & net,
N'ayant que l'esperance & trois dez au cornet,
Comme sur vn bon fond de rente ou de receptes
Dessus sept ou quatorze il assigne ses debtes,
Et trouue sur cela qui luy fournit dequoy :
Ils ont vne raison qui n'est raison pour moy,
Que ie ne puis comprendre, & qui bien l'examine :
Est-ce vice ou vertu qui leur fureur domine?
 L'vn alleché d'espoir de gaigner vingt pour cent,
Ferme l'œil à sa perte, & librement consent

Que l'autre le defpouille & fes meubles engage,
Mefmes s'il eſt befoin baille fon heritage.
　Or le plus fot d'entre eux, ie m'en rapporte à luy,
Pour l'vn il perd fon bien, l'autre celuy d'autruy,
Pourtant c'eſt vn traficq qui fuit toufiours fa route,
Où bien moins qu'à la place on a fait banqueroute,
Et qui dans le brelan fe maintient brauement,
N'en defplaife aux arreſts de noſtre Parlement.
Penfez vous fans auoir ces raifons toutes preſtes,
Que le Sieur de Prouins perfiſte en fes requeſtes,
Et qu'il ait fans efpoir d'eſtre mieux à la Court,
A fon long balandran changé fon manteau court,
Bien que depuis vingt ans fa grimace importune
Ayt à fa desfaueur obſtiné la fortune.
　Il n'eſt pas le Coufin qui n'ait quelque raifon,
De peur de reparer, il laiſſe fa maifon,
Que fon lict ne defonce, il dort deſſus la dure,
Et n'a, crainte du chaud, que l'air pour coüuerture :
Ne fe pouuant munir encontre tant de maux
Dont l'air intemperé faict guerre aux animaux,
Comme le chaud, le froid, les frimas & la pluye,
Et mil autres accidens, bourreaux de noſtre vie.
Luy felon fa raifon fouz eux il s'eſt foufmis,
Et forçant la Nature il les a pour amis.
Il n'eſt point enreumé pour dormir fur la terre,
Son poulmon enflammé ne touſſe le caterre,
Il ne craint ny les dents ny les defluctions
Et fon corps a tout fain libres fes fonctions,
En tout indifferent tout eſt à fon vfage,
On dira qu'il eſt foux ie croy qu'il n'eſt pas fage,
Que Diogene auſſi fuſt vn foux de tout point,
C'eſt ce que le Coufin comme moy ne croit point.
Ainfi ceſte raifon eſt vne eſtrange beſte,
On l'a bonne felon qu'on a bonne la teſte,

Qu'on imagine bien du sens comme de l'œil,
Pour grain ne prenant paille, ou Paris pour Corbeil.
 Or suiuant ma raison & mon intelligence,
Mettant tout en auant & soin & diligence,
Et criblant mes raisons pour en faire vn bon chois,
Vous estes à mon gré l'homme que ie cherchois :
Afin doncq' qu'en discours le temps ie ne consomme,
Ou vous estes le mien, ou ie ne veux point d'homme.
Qu'vn chacun en ait vn ainsi qu'il luy plaira,
Rozete nous verrons qui s'en repentira.
 Vn chacun en son sens selon son chois abonde,
Or m'ayant mis en goust des hommes & du monde,
Reduisant brusquement le tout en son entier
Encor faut il finir par vn tour du mestier.
 On dit que Iupiter Roy des Dieux & des hommes,
Se promenant vn iour en la terre où nous sommes,
Receut en amitié deux hommes apparens,
Tous deux d'age pareils, mais de mœurs differens,
L'vn auoit nom Minos, l'autre auoit nom Tantale :
Il les esleue au Ciel, & d'abord leur estale
Parmy les bons propos, les graces & les ris,
Tout ce que la faueur depart aux fauoris,
Ils mangeoient à sa table, aualoient l'ambrosie,
Et des plaisirs du Ciel souloient leur fantasie ;
Ils estoient comme chefs de son Conseil priué :
Et rien n'estoit bien fait qu'ils n'eussent approuué.
Minos eut bon esprit, prudent, accord & sage,
Et sceut iusqu'à la fin iouer son personnage,
L'autre fut vn langard, reuelant les secrets
Du Ciel & de son Maistre aux hommes indiscrets,
L'vn auecque prudence au Ciel s'impatronise,
Et l'autre en fut chassé comme vn peteux d'Eglise.

Satyre XV.

uy i'escry rarement & me plais de le faire.
Non pas que la paresse en moy soit ordinaire,
Mais si tost que ie prens la plume à ce dessein,
Ie croy prendre en galere vne rame en la main,
Ie sen au second vers que la Muse me dicte,
Et contre sa fureur ma raison se despite.
Or si par fois i'escry suiuant mon Ascendant,
Ie vous iure encor est-ce à mon corps deffendant,
L'astre qui de naissance à la Muse me lie,
Me fait rompre la teste apres ceste folie,
Que ie recongnois bien : mais pourtant, malgré moy
Il faut que mon humeur fasse ioug à sa loy,
Que ie demande en moy ce que ie me desnie,
De mon ame & du Ciel, estrange tyrannie ;
Et qui pis est, ce mal qui m'afflige au mourir,
S'obstine aux recipez & ne se veut guarir,
Plus on drogue ce mal & tant plus il s'empire,
Il n'est point d'Elebore assez en Anticire,
Reuesche à mes raisons il se rend plus mutin
Et ma philosophie y perd tout son Latin.

Or pour estre incurable il n'est pas necessaire,
Patient en mon mal que ie m'y doiue plaire,
Au contraire il m'en fasche & m'en desplais si fort
Que durant mon accez ie voudrois estre mort:
Car lors qu'on me regarde, & qu'on me iuge vn poëte,
Et qui par consequent a la teste mal faite,
Confus en mon esprit ie suis plus desolé,
Que si i'estois maraut, ou ladre, ou verollé.
 Encor' si le transport dont mon ame est saisie,
Auoit quelque respect durant ma frenaisie,
Qu'il se reglast selon les lieux moins importans,
Ou qu'il fist choix des iours, des hommes ou du temps,
Et que lors que l'hyuer me renferme en la chambre,
Aux iours les plus glacez de l'engourdy Nouembre,
Apollon m'obsedast, i'aurois en mon malheur,
Quelque contentement à flater ma douleur.
 Mais aux iours les plus beaux de la saison nouuelle
Que Zephire en ses rets surprend Flore la belle,
Que dans l'air les oyseaux, les poissons en la mer,
Se pleignent doucement du mal qui vient d'aymer,
Ou bien lors que Ceres de fourment se couronne,
Ou que Bacchus souspire amoureux de Pomone,
Ou lors que le saffran, la derniere des fleurs,
Dore le Scorpion de ses belles couleurs,
C'est alors que la verue insolemment m'outrage,
Que la raison forcee obeyt à la rage,
Et que sans nul respect des hommes ou du lieu,
Qu'il faut que i'obeisse aux fureurs de ce Dieu:
Comme en ces derniers iours les plus beaux de l'annee,
Que Cibelle est par tout de fruicts enuironnee,
Que le paysant recueille emplissant à miliers
Greniers, granges, chartis, & caues & celiers,
Et que Iunon riant d'vne douce influance,
Rend son œil fauorable aux champs qu'on ensemence,

Que ie me resoudois loing du bruit de Paris
Et du soing de la Cour ou de ses fauoris,
M'esgayer au repos que la campagne donne,
Et sans parler Curé, Doyen, Chantre, ou Sorbonne,
D'vn bon mot faire rire en si belle saison,
Vous, vos chiens & vos chats, & toute la maison,
Et là dedans ces champs que la riuiere d'Oyse,
Sur des arenes d'or en ses bors se degoyse,
(Seiour iadis si doux à ce Roy qui deux fois
Donna Sydon en proye à ses peuples François)
Faire meint soubre-saut, libre de corps & d'ame,
Et froid aux appetis d'vne amoureuse flame,
Estre vuide d'amour comme d'ambition,
Des gallands de ce temps horrible passion.
 Mais à d'autres reuers ma fortune est tournee,
Dés le iour que Phœbus nous monstre la iournee,
Comme vn hiboux qui fuit la lumiere & le iour,
Ie me leue & m'en vay dans le plus creux seiour
Que Royaumont recelle en ses forests secrettes,
Des renards & des loups les ombreuses retraittes,
Et là malgré mes dents rongeant & rauassant,
Polissant les nouueaux, les vieux rapetassant,
Ie fay des vers, qu'encor qu'Apollon les aduouë,
Dedans la Cour, peut estre, on leur fera la mouë,
Ou s'ils sont à leur gré bien faicts & bien polis,
I'auray pour recompence, ils sont vrayment iolis :
Mais moy qui ne me reigle aux iugemens des hommes,
Qui dedans & dehors cognoy ce que nous sommes,
Comme le plus souuent ceux qui sçauent le moings,
Sont temerairement & iuges & tesmoings,
Pour blasme ou pour louange ou pour froide parole,
Ie ne fay de leger banqueroute à l'escolle
Du bon homme Empedocle, où son discours m'apprend
Qu'en ce monde il n'est rien d'admirable & de grand

Que l'esprit desdaignant vne chose bien grande,
Et qui Roy de soy-mesme à soy-mesme commande.
   Pour ceux qui n'ont l'esprit si fort ny si trempé,
Afin de n'estre point de soy-mesme trompé,
Chacun se doibt cognoistre, & par vn exercice
Cultiuant sa vertu desraciner son vice,
Et censeur de soy-mesme auec soing corriger
Le mal qui croist en nous, & non le negliger,
Esueiller son esprit troublé de resuerie ;
Comme doncq' ie me plains de ma forcenerie,
Que par art ie m'efforce à regler ses accés,
Et contre mes deffaux que i'intente vn procés,
Comme on voit par exemple en ces vers où i'accuse
Librement le caprice où me porte la Muse,
Qui me repaist de bayè en ses foux passe-temps,
Et malgré moy me faict aux vers perdre le temps,
Ils deuoient à propos tascher d'ouurir la bouche,
Mettant leur iugement sur la pierre de touche,
S'estudier de n'estre en leurs discours trenchans
Par eux mesmes iugez ignares ou meschans,
Et ne mettre sans choix en égalle balance
Le vice, la vertu, le crime, l'insolence.
Qui me blasme auiourd'hui, demain il me louera,
Et peut estre aussi tost il se desaduouera.
La louange est à prix, le hazard la debite,
Où le vice souuent vaut mieux que le merite :
Pour moy ie ne fay cas ny ne me puis vanter
N'y d'vn mal ny d'vn bien que l'on me peut oster.
   Auecq' proportion se depart la louange,
Autrement c'est pour moy du baragouyn estrange,
Le vrai me faict dans moy recognoistre le faux,
Au poix de la vertu ie iuge les deffaux,
I'assine l'enuieux cent ans apres la vie,
Où l'on dit qu'en Amour se conuertit l'Enuie :

Le Iuge sans reproche est la Posterité,
Le temps qui tout descouure en fait la verité,
Puis la monstre à nos yeux, ainsi dehors la terre
Il tire les tresors, & puis les y reserre.

Doncq' moy qui ne m'amuse à ce qu'on dit icy,
Ie n'ay de leurs discours ny plaisir ny soucy,
Et ne m'esmeus non plus quand leur discours fouruoye,
Que d'vn conte d'Vrgande & de ma mere l'Oye.

Mais puis que tout le monde est aueugle en son fait
Et que dessous la Lune il n'est rien de parfait,
Sans plus se controller quand à moy ie conseille
Qu'vn chacun doucement s'excuse à la pareille,
Laissons ce qu'en resuant ces vieux foux ont escrit,
Tant de philosophie embarasse l'esprit,
Qui se contraint au monde il ne vit qu'en torture,
Nous ne pouuons faillir suiuant nostre nature.
Ie t'excuse Pierrot, de mesme excuse moy,
Ton vice est de n'auoir ny Dieu, ny foy, ny loy,
Tu couures tes plaisirs auec l'hypocrisie,
Chupin se taisant veut couurir sa ialousie,
Rison accroist son bien d'vsure & d'interests,
Selon ou plus ou moins Ian donne ses arrests,
Et comme au plus offrant debite la Iustice.
Ainsi sans rien laisser vn chacun a son vice,
Le mien est d'estre libre & ne rien admirer,
Tirer le bien du mal lors qu'il s'en peut tirer,
Sinon adoucir tout par vne indifference,
Et vaincre le mal-heur aueсq' la patience,
Estimer peu de gens, suyure mon vercoquin,
Et mettre à mesme taux le noble & le coquin.
D'autre part ie ne puis voir vn mal sans m'en plaindre,
Quelque part que ce soit ie ne me puis contraindre.
Voyant vn chicaneur riche d'auoir vendu
Son deuoir à celuy qui deust estre pendu,

Vn Aduocat *inſtruire en l'vne & l'autre cauſe,*
Vn Lopet *qui partis deſſus partis propoſe,*
Vn Medecin *remplir les limbes d'auortons,*
Vn Banquier *qui fait Rome icy pour ſix teſtons,*
Vn Prelat *enrichy d'intereſt & d'vſure,*
Plaindre ſon bois ſaiſy pour n'eſtre de meſure,
Vn Ian *abandonnant femme, filles, & ſœurs,*
Payer meſmes en chair iuſques aux rotiſſeurs,
Rouſſet faire le Prince, *& tant d'autre myſtere,*
Mon vice eſt, mon amy, de ne m'en pouuoir taire.
   Or des vices où ſont les hommes attachez,
Comme des petits maux ſont les petits pechez,
Ainſi les moins mauuais ſont ceux dont tu retires
Du bien, comme il aduient le plus ſouuent des pires,
Au moins eſtimez tels : c'eſt pourquoi ſans errer,
Au ſage bien ſouuent on les peut deſirer,
Comme aux Preſcheurs l'audace à reprendre le vice,
La folie aux enfans, aux Iuges l'iniuſtice.
Vien doncq' & regardans ceux qui faillent le moins,
Sans aller rechercher ny preuues ny teſmoins,
Informans de nos faits ſans haine & ſans enuie,
Et iuſqu'au fond du ſac eſpluchons noſtre vie.
   De tous ces vices là, dont ton cœur entaché
N'eſt veu par mes eſcris ſi librement touché,
Tu n'en peux retirer que honte & que dommage,
En vendant la Iuſtice, au Ciel tu fais outrage,
Le pauure tu deſtruis, la veufue & l'orphelin,
Et ruines chacun auecq' ton patelin.
Ainſi conſequemment de tout dont ie t'offence,
Et dont ie ne m'attens d'en faire penitence :
Car parlant librement ie pretens t'obliger
A purger les deffaux, tes vices corriger,
Si tu le fais en fin, en ce cas ie merite,
Puis qu'en quelque façon mon vice te profite.

A Monsieur de Forqueuaus.

Satyre XVI.

uisque le iugement nous croist par le dommage,
Il est temps Forqueuaus, que ie deuienne sage,
Et que par mes trauaux i'apprenne à l'auenir
Comme en faisant l'amour on se doit maintenir:
Apres auoir passé tant & tant de trauerses,
Auoir porté le ioug de cent beautez diuerses,
Auoir en bon soldat combatu nuict & iour,
Ie dois estre routier en la guerre d'Amour,
Et comme vn vieux guerrier blanchi dessous les armes
Sçauoir me retirer des plus chaudes alarmes,
Destourner la fortune, & plus fin que vaillant,
Faire perdre le coup au premier assaillant,
Et sçauant deuenu par vn long exercice,
Conduire mon bonheur auec de l'artifice,
Sans courir comm' vn fou saizy d'aueuglement,
Que le caprice emporte, & non le iugement :
Car l'esprit en amour sert plus que la vaillance,
Et tant plus on s'efforce, & tant moins on auance.
Il n'est que d'estre fin & de soir, ou de nuit,
Surprendre si l'on peut l'ennemy dans le lit.

*Du temps que ma ieuneſſe à l'amour trop ardente
Rendoit d'affection mon ame violente,
Et que de tous coſtés ſans chois ou ſans raiſon
I'allois comme vn limier apres la venaiſon,
Souuent de trop de cœur i'ay perdu le courage,
Et piqué des douceurs d'vn amoureux viſage
I'ay ſi bien combatu, ſerré flanc contre flanc,
Qu'il ne m'en eſt reſté vne goutte de ſang :
Or ſage à mes deſpens i'eſquiue la bataille,
Sans entrer dans le champ i'attens que l'on m'aſſaille,
Et pour ne perdre point le renom que i'ay eu,
D'vn bon mot du vieux temps ie couure tout mon ieu,
Et ſans eſtre vaillant ie veux que l'on m'eſtime,
Ou ſi parfois encor i'entre en [la] vieille eſcrime,
Ie gouſte le plaiſir ſans en eſtre emporté,
Et prens de l'exercice au pris de ma ſanté :
Ie reſigne aux plus forts ces grands coups de maitriſe,
Accablé ſous le fais ie fuy toute entrepriſe,
Et ſans plus m'amuſer aux places de renom
Qu'on ne peut emporter qu'à force de Canon,
I'ayme vne amour facile & de peu de defenſe,
Si ie voi qu'on me rit, c'eſt là que ie m'auance,
Et ne me veux chaloir du lieu, grand ou petit,
La viande ne plaiſt que ſelon l'appetit.
Toute amour a bon gouſt pourueu qu'elle recrée
Et s'elle eſt moins louable, elle eſt plus aſſeurée :
Car quand le ieu déplait ſans ſoupçon, ou danger
De coups, ou de poiſon, il eſt permis changer.
Aymer en trop haut lieu vne Dame hautaine
C'eſt aimer en ſoucy le trauail, & la peine,
C'eſt nourrir ſon amour de reſpect, & de ſoin,
Ie ſuis ſaoul de ſeruir le chapeau dans le poing,
Et fuy plus que la mort l'amour d'vne grand Dame,
Touſiours comme vn forçat il faut eſtre à la rame,*

Nauiger iour, & nuit, & sans profit aucun
Porter tout seul le fais de ce plaisir commun :
Ce n'est pas, Forqueuaus, cela que ie demande,
Car si ie donne vn coup, ie veux qu'on me le rende;
Et que les combatans à l'egal collerez,
Se donnent l'vn à l'autre autant de coups fourez :
C'est pourquoy ie recherche vne ieune fillette
Experte des longtemps à courir l'eguillette,
Qui soit viue & ardente au combat amoureux,
Et pour vn coup receu qui vous en rende deux.
La grandeur en amour est vice insupportable,
Et qui sert hautement est tousiours miserable,
Il n'est que d'estre libre, & en deniers contans,
Dans le marché d'amour acheter du bon temps,
Et pour le prix commun choisir sa marchandise,
Ou si l'on n'en veut prendre au moins on en deuise.
L'on taste, l'on manie & sans dire combien,
On se peut retirer, l'obiect n'en couste rien :
Au sauoureux traffic de ceste mercerie,
I'ay consumé les iours les plus beaux de ma vie,
Marchant des plus rusez & qui le plus souuent,
Payoit ses creanciers de promesse & de vent,
Et encore n'estoit le hazard, & la perte,
I'en voudrois pour iamais tenir boutique ouuerte,
Mais la risque m'en fasche & si fort m'en deplaist
Qu'au malheur que ie crains ie postpose l'acquest,
Si bien que redoutant la verolle & la goutte,
Ie banny ces plaisirs & leur fais banqueroutte,
Et resigne aux mignons, aueuglez en ce ieu,
Auecques les plaisirs tous les maux que i'ay eu,
Les boutons du printemps, & les autres fleurettes
Que l'on cueille au iardin des douces amourettes.
Le Mercure, & l'eau fort me sont à contre-cœur,
Ie hay l'eau de Gaiac, & l'estoufante ardeur

Des fourneaux enfumez où l'on perd sa substance
Et où lon va tirant vn homme en quintessence.
C'est pourquoy tout à coup ie me suis retiré,
Voulant d'oresnauant demeurer asseuré,
Et comme vn marinier eschappé de l'orage,
Du haure seurement contempler le naufrage,
Ou si par fois encor ie me remets en mer,
Et qu'vn œil enchanteur me contraigne d'aymer,
Combattant mes esprits par vne douce guerre
Ie veux en seureté nauiger terre à terre :
Ayant premierement visité le vaisseau,
S'il est bien calfeutré, ou s'il ne prend point l'eau.
Ce n'est pas peu de cas de faire vn long voyage,
Ie tiens vn homme fous qui quitte le riuage,
Qui s'abandonne aux vents, & pour trop presumer
Se commet aux hazards de l'amoureuse mer :
Expert en ses trauaux pour moy ie la deteste,
Et la fuy tout ainsi comme ie fuy la peste.

 Mais aussi, Forqueuaus, comme il est mal-aisé
Que nostre esprit ne soit quelquefois abusé
Des appas enchanteurs de cest enfant volage,
Il faut vn peu baisser le col sous le seruage,
Et donner quelque place aux plaisirs sauoureux :
Car c'est honte de viure & de n'estre amoureux :
Mais il faut en aymant s'aider de la finesse,
Et sçauoir rechercher vne simple maistresse,
Qui sans vous asseruir vous laisse en liberté,
Et ioigne le plaisir auecq la seureté,
Qui ne sache que c'est que d'estre courtisee,
Qui n'ait de maint amour la poitrine embrasee,
Qui soit douce & nicette, & qui ne sache pas,
Apprentiue au mestier, que vallent les appas,
Que son œil, & son cœur, parlent de mesme sorte,
Qu'aucune affection hors de soy ne l'emporte,

9

Bref qui soit toute à nous, tant que la passion
Entretiendra nos sens en ceste affection :
Si parfois son esprit ou le nostre se lasse
Pour moy ie suis d'auis que l'on change de place,
Qu'on se range autre part, & sans regret aucun
D'absence ou de mespris que l'on ayme vn chacun :
Car il ne faut iurer aux beautez d'vne Dame,
Ains changer par le temps & d'amour & de flame.
C'est le change qui rend l'homme plus vigoureux,
Et qui iusqu'au tombeau le faict estre amoureux :
Nature se maintient pour estre variable,
Et pour changer souuent son estat est durable :
Aussi l'affection dure eternellement,
Pourueu sans se lasser qu'on change à tout moment,
De la fin d'vne amour l'autre naist plus parfaitte,
Comme on voit vn grand feu naistre d'vne bluette.

Satyre XVII.

on non i'ay trop de cœur pour laschement me rendre,
L'amour n'est qu'vn enfant dont l'on se peut deffendre,
Et l'homme qui flechit sous sa ieune valleur,
Rend par ses laschetez coulpable son malheur,
Il se defait soy-mesme & soy-mesme s'outrage,
Et doibt son infortune à son peu de courage :
Or moy pour tout l'effort qu'il fasse à me domter,
Rebelle à sa grandeur ie le veux effronter,
Et bien qu'auec les Dieux on ne doiue debattre,
Comme vn nouueau Toitan si le veux-ie combatre,
Auecq' le desespoir ie me veux asseurer,
C'est salut aux vaincuz de ne rien esperer.
Mais helas! c'en est faict quand les places sont prises,
Il n'est plus temps d'auoir recours aux entreprises,
Et les nouueaux desseins d'vn salut pretendu
Ne seruent plus de rien lors que tout est perdu.
Ma raison est captiue en triomphe menee,
Mon ame déconfite au pillage est donnee,
Tous mes sens m'ont laissé seul & mal aduerty,
Et chacun s'est rangé du contraire party,

SATYRE XVII.

Et ne me reste plus de la fureur des armes,
Que des cris, des sanglots, des souspirs & des larmes :
Dont ie suis si troublé qu'encor ne sçay-je pas,
Où pour trouuer secours ie tourneray mes pas.
Aussi pour mon salut que doi-ie plus attendre,
Et quel sage conseil en mon mal puis-ie prendre,
S'il n'est rien icy bas de doux & de clement,
Qui ne tourne visage à mon contentement ?
S'il n'est astre esclairant en la nuict solitaire,
Ennemy de mon bien qui ne me soit contraire,
Qui ne ferme l'oreille à mes cris furieux :
Il n'est pour moy là haut ny clemence, ny Dieux,
Au Ciel comme en la terre il ne faut que i'attende
Ny pitié ny faueur au mal qui me commande,
Car encor' que la dame en qui seule ie vy,
M'ait auecque douceur sous ses loix asseruy,
Que ie ne puisse croire en voyant son visage,
Que le Ciel l'ait formé si beau pour mon dommage,
Ny moins qu'il soit possible en si grande beauté
Qu'auecque la douceur loge la cruauté,
Pourtant toute esperance en mon ame chancelle,
Il suffit pour mon mal que ie la trouue belle.
Amour qui pour obiect n'a que mes desplaisirs,
Rend tout ce que i'adore ingrat à mes desirs,
Toute chose en aymant est pour moy difficile,
Et comme mes souspirs ma peine est infertile.
D'autre part sçachant bien qu'on n'y doit aspirer,
Aux cris i'ouure la bouche & n'ose souspirer,
Et ma peine estouffee auecques le silence,
Estant plus retenue a plus de violence.
Trop heureux si i'auois en ce cruel tourment,
Moins de discretion & moins de sentiment,
Ou sans me relascher à l'effort du martyre,
Que mes yeux, ou ma mort, mon amour peussent dire.

Mais ce cruel enfant infolent deuenu,
Ne peut eſtre à mon mal plus longtemps retenu,
Il me contrainct aux pleurs, & par force m'arrache
Les cris qu'au fond du cœur la reuerence cache.
Puis doncq' que mon respect peut moins que ſa douleur
Ie laſche mon diſcours à l'effort du mal-heur,
Et pouſſé des ennuis dont mon ame eſt atteinte,
Par force ie vous fais ceſte piteuſe plainte,
Qu'encore ne rendrois je en ces derniers efforts,
Si mon dernier ſouſpir ne la iette dehors.
Ce n'eſt pas toutesfois que pour m'eſcouter plaindre,
Ie taſche par ces vers à pitié vous contraindre,
Ou rendre par mes pleurs voſtre œil moins rigoureux,
La plainte eſt inutile à l'homme mal-heureux :
Mais puis qu'il plaiſt au Ciel par vos yeux que ie meure,
Vous direz que mourant ie meurs à la bonne heure,
Et que d'aucun regret mon treſpas n'eſt ſuiuy,
Sinon de n'eſtre mort le iour que ie vous vy,
Si diuine & ſi belle, & d'attrais ſi pourueuë.
Ouy ie deuois mourir des trais de voſtre veuë,
Auec mes triſtes iours mes miſeres finir,
Et par feu comme Hercule immortel deuenir.
I'euſſe bruſlant là-haut en des flammes ſi claires,
Rendu de vos regards tous les Dieux tributaires,
Qui ſeruant comme moy de trophee à vos yeux,
Pour vous aymer en terre euſſent quitté les Cieux.
Eterniſant par tout ceſte haute victoire,
I'euſſe engraué là-haut leur honte & voſtre gloire,
Et comme en vous ſeruant aux pieds de vos Autels,
Ils voudroient pour mourir n'eſtre point immortels.
 Heureuſement ainſi i'euſſe peu rendre l'ame,
Apres ſi bel effect d'vne ſi belle flamme.
Auſſi bien tout le temps que i'ay veſcu depuis,
Mon cœur geſné d'amour n'a veſcu qu'aux ennuis,

Depuis de iour en iour s'eſt mon ame enflammee,
Qui n'eſt plus que d'ardeur & de peine animee,
Sur mes yeux eſgarez ma triſteſſe ſe lit,
Mon age auant le temps par mes maux s'enuieillit,
Au gré des paſſions mes amours ſont contraintes,
Mes vers bruſlans d'amour ne reſonnent que plaintes,
De mon cœur tout fletry l'alegreſſe s'enfuit,
Et mes triſtes penſers comme oyſeaux de la nuict,
Volant dans mon eſprit à mes yeux ſe preſentent,
Et comme ils font du vray du faux ils m'eſpouuantent,
Et tout ce qui repaſſe en mon entendement,
M'apporte de la crainte & de l'eſtonnement :
Car ſoit que ie vous penſe ingrate ou ſecourable,
La playe de vos yeux eſt touſiours incurable,
Touſiours faut il perdant la lumiere & le iour,
Mourir dans les douleurs ou les plaiſirs d'amour.

 Mais tandis que ma mort eſt encore incertaine
Attendant qui des deux mettra fin à ma peine,
Ou les douceurs d'amour, ou bien voſtre rigueur,
Ie veux ſans fin tirer les ſouſpirs de mon cœur,
Et deuant que mourir ou d'vne ou d'autre ſorte,
Rendre en ma paſſion ſi diuine & ſi forte,
Vn viuant teſmoignage à la poſterité,
De mon amour extreſme, & de voſtre beauté,
Et par mille beaux vers que vos beaux yeux m'inſpirent,
Pour voſtre gloire atteindre où les ſçauans aſpirent,
Et rendre memorable aux ſiecles à venir,
De vos rares vertus le noble ſouuenir.

ELEGIE ZELOTIPIQVE.

Bien que ie fçache au vray tes façons & tes rufes,
I'ay tant & fi long temps excufé tes excufes,
Moy-mefme ie me fuis mille fois démenty,
Eftimant que ton cœur par douceur diuerty,
Tiendroit fes lafchetez à quelque confcience :
Mais en fin ton humeur force ma patience.
I'accufe ma foibleffe, & fage à mes defpens,
Si ie t'aymay iadis ores ie m'en repens,
Et brifant tous ces nœuds, dont i'ay tant fait de conte,
Ce qui me fut honneur m'eft ores vne honte.
Penfant m'ofter l'efprit, l'efprit tu m'as rendu,
I'ay regaigné fur moy ce que i'auois perdu,
Ie tire vn double gain d'vn fi petit dommage,
Si ce n'eft que trop tard ie fuis deuenu fage.
Toutes-fois le bon-heur nous doibt rendre contans,
Et pourueu qu'il nous vienne il vient toufiours à temps.
   Mais i'ay doncq' fupporté de fi lourdes iniures,
I'ay doncq' creu de fes yeux les lumieres pariures,
Qui me naurant le cœur me promettoient la paix,
Et donné de la foy à qui n'en eut iamais!

J'ay doncq' leu d'autre main ses lettres contre-faites,
J'ay doncq' sçeu ses façons, recogneu ses deffaites,
Et comment elle endort de douceur sa maison,
Et trouue à s'excuser quelque fauce raison,
Vn procés, vn accord, quelque achapt, quelques ventes,
Visites de cousins, de freres, & de tantes,
Pendant qu'en autre lieu sans femmes & sans bruict,
Sous pretexte d'affaire elle passe la nuict :
Et cependant aueugle en ma peine enflammee,
Ayant sçeu tout cecy ie l'ay tousiours aymee :
Pauure sot que ie suis, ne deuoy-ie à l'instant
Laisser là ceste ingrate & son cœur inconstant?

 Encor' seroit ce peu si d'amour emportee,
Ie n'auois à son teint, & sa mine affettee,
Leu de sa passion les signes euidans,
Que l'amour imprimoit en ses yeux trop ardans.
Mais qu'est il de besoin d'en dire d'auantage,
Iray-ie rafraichir sa honte & mon dommage?
A quoy de ses discours diray-ie le deffaut,
Comme pour me piper elle parle vn peu haut,
Et comme bassement à secretes volees,
Elle ouure de son cœur les flames recelees,
Puis sa voix rehaussant en quelques mots ioyeux,
Elle cuide charmer les ialoux curieux,
Faict vn conte du Roy, de la Reyne, & du Louure,
Quand malgré que i'en aye amour me le découure,
Me déchifre aussi-tost son discours indiscret,
(Helas! rien aux ialoux ne peut estre secret)
Me fait veoir de ses traits l'amoureux artifice,
Et qu'aux soupçons d'amour trop simple est sa malice,
Ces heurtemens de pieds en feignant de s'asseoir,
Faire sentir ses gands, ses cheueux, son mouchoir,
Ces rencontres de mains, & mille autres caresses,
Qu'vsent à leurs amans les plus douces maistresses,

Que ie tais par honneur craignant qu'auecq' le sien
En vn discours plus grand i'engageasse le mien?
    Cherche doncq' quelque sot au tourment insensible,
Qui souffre ce qui m'est de souffrir impossible,
Car pour moy i'en suis las (ingrate) & ie ne puis
Durer plus longuement en la peine où ie suis,
Ma bouche incessamment aux plaintes est ouuerte,
Tout ce que i'apperçoy semble iurer ma perte,
Mes yeux tousiours pleurans de tourment éueillez,
Depuis d'vn bon sommeil ne se sont veuz sillez,
Mon esprit agité fait guerre à mes pensees,
Sans auoir reposé vingt nuicts se sont passees,
Ie vais comme vn Lutin deça delà courant,
Et ainsi que mon corps mon esprit est errant.
Mais tandis qu'en parlant du feu qui me surmonte,
Ie despeins en mes vers ma douleur & ta honte,
Amour dedans le cœur m'assaut si viuement,
Qu'auecque tout desdain ie perds tout iugement.
Vous autres que i'emploie à l'espier sans cesse,
Au logis, en visite, au sermon, à la Messe,
Cognoissant que ie suis amoureux & ialoux,
Pour flatter ma douleur que ne me mentez vous?
Ha pourquoy m'estes vous, à mon dam, si fidelles?
Le porteur est fascheux de fascheuses nouuelles,
Defferez à l'ardeur de mon mal furieux,
Feignez de n'en rien voir, & vous fermez les yeux.
Si dans quelque maison sans femme elle s'arreste,
S'on luy fait au Palais quelque signe de teste,
S'elle rit à quelqu'vn, s'elle appelle vn valet,
S'elle baille en cachete ou reçoyue vn poullet,
Si dans quelque recoin quelque vieille incogneue,
Marmotant vn Pater luy parle ou la saluë,
Déguisez en le fait, parlez m'en autrement,
Trompant ma ialousie & vostre iugement,

Dites moy qu'elle eſt chaſte, & qu'elle en a la gloire,
Car bien qu'il ne ſoit vray ſi ne le puis-ie croire,
De contraires efforts mon eſprit agité,
Douteux s'en court de l'vne à l'autre extremité,
La rage de la hayne & l'amour me tranſporte,
Mais i'ay grand peur enfin que l'amour ſoit plus forte.
Surmontons par meſpris ce deſir indiſcret,
Au moins s'il ne ſe peut l'aymeray-ie à regret,
Le bœuf n'ayme le ioug que toutesfois il traine,
Et meſlant ſagement mon amour à la hayne,
Donnons luy ce que peut ou que doit receuoir
Son merite égallé iuſtement au deuoir.
En Conſeiller d'Eſtat de diſcours ie m'abuſe,
Vn Amour violent aux raiſons ne s'amuſe,
Ne ſçay ie que ſon œil ingrat à mon tourment,
Me donnant ce deſir m'oſta le iugement?
Que mon eſprit bleſſé nul bien ne ſe propoſe,
Qu'aueugle & ſans raiſon ie confonds toute choſe,
Comme vn homme inſenſé qui s'emporte au parler,
Et deſſigne auec l'œil mille chaſteaux en l'air.

C'en eſt fait pour iamais la chance en eſt iettee,
D'vn feu ſi violent mon ame eſt agittee,
Qu'il faut bon-gré, mal-gré laiſſer faire au deſtin,
Heureux ſi par la mort i'en puis eſtre à la fin,
Et ſi ie puis mourant en ceſte freneſie,
Voir mourir mon amour auecq' ma ialouſie.
Mais Dieu que me ſert il en pleurs me conſommer,
Si la rigueur du Ciel me contrainct de l'aymer?
Où le Ciel nous incline à quoy ſert la menace?
Sa beauté me rappelle où ſon deffaut me chaſſe,
Aymant & deſdaignant par contraires efforts,
Les façons de l'eſprit & les beautez du corps :
Ainſi ie ne puis viure auec elle, & ſans elle.
Ha Dieu que fuſſes-tu ou plus chaſte ou moins belle,

Ou peuſſes-tu congnoiſtre, & voir par mon treſpas,
Qu'auecque ta beauté ton humeur ne ſied pas :
Mais ſi ta paſſion eſt ſi forte & ſi viue,
Que des plaiſirs des ſens ta raiſon ſoit captiue,
Que ton eſprit bleſſé ne ſoit maiſtre de ſoy,
Ie n'entends en cela te preſcrire vne loy,
Te pardonnant par moy ceſte fureur extreſme,
Ainſi comme par toy ie l'excuſe en moy meſme :
Car nous ſommes tous deux en noſtre paſſion,
Plus dignes de pitié que de punition.
Encor en ce mal-heur où tu te precipites,
Doibs-tu par quelque ſoin t'obliger tes merites,
Cognoiſtre ta beauté, & qu'il te faut auoir,
Auecques ton Amour eſgard à ton deuoir.
Mais ſans diſcretion tu vas à guerre ouuerte,
Et par ſa vanité triumphant de ta perte,
Il monſtre tes faueurs, tout haut il en diſcourt,
Et ta honte & ſa gloire entretiennent la Court.
Cependant me iurant tu m'en dis des iniures,
O Dieux ! qui ſans pitié puniſſez les pariures,
Pardonnez à Madame, ou changeant vos effects,
Vengez pluſtoſt ſur moy les pechez qu'elle a faicts.

 S'il eſt vray ſans faueur que tu l'eſcoutes plaindre,
D'où vient pour ſon reſpect que l'on te voit contraindre,
Que tu permets aux ſiens lire en tes paſſions,
De veiller iour & nuict deſſus tes actions,
Que touſiours d'vn vallet ta carroſſe eſt ſuiuie,
Qui rend comme eſpion compte exact de ta vie,
Que tu laiſſe vn chacun pour plaire à ſes ſoupçons,
Et que parlant de Dieu tu nous faits des leçons,
Nouuelle Magdelaine au deſert conuertie,
Et iurant que ta flamme eſt du tout amortie,
Tu pretends finement par ceſte mauuaitié,
Luy donner plus d'Amour, à moy plus d'amitié,

Et me cuidant tromper tu voudrois faire accroire,
Auecque faux ferments que la neige fuſt noire.
Mais comme tes propos, ton art eſt defcouuert,
Et chacun en riant en parle à cœur ouuert,
Dont ie creue de rage, & voyant qu'on te blaſme,
Trop ſenſible en ton mal de regret ie me paſme,
Ie me ronge le cœur, ie n'ay point de repos,
Et voudrois eſtre ſourd pour l'eſtre à ces propos,
Ie me hay de te voir ainſi meſeſtimee,
T'aymant ſi dignement i'ayme ta renommee,
Et ſi ie ſuis ialoux ie le ſuis ſeulement
De ton honneur, & non de ton contentement.

Fay tout ce que tu fais, & plus s'il ſe peut faire,
Mais choiſi pour le moins ceux qui ſe peuuent taire.
Quel beſoin peut-il eſtre, infenſee en Amour,
Ce que tu fais la nuict, qu'on le chante le iour?
Ce que fait vn tout ſeul, tout vn chacun le ſçache?
Et monſtres en Amour ce que le monde cache?

Mais puis que le Deſtin à toy m'a ſçeu lier,
Et qu'oubliant ton mal ie ne puis t'oublier,
Par ces plaiſirs d'Amour tous confits en delices,
Par tes apas iadis à mes vœuʒ ſi propices,
Par ces pleurs que mes yeux & les tiens ont verſeʒ,
Par mes ſouſpirs, au vent ſans profit diſperſeʒ,
Par les Dieux qu'en pleurant tes ſermens appellerent,
Par tes yeux qui l'eſprit par les miens me volerent,
Et par leurs feux ſi clairs & ſi beaux à mon cœur,
Excuſe par pitié ma ialouſe rancœur,
Pardonne par mes pleurs au feu qui me commande :
Si mon peché fut grand ma repentance eſt grande,
Et voy dans le regret dont ie ſuis conſommé,
Que i'euſſe moins failly, ſi i'euſſe moins aymé.

AVTRE.

ymant comme i'aymois que ne deuois ie craindre?
Pouuois ie eſtre aſſeuré qu'elle ſe deuſt contraindre?
Et que changeant d'humeur au vent qui l'emportoit,
Elle euſt pour moy ceſſé d'eſtre ce qu'elle eſtoit?
Que laiſſant d'eſtre femme inconſtante & legere,
Son cœur traiſtre à l'Amour, & ſa foy menſongere,
Se rendant en vn lieu l'eſprit plus arreſté,
Peuſt au lieu du menſonge aymer la verité?
　Non, ie croyois tout d'elle, il faut que ie le die,
Et tout m'eſtoit ſuſpect horſmis la perfidie,
Ie craignois tous ſes traits que i'ay ſçeu du depuis,
Ses iours de mal de teſte, & ſes ſecrettes nuicts,
Quand ſe diſant malade & de fieure enflammee
Pour moy tant ſeullement ſa porte eſtoit fermée,
Ie craignois ſes attrais, ſes ris, & ſes couroux,
Et tout ce dont Amour allarme les ialoux.
　Mais la voyant iurer auecq' tant d'aſſeurance,
Ie l'aduouë, il eſt vray, i'eſtois ſans deffiance :
Auſſi qui pouuoit croire apres tant de ſerments,
De larmes, de ſouſpirs, de propos ve hements

Dont elle me iuroit que iamais de sa vie,
Elle ne permettroit d'vn autre estre seruie,
Qu'elle aymoit trop ma peine, & qu'en ayant pitié,
Ie m'en deuois promettre vne ferme amitié;
Seulement pour tromper le ialoux populaire,
Que ie deuois, constant, en mes douleurs me taire,
Me feindre tousiours libre, ou bien me captiuer,
Et quelqu'autre perdant, seule la conseruer.
Cependant deuant Dieu dont elle a tant de crainte,
Au moins comme elle dict; sa parolle estoit feinte,
Et le Ciel luy seruit en ceste trahison,
D'infidele moyen pour tromper ma raison:
Et puis il est des Dieux tesmoins de nos parolles,
Non, non, il n'en est point, ce sont contes friuolles,
Dont se repaist le peuple, & dont l'antiquité
Se seruit pour tromper nostre imbecilité:
S'il y auoit des Dieux ils se vengeroient d'elle,
Et ne la voiroit on si fiere ny si belle,
Ses yeux s'obscurciroient qu'elle a tant pariurez,
Son teint seroit moins clair, ses cheueux moins dorez
Et le Ciel pour l'induire à quelque penitence,
Marqueroit sur son front son crime & leur vengeance.

  Ou s'il y a des Dieux ils ont vn cœur de chair,
Ainsi que nous d'amour ils se laissent toucher,
Et de ce sexe ingrat excusant la malice,
Pour vne belle femme ils n'ont point de Iustice.

IMPVISSANCE.

Imitation d'Ouide.

uoy? ne l'auois-ie assez en mes vœuz desiree,
N'estoit elle assez belle, ou assez bien paree?
Estoit elle à mes yeux sans grace & sans appas?
Son sang estoit il point issu d'vn lieu trop bas?
Sa race, sa maison n'estoit elle estimee,
Ne valoit elle point la peine d'estre aymee?
Inhabile au plaisir n'auoit elle dequoy?
Estoit elle trop laide, ou trop belle pour moy?
Ha! cruel souuenir, cependant ie l'ay euë,
Impuissant que ie suis en mes bras toute nuë,
Et n'ay peu le voulans tous deux esgallement,
Contenter nos desirs en ce contentement :
Au surplus à ma honte, Amour, que te diray-ie?
Elle mit en mon col ses bras plus blancs que neige,
. . . .
Et sa langue mon cœur par ma bouche embrasa,
Me suggerant la manne en sa leure amassee,
Sa cuisse se tenoit en la mienne enlassee,
Les yeux luy petilloient d'vn desir langoureux,
Et son ame exiloit maint souspir amoureux,

Sa langue en begayant d'vne façon mignarde,
Me difoit : mais mon cœur qu'eſt ce qui vous retarde?
N'auroy-ie point en moy quelque choſe qui peuſt
Offencer vos deſirs, ou bien qui vous depleuſt?
Ma grace, ma façon, ha Dieu! ne vous plaiſt elle?
Quoy? n'ay-ie aſſez d'amour, ou ne ſuis-ie aſſez belle?
Cependant de la main animant ſes diſcours,
Ie trompois impuiſſant ſa flamme & mes amours,
Et comme vn tronc de bois, charge lourde & peſante,
Ie n'auois rien en moy de perſonne viuante :
Mes membres languiſſans perclus & refroidis,
Par ſes attouchemens n'eſtoient moins engourdis.
Mais quoy? que deuiendray ie en l'extreſme vieilleſſe,
[Puis que ie ſuis rectif au fort de ma ieuneſſe.]
Et ſi las! ie ne puis & ieune & vigoureux,
Sauourer la douceur du plaiſir amoureux.
Ha! i'en rougis de honte & dépite mon âge,
Age de peu de force & de peu de courage,
Qui ne me permet pas en ceſt accouplement,
Donner ce qu'en amour peut donner vn amant :
Car, Dieu! ceſte beauté par mon deffaut trompee,
Se leua le matin de ſes larmes trempee,
Que l'amour de deſpit eſcouloit par ſes yeux,
Reſſemblant à l'Aurore alors qu'ouurant les Cieux,
Elle ſort de ſon lict hargneuſe & depitee,
D'auoir ſans vn baiſer conſommé la nuictee,
Quand baignant tendrement la terre de ſes pleurs,
De chagrain & d'amour elle en iette ſes fleurs.
Pour flater mon deffaut : Mais que me ſert la gloire,
De mon amour paſſee, inutile memoire,
Quand aymant ardemment, & ardemment aymé,
Tant plus ie combatois, plus i'eſtois animé :
Guerrier infatigable, en ce doux exercice,
Par dix ou douze fois ie r'entrois en la lice,

Où vaillant & adroit apres auoir brisé,
Des Cheualiers d'amour, j'estois le plus prisé.
Mais de cest accident ie fais vn mauuais conte,
Si mon honneur passé m'est ores vne honte,
Et si le souuenir trop prompt de m'outrager,
Par le plaisir receu ne me peut soulager.
O ciel! il falloit bien qu'ensorcelé ie fusse,
Ou trop ardent d'Amour que ie ne m'apperceusse
Que l'œil d'vn enuyeux nos desseins empeschoit,
Et sur mon corps perclus son venim espandoit :
Mais qui pourroit atteindre au point de son merite,
Veu que toute grandeur pour elle est trop petite?
Si par l'egal ce charme a force contre nous,
Autre que Iupiter n'en peut estre ialoux,
Luy seul comme enuyeux d'vne chose si belle,
Par l'emulation seroit seul digne d'elle.
Hé! quoy? là haut au Ciel mets tu les armes bas,
Amoureux Iupiter, que ne viens tu ça bas,
Iouir d'vne beauté sur les autres aymable?
Assez de tes Amours n'a caqueté la fable :
C'est ores que tu dois en amour vif & pront,
Te mettre encore vn coup les armes sur le front,
Cacher ta deité dessous vn blanc plumage,
Prendre le feint semblant d'vn Satyre sauuage,
D'vn serpent, d'vn cocu, & te répendre encor,
Alambiqué d'amour, en grosses gouttes d'or,
Et puis que sa faueur à moy seul octroyee,
Indigne que ie suis fust si mal employee,
Faueur qui de mortel m'eust fait égal aux Dieux,
Si le Ciel n'eust esté sur mon bien enuieux.
Mais encor tout bouillant en mes flames premieres,
De quels vœuz redoublez & de quelles prieres,
Iray-ie derechef les Dieux sollicitant,
Si d'vn bienfait nouueau i'en attendois autant?

Si mes deffauts passez leurs beautez mescontentent,
Et si de leurs bien-faicts ie croy qu'ils s'en repentent?
Or quand ie pense! ô Dieu quel bien m'est aduenu,
Auoir veu dans vn lict ses beaux membres à nu,
La tenir languissante entre mes bras couchee,
De mesme affection la voir estre touchee,
Me baiser haleiant d'amour & de desir,
Par ses chatouillemens resueiller le plaisir,
Ha! Dieux, ce sont des traicts si sensibles aux ames,
Qu'ils pourroient l'amour mesme eschauffer de leurs flames,
Si plus froid que la mort ils ne m'eussent trouué,
Des mysteres d'amour, amant trop reprouué.
Ie l'auois cependant viue d'amour extresme,
Mais si ie l'eus ainsi elle ne m'eust de mesme,
O mal heur! & de moy elle n'eust seulement
Que des baisers d'vn frere, & non pas d'vn amant.
En vain cent & cent fois, ie m'efforce à luy plaire,
Non plus qu'à mon desir ie n'y puis satisfaire,
Et la honte pour lors qui me saisit le cœur,
Pour m'acheuer de peindre esteignist ma vigueur.
Comme elle recognust, femme mal satisfaite,
Qu'elle perdoit son temps, du lict elle se iette,
Prend sa iupe, se lace, & puis en se mocquant,
D'vn ris, & de ces motz, elle m'alla picquant,
Non! si i'estois lasciue, ou d'Amour occupée,
Ie me pourrois fascher d'auoir esté trompée,
Mais puis que mon desir n'est si vif, ne si chaud,
Mon tiede naturel m'oblige à ton defaut,
Mon Amour satis-faicte ayme ton impuissance,
Et tire de ta faute assez de recompence,
Qui tousiours dilayant m'a faict par le desir,
Esbatre plus long temps à l'ombre du plaisir.
Mais estant la douceur par l'effort diuertie,
La fureur à la fin rompit sa modestie,

Et dit en esclatant, pourquoy me trompes-tu?
A quoy ton impudence a venté ta vertu?
Si en d'autres Amours ta vigueur s'est vsée?
Quel honneur reçois tu de m'auoir abusée?
Assez d'autres propos le despit luy dictoit,
Le feu de son desdain par sa bouche sortoit.
En fin voulant cacher ma honte & sa colere,
Elle couurit son front d'vne meilleure chere,
Se conseille au miroir, ses femmes appella,
Et se lauant les mains, le faict dissimula.
Belle, dont la beauté si digne d'estre aymée
Eust rendu des plus mortz la froideur enflamée;
Ie confesse ma honte, & de regret touché,
Par les pleurs que i'espands i'accuse mon peché,
Peché d'autant plus grand que grand' est ma ieunesse,
Si homme i'ay failly, pardonnez moy, Deesse,
I'auouë estre fort grand le crime que i'ay fait,
Pourtant iusqu'à la mort, si n'auoy-ie forfait,
Si ce n'est qu'à present qu'à vos pieds ie me iette,
Que ma confession vous rende satisfaicte,
Ie suis digne des maux que vous me prescrirez,
I'ay meurtry, i'ay vollé, i'ay des vœuz pariurez,
Trahy les Dieux benins : inuentez à ces vices,
Comme estranges forfaicts, des estranges supplices.
O beauté faictes en tout ainsi qu'il vous plaist,
Si vous me condamnez à mourir ie suis prest,
La mort me sera douce, & d'autant plus encore,
Si ie meurs de la main de celle que i'adore.
Auant qu'en venir là, au moins souuenez vous,
Que mes armes, non moy causent vostre courrouz,
Que Champion d'Amour entré dedans la lice,
Ie n'eus assez d'haleine à si grand exercice,
Que ie ne suis chasseur iadis tant approuué,
Ne pouuant redresser vn deffaut retrouué.

Mais d'où viendroit cecy, seroit-ce point maistresse,
Que mon esprit du corps precedast la paresse,
Ou que par le desir trop prompt & vehement,
I'allasse auec le temps le plaisir consommant?
Pour moy, ie n'en sçay rien, en ce fait tout m'abuse,
Mais enfin, ô beauté, receuez pour excuse,
S'il vous plaist, de rechef que ie r'entre en l'assaut,
I'espere auec vsure amender mon deffaut.

Sur le trespas de Monsieur Passerat.

asserat le sejour & l'honneur des Charites,
Les delices de Pinde & son cher ornement,
Qui loin du monde ingrat que bien heureux tu quittes,
Comme vn autre Apollon reluis au firmament.

A fin que mon deuoir s'honore en tes merites,
Que mon nom par le tien viue eternellement,
Que dans l'Eternité ces parolles escrites
Seruent à nos neueuz comme d'vn testament.

Passerat fut vn Dieu sous humaine semblance,
Qui vit naistre & mourir les Muses en la France,
Qui de ses doux accords leurs chansons anima.

Dans le champ de ses vers fut leur gloire semée,
Et comme vn mesme sort leur fortune enferma,
Ils ont à vie esgale esgale renommée.

STANSES.

e tres puissant Iupiter
Se sert de l'Aigle à porter
Son foudre parmi la nuë;
Et Iunon du haut des Cieux,
Sur les Paons audacieux,
Est souuent icy venuë.....

Saturne a pris le Corbeau,
Noir messager du tombeau;
Mars l'Esperuier se reserue,
Phebus les Cygnes a pris,
Les Pigeons sont à Cipris,
Et la Cheuesche à Minerue.

Ainsi les Dieux ont esleu
Tel oyseau qui leur a pleu;
Priape qui ne veoid goute,
Haussant son rouge museau,
A tatons au lieu d'oyseau,
Print vn Aze qui vous f.....

———

La C. P.

nfame baſtard de Cythere,
Fils ingrat d'vne ingrate mere,
Auorton, traiſtre & deguiſé,
Si ie t'ay ſuiuy des l'enfance,
De quelle ingrate recompence
As tu mon ſeruice abuſé?

Mon cas fier de mainte conqueſte
En Eſpagnol portoit la teſte,
Triomphant, ſuperbe & vainqueur,
Que nul effort n'euſt ſceu rabattre,
Maintenant laſche & ſans combatre
Faict la cane, & n'a plus de cœur.

De tes Autels vne Preſtreſſe
L'a reduict en telle detreſſe,
Le voyant au choc obſtiné,
Qu'entouré d'onguent & de linge,
Il m'eſt auis de voir vn ſinge
Comme vn enfant embeguiné.

Sa façon robuste & raillarde
Pend l'aureille & n'est plus gaillarde,
Son teint vermeil n'a point d'esclat,
De pleurs il se noye la face,
Et faict aussi laide grimace
Qu'vn boudin creué dans vn plat.

Aussy penaud qu'vn chat qu'on chastre,
Il demeure dans son emplastre,
Comme en sa coque vn limaçon,
En vain d'arrasser il essaye,
Encordé comme vne lamproye
Il obeyt au caueçon.

Vne saliue mordicante
De sa narine distillante
L'vlcere si fort par dedans,
Que crachant l'humeur qui le pique
Il baue comme vn pulmonique
Qui tient la mort entre ses dents.

Apollon, dés mon âge tendre
Poussé d'vn courage d'apprendre
Aupres du ruisseau Parnassin,
Si ie t'inuocqué pour Poëte,
Ores en ma douleur secrete
Ie t'inuocque pour medecin.

Seuere Roy des destinées,
Mesureur des vistes années,
Cœur du monde, œil du firmament,
Toy qui presides à la vie,
Garis mon cas ie te supplie
Et le conduis à sauuement.

Pour recompenſe dans ton Temple,
Seruant de memorable exemple
Aux ioüeurs qui viendront apres,
J'appendray la meſme figure
De mon cas malade en peinture
Ombragé d'ache & de cyprés.

Sur le portraict d'vn Poëte couronné.

raueur vous deuiez auoir soin
De mettre dessus ceste teste,
Voyant qu'elle estoit d'vne beste
Le lien d'vn botteau de foin.

RESPONSE.

Ceux qui m'ont de foin couronné
M'ont fait plus d'honneur que d'iniure.
Sur du foin Iesus-Crist fust né,
Mais ils ignorent l'escripture.

REPLIQVE.

Tu as vne mauuaise grace,
Le foin dont tu fais si grand cas,
Pour Dieu n'estoit en ceste place,
Car Iesus-Crist n'en mangeoit pas :
Mais bien pour seruir de repas
Au premier asne de ta race.

Contre vn amoureux tranſy.

ourquoy perdez vous la parole,
Auſſi toſt que vous rencontrez
Celle que vous idolatrez?
Deuenant vous meſme vne idole,
Vous eſtes là ſans dire mot,
Et ne faictes rien que le ſot.

Par la voix Amour vous ſuffoque,
Si vos ſouſpirs vont au deuant,
Autant en emporte le vent :
Et voſtre Deeſſe s'en mocque
Vous iugeant de meſme imparfaict
De la parole & de l'effect.

Penſez vous la rendre abatuë
Sans voſtre faict luy déceler?
Faire les doux yeux ſans parler,
C'eſt faire l'Amour en tortuë :
La belle faict bien de garder
Ce qui vaut bien le demander.

Voulez vous en la violence
De voſtre longue affection
Monſtrer vne diſcretion?
Si on la voit par le ſilence,
Vn tableau d'Amoureux tranſi
Le peut bien faire tout ainſi.

Souffrir mille & mille trauerſes,
N'en dire mot, pretendre moins,
Donner ſes tourmens pour teſmoins
De toutes ſes peines diuerſes,
Des coups n'eſtre point abbatu,
C'eſt d'vn aſne auoir la vertu.

QVATRAINS.

i des maux qui vous font la guerre
Vous voulez guerir deformais,
Il faut àller en Angleterre
Où les loups ne viennent iamais.

Ie n'ay peu rien voir qui me plaise
Dedans les Pfalmes de Marot :
Mais i'ayme bien ceux là de Beze,
En les chantant fans dire mot.

Ie croy que vous auez faict vœu
D'aymer & parent & parente;
Mais puis que vous aymez la Tante,
Efpargnez au moins le nepueu.

Le Dieu d'Amour fe deuoit peindre
Auffy grand comme vn autre Dieu,
Mais il fuffit qu'il puiffe atteindre
Iufqu'à la piece du milieu.

*Ceste femme à couleur de bois
En tout temps peut faire potage :
Car dans sa manche ell' a des poix,
Et du beure sur son visage.*

DISCOVRS

Au Roy.

Il estoit presque iour, & le ciel souriant
Blanchissoit de clairté les peuples d'Oriant,
L'Aurore aux cheueux d'or, au visage de roses,
Desia comme à demy decouuroit toutes choses,
Et les oyseaux, perchez en leur feuilleux seiour,
Commençoient s'eueillant à se plaindre d'amour :
Quand ie vis en sursaut, vne beste effroyable,
Chose estrange à conter, toutesfois veritable,
Qui plus qu'vne Hydre affreuse à sept gueulles meuglant,
Auoit les dens d'acier, l'œil horible, & sanglant,
Et pressoit à pas torts vne Nimphe fuyante,
Qui reduite aux abois, plus morte que viuante,
Halétante de peine, en son dernier recours,
Du grand Mars des François imploroit le secours,
Embrassoit ses genoux, & l'appellant aux armes,
N'auoit autre discours que celuy de ses larmes.

Ceste Nimphe estoit d'âge, & ses cheueux meslez
Flotoient au gré du vent, sur son dos aualez.
Sa robe estoit d'azur, où cent fameuses villes
Eleuoient leurs clochers sur des plaines fertilles,
Que Neptune arosoit de cent fleuues épars,

Qui difperfoient le viure aux gens de toutes pars.
　Les vilages epais fourmilloient par la plaine ;
De peuple, & de betail, la campaigne eſtoit plaine :
Qui s'employant aux ars meloient diuerſement,
La fertile abondance auecque l'ornement :
Tout y reluiſoit d'or, & ſur la broderie
Eclatoit le brillant de mainte piererie.
　La mer aux deux coſtés ceſte ouurage bordoit :
L'Alpe de la main gauche en biais s'epandoit
Du Rhain iuſqu'en Prouence, & le mont qui partage
D'auecque l'Eſpagnol le François heritage,
De l'Aucate à Bayonne en cornes ſe hauſſant,
Monſtroit ſon front pointu de neges blanchiſſant.
　Le tout eſtoit formé d'vne telle maniere,
Que l'art ingenieux excedoit la matiere.
Sa taille eſtoit auguſte, & ſon front couronné,
De cent fleurs de lis d'or eſtoit enuironné.
　Ce grand Prince voyant le ſoucy qui la greue,
Touché de pieté, la prend & la releue,
Et de feux eſtoufant ce funeſte animal,
La deliura de peur auſſi-toſt que de mal,
Et purgeant le venin dont elle eſtoit ſi plaine,
Rendit en vn inſtant la Nimphe toute ſaine.
　Ce Prince ainſi qu'vn Mars en armes glorieux,
De palmes ombrageoit ſon chef victorieux,
Et ſembloit de ſes mains au combat animées,
Comme foudre ietter la peur dans les armées.
Ses exploits acheuez en ſes armes viuoient :
Là les camps de Poytou d'vne part s'éleuoient,
Qui ſuperbes ſembloient s'honorer en la gloire,
D'auoir premiers chanté ſa premiere victoire.
　Diepe de l'autre part ſur la mer s'alongeoit,
Où par force il rompoit le camp qui l'aſſiegeoit,
Et pouſſant plus auant ſes troupes epanchées

Le matin en chemife il furprit les tranchées.
Là Paris deliuré de l'Efpagnolle main,
Se dechargeoit le col de fon ioug inhumain.
　　La campagne d'Iury fur le flanc cizellée,
Fauorifoit fon prince au fort de la meflée,
Et de tant de Ligueurs par fa dextre vaincus
Au Dieu de la bataille apendoit les efcus.
　　Plus haut eftoit Vandome, & Chartres, & Pontoife,
Et l'Efpagnol defait à Fontaine Françoife,
Où la valeur du foible emportant le plus fort
Fift voir que la vertu ne craint aucun effort.
　　Plus bas deffus le ventre au naif contrefaite
Eftoit pres d'Amiens la honteufe retraite
Du puiffant Archiduc, qui creignant fon pouuoir,
Creut que c'eftoit en guerre affez que de le voir.
　　Deçà delà luitoit mainte troupe rangée,
Mainte grande cité gemiffoit affiegée,
Où fi toft que le fer l'en rendoit poffeffeur,
Aux rebelles vaincus il vfoit de douceur,
Vertu rare au vainqueur, dont le courage extreme
N'a gloire en la fureur que fe vaincre foy-mefme.
　　Le chefne, & le laurier ceft ouurage ombrageoit,
Où le peuple deuot fous fes loys fe rangeoit,
Et de vœus, & d'ençens, au ciel faifoit priere
De conferuer fon Prince en fa vigueur entiere.
　　Maint puiffant ennemy domté par fa vertu,
Languiffoit dans les fers fous fes pieds abatu,
Tout femblable à l'enuie à qui l'eftrange rage
De l'heur de fon voifin enfielle le courage,
Hideufe, bazanée, & chaude de rancœur,
Qui ronge fes poulmons, & fe mache le cœur.
　　Apres quelque priere en fon cœur prononcée,
La Nimphe en le quittant au ciel s'eft elancée,
Et fon corps dedans l'air demourant fufpendu :

Ainſi comme vn Milan ſur ſes aiſles tendu,
S'areſte en vne place, où changeant de viſage,
Vn brullant eguillon luy pique le courage;
Son regard eſtincelle, & ſon cerueau tremblant
Ainſi comme ſon ſang d'horreur ſe va troublant :
Son eſtommac pantois ſous la chaleur friſſonne,
Et chaude de l'ardeur qui ſon cœur epoinçonne,
Tandis que la fureur precipitoit ſon cours,
Veritable Prophéte elle fait ce diſcours.

 Peuple, l'obiet piteux du reſte de la terre,
Indocile à la paix, & trop chaud à la guerre;
Qui fecond en partis, & leger en deſſeins,
Dedans ton propre ſang ſouilles tes propres mains,
Entens ce que ie dis, atentif à ma bouche,
Et qu'au plus vif du cœur ma parolle te touche.

 Depuis qu'irreuerent enuers les Immortels,
Tu taches de mépris l'Egliſe & ſes autels,
Qu'au lieu de la raiſon gouuerne l'inſolence,
Que le droit alteré n'eſt qu'vne violence,
Que par force le foible eſt foullé du puiſſant,
Que la ruſe rauit le bien à l'innocent,
Et que la vertu ſaincte en public mépriſée,
Sert aux ieunes de maſque, aux plus vieux de riſée,
(Prodige monſtrueux) & ſans reſpect de foy,
Qu'on s'arme ingratement au mépris de ſon Roy;
La Iuſtice, & la Paix, triſtes & deſolées,
D'horreur ſe retirant au ciel s'en ſont volées :
Le bon-heur auſſi toſt à grand pas les ſuiuit,
Et depuis de bon œil le Soleil ne te vit.

 Quelque orage touſiours qui s'éleue à ta perte,
A comme d'vn brouillas ta perſonne couuerte,
Qui touſiours preſt à fondre en échec te retient,
Et mal-heur ſur mal-heur à chaque heure te vient.

 On a veu tant de fois la ieuneſſe trompée,

De tes enfans paſſez au tranchant de l'eſpée,
Tes filles ſans honneur errer de toutes pars,
Ta maiſon, & tes biens ſaccagez des Soldars,
Ta femme inſolemment d'entre tes bras rauie,
Et le fer tous les iours s'atacher à ta vie.
 Et cependant aueugle en tes propres effets,
Tout le mal que tu ſens, c'eſt toy qui te le faits;
Tu t'armes à ta perte, & ton audace forge
L'eſtoc dont furieux tu te coupes la gorge.
 Mais quoy tant de mal-heurs te ſuffiſent-ils pas?
Ton Prince comme vn Dieu, te tirant du treſpas,
Rendit de tes fureurs les tempeſtes ſi calmes,
Qu'il te fait viure en paix à l'ombre de ſes palmes:
Aſtrée en ſa faueur demeure en tes citez,
D'hommes, & de betail les champs ſont habitez:
Le Payſant n'ayant peur des bannieres eſtranges,
Chantant coupe ſes bleds, riant fait ſes vandanges,
Et le Berger guidant ſon troupeau bien noury
Enfle ſa cornemuſe en l'honneur de Henry.
Et toy ſeul cependant, oubliant tant de graces,
Ton aiſe trahiſſant de ſes biens tu te laſſes.
 Vien ingrat reſpon-moy, quel bien eſperes tu,
Apres auoir ton Prince en ſes murs combatu?
Apres auoir trahy pour de vaines chimeres,
L'honneur de tes ayeux, & la foy de tes peres?
Apres auoir cruel tout reſpect violé,
Et mis à l'abandon ton pays deſolé?
 Atten tu que l'Eſpaigne, auecq' ſon ieune Prince,
Dans ſon monde nouueau te donne vne Prouince?
Et qu'en ces trahiſons, moins ſage deuenu,
Vers toy par ton exemple il ne ſoit retenu?
Et qu'ayant dementy ton amour naturelle,
A luy plus qu'à ton Prince il t'eſtime fidelle?
Peut eſtre que ta race, & ton ſang violent,

Issu comme tu dis d'Oger, ou de Roland,
Ne te veut pas permetre encore ieune d'age,
Qu'oysif en ta maison se rouille ton courage,
Et rehaussant ton cœur que rien ne peut ployer,
Te fait chercher vn Roy qui te puisse employer,
Qui la gloire du ciel, & l'effroy de la terre,
Soit comme vn nouueau Mars indomtable à la guerre,
Qui sçache en pardonnant les discords étoufer,
Par clemence aussi grand, comme il est par le fer.
   Cours tout le monde entier de Prouince en Prouince,
Ce que tu cherches loing habite en nostre Prince.
   Mais quels exploits si beaux a fait ce ieune Roy,
Qu'il faille pour son bien que tu fauces ta foy,
Trahisses ta patrie, & que d'iniustes armes,
Tu la combles de sang, de meurtres & de larmes?
   Si ton cœur conuoiteux est si vif, & si chaud,
Cours la Flandre, où iamais la guerre ne defaut,
Et plus loing sur les flancs d'Autriche & d'Alemagne,
De Turcs, & de turbans enionche la campagne,
Puis tout chargé de coups, de vieillesse, & de biens,
Reuien en ta maison mourir entre les tiens.
Tes fils se mireront en si belles depouilles,
Les vieilles au foyer en fillant leurs quenouilles,
En chanteront le conte, & braue en argumens,
Quelque autre Iean de Mun en fera des Romans.
   Ou si trompant ton Roy tu cours autre fortune,
Tu trouueras ingrat toute chose importune,
A Naples, en Sicille, & dans ces autres lieux,
Où l'on t'assignera, tu seras odieux,
Et l'on te fera voir auecq' ta conuoitise,
Qu'apres les trahisons les traistres on meprise.
Les enfans étonnez s'enfuiront te voiant,
Et l'Artisan mocqueur, aux places t'efroyant,
Rendant par ses brocards ton audace flétrie,

Dira, ce traiſtre icy nous vendit ſa patrie,
Pour l'eſpoir d'vn Royaume en Chimeres conçeu,
Et pour tous ſes deſſeins du vent il a reçeu.

 Ha! que ces Paladins viuans dans mon Hiſtoire,
Non comme toy touchez d'vne batarde gloire
Te furent differens, qui courageux par tout,
Tindrent fidellement mon enſeigne debout,
Et qui ſe repandants ainſi comme vn tonnerre,
Le fer dedans la main firent trembler la terre,
Et tant de Roys Payens ſous la Croix deconfis,
Aſſeruirent vaincus aux pieds du Crucifis,
Dont les bras retrouſſez, & la teſte panchée,
De fers honteuſement au triumphe atachée
Furent de leur valeur teſmoins ſi glorieux,
Que les noms de ces preux en ſont eſcris aux Cieux.

 Mais ſi la pieté, de ton cœur diuertie,
En toy pauure inſenſé n'eſt du tout amortie,
Si tu n'as tout à fait reietté loing de toy
L'amour, la charité, le deuoir, & la foy,
Ouure tes yeux ſillez, & voy de quelle ſorte
D'ardeur precipité la rage te tranſporte,
T'enuelope l'eſprit, t'eſgarant inſenſé,
Et iuge l'auenir par le ſiecle paſſé.

 Si tôſt que ceſte Nimphe en ſon dire enflamée,
Pour finir ſon propos eut la bouche fermée,
Plus haute s'eleuant dans le vague des Cieux,
Ainſi comme vn éclair diſparut à nos yeux,
Et ſe monſtrant Déeſſe en ſa fuite ſoudaine,
La place elle laiſſa de parfun toute plaine,
Qui tombant en roſée aux lieux les plus prochains,
Reconforta le cœur & l'eſprit des humains.

 HENRY *le cher ſuget de nos ſainctes prieres,*
Que le Ciel reſeruoit à nos peines dernieres,
Pour rétablir la France au bien non limité

Que le Destin promet à son eternité,
Apres tant de combats, & d'heureuses victoires,
Miracles de noz tans, honneur de noz Histoires,
Dans le port de la paix, Grand Prince puisses-tu,
Mal-gré tes ennemis exercer ta vertu :
Puisse estre à ta grandeur le Destin si propice,
Que ton cœur de leurs trets rebouche la malice,
Et s'armant contre toy puisse-tu dautant plus
De leurs efforts domter le flus, & le reflus,
Et comme vn saint rocher opposant ton courage,
En écume venteuse en dissiper l'orage,
Et braue t'éleuant par dessus les dangers
Estre l'amour des tiens, l'effroy des estrangers.

 Attendant que ton fils instruit par ta vaillance,
De sous tes étendars sortant de son enfance,
Plus fortuné que toy, mais non pas plus vaillant,
Aille les Othomans iusqu'au Caire assaillant,
Et que semblable à toy foudroyant les armées
Il ceuille auecq' le fer les Palmes idumées,
Puis tout flambant de gloire en France reuenant,
Le Ciel mesme là haut de ses faits s'etonnant,
Qu'il epande à tes pieds les depouilles conquises,
Et que de leurs drapeaux il pare noz Eglises.

 Alors raieunissant au recit de ses faits,
Tes desirs, & tes vœux en ses œuures parfaits,
Tu ressentes d'ardeur ta vieillesse eschauffée,
Voyant tout l'Vniuers nous seruir de trophée.

 Puis n'estant plus icy chose digne de toy,
Ton fils du monde entier restant paisible Roy,
Sous tes modelles saincts & de paix, & de guerre,
Il regisse puissant en Iustice la terre,
Quand aprés vn long-tans ton Esprit glorieux
Sera des mains de Dieu couronné dans les Cieux.

PLAINTE.

n quel obscur seiour le Ciel m'a-il reduit,
Mes beaux iours sont voilez d'vne effroyable nuit,
Et dans vn mesme instant comme l'herbe fauchee,
  Ma ieunesse est seichee.

Mes discours sont changez en funebres regrets,
Et mon ame d'ennuis est si fort esperduë,
Qu'ayant perdu Madame en ces tristes forests,
Ie crie, & ne sçay point ce qu'elle est deuenuë.

O bois! ô prez! ô monts! qui me fustes iadis
En l'Auril de mes iours vn heureux Paradis,
Quand de mille douceurs la faueur de Madame
  Entretenoit mon ame,

Or que la triste absence en l'Enfer où ie suis,
D'vn piteux souuenir me tourmente & me tuë,
Pour consoler mon mal & flater mes ennuis,
Helas! respondez-moi, qu'est-elle deuenuë?

Où font ces deux beaux yeux? que font-ils deuenus?
Où font tant de beautez, d'Amours & de Venus,
Qui regnoient dans fa veuë, ainfi que dans mes veines,
  Les foucis & les peines?

Helas! fille de l'air qui fens ainfi que moy,
Dans les prifons d'Amour, ton ame detenuë,
Compagne de mon mal affifte mon émoy,
Et refponds à mes cris, qu'eft-elle deuenuë?

Ie voy bien en ce lieu trifte & defefperé
Du naufrage d'amour ce qui m'eft demeuré,
Et bien que loin d'icy le deftin l'ait guidee,
  Ie m'en formè l'idee.

Ie voy dedans ces fleurs les trefors de fon teint,
La fierté de fon ame en la mer toute efmeuë,
Tout ce qu'on voit icy viuement me la peint,
Mais il ne me peint pas ce qu'elle eft deuenuë.

Las voicy bien l'endroit où premier ie la vy,
Où mon cœur de fes yeux fi doucement rauy,
Reiettant tout refpect defcouurit à la belle,
  Son amitié fidelle.

Ie reuoy bien le lieu : mais ie ne reuoy pas
La Reyne de mon cœur qu'en ce lieu i'ai perduë.
O bois! ô prez! ô monts! fes fidelles esbats,
Helas! refpondez-moy, qu'eft-elle deuenuë?

Durant que fon bel œil ces lieux embelliffoit,
L'agreable Printemps fous fes pieds floriffoit,
Tout rioit aupres d'elle, & la terre paree
  Eftoit énamouree.

Ores que le malheur nous en a sçeu priuer,
Mes yeux tousiours moüillez d'vne humeur continuë
Ont changé leurs saisons en la saison d'hyuer
N'ayant sçeu découurir ce qu'elle est deuenuë.

Mais quel lieu fortuné si long temps la retient?
Le Soleil qui s'absente au matin nous reuient,
Et par vn tour reglé sa cheuelure blonde
  Esclaire tout le monde.

Si tost que sa lumiere à mes yeux se perdit,
Elle est comme vn éclair pour iamais disparuë,
Et quoy que i'aye faict malheureux & maudit
Ie n'ay peu descouurir ce qu'elle est deuenuë.

Mais Dieu, i'ay beau me plaindre, & tousiours soupirer
I'ay beau de mes deux yeux deux fontaines tirer,
I'ay beau mourir d'amour & de regret pour elle,
  Chacun me la recelle.

O bois! ô prez! ô monts! ô vous qui la cachez!
Et qui contre mon gré l'auez tant retenuë,
Si iamais de pitié vous vous vistes touchez,
Helas! respondez-moi, qu'est-elle deuenuë?

Fut-il iamais mortel si malheureux que moy?
Ie ly mon infortune en tout ce que ie voy,
Tout figure ma perte, & le Ciel & la Terre
  A l'enuy me font guerre.

Le regret du passé cruellement me point,
Et rend, l'obiet present, ma douleur plus aiguë,
Mais las! mon plus grand mal est de ne sçauoir point,
Entre tant de mal-heurs, ce qu'elle est deuenuë.

Ainſi de toutes parts ie me ſens aſſaillir,
Et voyant que l'eſpoir commence à me faillir,
Ma douleur ſe rengrege, & mon cruel martyre
  S'augmente & deuient pire.

Et ſi quelque plaiſir s'offre deuant mes yeux,
Qui penſe conſoler ma raiſon abattuë,
Il m'afflige, & le Ciel me ſeroit odieux,
Si là haut i'ignorois ce qu'elle eſt deuenuë.

Geſné de tant d'ennuis, ie m'eſtonne comment
Enuironné d'Amour & du faſcheux tourment,
Qu'entre tant de regrets ſon abſence me liure,
  Mon eſprit a peu viure.

Le bien que i'ay perdu me va tyranniſant,
De mes plaiſirs paſſez mon ame eſt combatuë,
Et ce qui rend mon mal plus aigre & plus cuiſant,
C'eſt qu'on ne peut ſçauoir ce qu'elle eſt deuenuë.

Et ce cruel penſer qui ſans ceſſe me ſuit,
Du traict de ſa beauté me pique iour & nuict,
Me grauant en l'eſprit la miſerable hiſtoire
  D'vne ſi courte gloire.

Et ces biens qu'en mes maux encor il me faut voir
Rendroient d'vn peu d'eſpoir mon ame entretenuë,
Et m'y conſolerois ſi ie pouuois ſçauoir
Ce qu'ils ſont deuenus & qu'elle eſt deuenuë.

Plaiſirs ſi toſt perdus, helas! où eſtes vous?
Et vous chers entretiens qui me ſembliez ſi doux,
Où eſtes-vous allez? & où s'eſt retiree
  Ma belle Cytheree?

Ha triste souuenir d'vn bien si tost passé,
Las! pourquoy ne la voy-ie? ou pourquoy l'ay-ie veuë?
Ou pourquoy mon esprit d'angoisses oppressé,
Ne peut-il descouurir ce qu'elle est deuenuë.

En vain, helas! en vain, la vas-tu dépaignant
Pour flatter ma douleur, si le regret poignant
De m'en voir separé, d'autant plus me tourmente
  Qu'on me la represente.

Seulement au sommeil i'ay du contentement,
Qui la fait voir presente à mes yeux toute nuë,
Et chatouille mon mal d'vn faux ressentiment,
Mais il ne me dit pas ce qu'elle est deuenuë.

Encor ce bien m'afflige, il n'y faut plus songer,
C'est se paistre de vent que la nuict s'alleger
D'vn mal qui tout le iour me poursuit & m'outrage
  D'vne impiteuse rage.

Retenu dans des nœuds qu'on ne peut deslier,
Il faut priué d'espoir que mon cœur s'esuertuë
Ou de mourir bien tost, ou bien de l'oublier,
Puis qu'on ne peut sçauoir ce qu'elle est deuenuë.

Comment! que ie l'oublie? Hà Dieu ie ne le puis,
L'oubly n'efface point les amoureux ennuis
Que ce cruel tyran a graué dans mon ame
  En des lettres de flame.

Il me faut par la mort finir tant de douleurs,
Ayons donc à ce point l'ame bien resoluë,
Et finissant nos iours finissons nos mal-heurs,
Puis qu'on ne peut sçauoir ce qu'elle est deuenuë.

Adieu donc clairs Soleils, si diuins & si beaux,
Adieu l'honneur sacré des forests & des eaux,
Adieu monts, adieu prez, adieu campagne verte
  De vos beautez deserte.

Las! receuez mon ame en ce dernier adieu,
Puis que de mon mal-heur ma fortune est vaincuë,
Miserable amoureux ie vay quiter ce lieu,
Pour sçauoir aux Enfers ce qu'elle est deuenuë.

Ainsi dit Amiante alors que de sa voix
Il entama les cœurs des roches & des bois,
Plorant & souspirant la perte d'Iacee,
  L'obiet de sa pensee.

Affin de la trouuer, il s'encourt au trespas,
Et comme sa vigueur peu à peu diminuë,
Son ombre plore & crie en descendant là bas,
Esprits, hé! dites-moy, qu'est-elle deuenuë?

ODE.

 amais ne pourray-ie bannir
Hors de moy l'ingrat souuenir
De ma gloire si tost passee?
Tousiours pour nourrir mon soucy,
Amour cet enfant sans mercy,
L'offrira-il à ma pensee?

Tiran implacable des cœurs,
De combien d'ameres langueurs
As-tu touché ma fantasie?
De quels maux m'as-tu tourmenté,
Et dans mon esprit agité,
Que n'a point fait la ialousie?

Mes yeux aux pleurs accoustumez,
Du sommeil n'estoient plus fermez,
Mon cœur fremissoit sous la peine,
A veu d'œil mon teint iaunissoit,
Et ma bouche qui gemissoit,
De souspirs estoit tousiours pleine.

Aux caprices abandonné,
I'errois d'vn esprit forcené,
La raison cedant à la rage,
Mes sens des desirs emportez
Flottoient confus de tous costez,
Comme vn vaisseau parmy l'orage.

Blasphemant la terre & les Cieux,
Mesmes ie m'estois odieux
Tant la fureur troubloit mon ame,
Et bien que mon sang amassé
Autour de mon cœur fust glassé
Mes propos n'estoient que de flame.

Pensif, frenetique, & resuant,
L'esprit troublé, la teste au vent,
L'œil hagard, le visage blesme,
Tu me fis tous maux esprouuer
Et sans iamais me retrouuer
Ie m'allois cherchant en moy mesme.

Cependant lors que ie voulois
Par raison enfreindre tes loix
Rendant ma flame refroidie,
Pleurant i'accusay ma raison,
Et trouuay que la guerison
Est pire que la maladie.

Vn regret pensif & confus
D'auoir esté & n'estre plus
Rend mon ame aux douleurs ouuerte,
A mes despens las! ie voy bien,
Qu'vn bonheur comme estoit le mien
Ne se cognoist que par la perte.

Sonnet

Sur la mort de M. Rapin.

assant, cy gist RAPIN, la gloire de son âge,
Superbe honneur de Pinde & de ses beaux secrets,
Qui viuant surpassa les Latins & les Grecs,
Soit en profond sçauoir, ou douceur de langage.

Eternisant son nom auecq' maint haut ouurage,
Au futur il laissa mile poignants regrets,
De ne pouuoir attaindre, ou de loin, ou de pres,
Au but où le porta l'estude & le courage.

On dit, & ie le croy, qu'Apollon fut ialoux,
Le voyant comme vn dieu reueré parmy nous,
Et qu'il mist de rancœur si tost fin à sa vie.

Considere, passant, quel il fut icy bas,
Puisque sur sa Vertu les dieux eurent enuie,
Et que tous les humains y pleurent son trespas.

Discovrs

D'vne Maquerelle.

epuis que ie vous ay quitté
Ie m'en suis allé depité,
Voire aussi remply de colere
Qu'vn voleur qu'on meine en gallere,
Dans vn lieu de mauuais renom
Où iamais femme n'a dit non,
Et là ie ne vis que l'hostesse,
Ce qui redoubla ma tristesse,
Mon amy, car i'auois pour lors
Beaucoup de graine dans le corps.
Ceste vieille branslant la teste,
Me dit excusez, c'est la feste
Qui fait que l'on ne trouue rien,
Car tout le monde est Ian de bien,
Et si i'ay promis en mon ame
Qu'à ce iour pour euiter blasme,
Ce peché ne seroit commis.
Mais vous estes de nos amis,
Parmanenda ie vous le iure,
Il faut pour ne vous faire iniure,

Apres mefme auoir eu le foing
De venir chez nous de fi loing,
Que ma chambriere t'enuoye
Iufques à l'efcu de Sauoye :
Là mon amy tout d'vn plain faut
On trouuera ce qu'il vous faut.
Que i'ayme les hommes de plume,
Quand ie les voy mon cœur s'allume,
Autresfois i'ay parlé Latin,
Difcourons vn peu du deftin,
Peut-il forcer les profeffies,
Les pourceaux ont-ils des veffies,
Dites nous quel autheur efcrit
La naiffance de l'Antechrift.
O le grand homme que Virgille,
Il me fouuient de l'Euangile
Que le preftre a dit auïourd'huy :
Mais vous prenez beaucoup d'ennuy :
Ma feruante eft vn peu tardiue,
Si faut-il vrayment qu'elle arriue
Dans vn bon quart d'heure d'icy,
Elle m'en fait toufiours ainfi.
En attendant prenez vn fiege
Vos efcarpins n'ont point de liege,
Voftre collet fait vn beau tour.
A la guerre de Montcontour
On ne portoit point de rotonde :
Vous ne voulez pas qu'on vous tonde,
Les chofes grands font de faifon,
Ie fus autresfois de maifon
Docte, bien parlante, & habille
Autant que fille de la ville,
Ie me faifois bien decroter,
Et nul ne m'entendoit peter

Que ce ne fuſt dedans ma chambre,
I'auoy touſiours vn collier d'ambre,
Des gands neufs, mes ſoulliers noircis,
I'euſſe peu captiuer Narcis.
Mais hélas ! eſtant ainſi belle
Ie ne fus pas long temps pucelle,
Vn cheualier d'authorité
Achepta ma virginité,
Et depuis auec vne drogue,
Ma mere qui faiſoit la rogue
Quand on me parloit de cela
En trois iours me repucela.
I'eſtois faicte à ſon badinage :
Apres pour ſeruir au meſnage,
Vn prelat me voulant auoir,
Son argent me miſt en deuoir
De le ſeruir, & de luy plaire,
Toute choſe requiert ſallaire :
Puis apres voyant en effect
Mon pucelage tout refait,
Ma mere en ſon meſtier ſçauante,
Me mit vne autresfois en vente,
Si bien qu'vn ieune treſorier,
Fuſt le troiſieſme aduenturier
Qui fit boüillir noſtre marmite :
I'apris autresfois d'vn Hermite
Tenu pour vn ſçauant parleur,
Qu'on peut deſrober vn voleur,
Sans ſe charger la conſcience,
Dieu m'a donné ceſte ſcience.
Ceſt homme auſſi riche que lait,
Me fiſt eſpouſer ſon valet,
Vn homme qui ſe nommoit Blaiſe.
Ie ne fus onc tant à mon aiſe

Qu'à l'heure que ce gros manant
Alloit les restes butinant,
Non pas seullement de son maistre,
Mais du chevalier & du prestre.
De ce costé i'eus mille frans,
Et i'auois ià depuis deux ans
Auec ma petite pratique,
Gaigné de quoy leuer boutique
De tauernier à Mont-lhery
Où naquist mon pauure mary,
Helas ! que c'estoit vn bon homme,
Il auoit esté iusqu'à Rome,
Il chantoit comme vn rossignol,
Il sçauoit parler Espagnol
Il ne receuoit point d'escornes
Car il ne porta pas les cornes,
Depuis qu'auecques luy ie fus.
Il auoit les membres touffus,
Le poil est vn signe de force,
Et ce signe a beaucoup d'amorce,
Parmy les femmes du mestier.
Il estoit bon arbalestrier,
Sa cuisse estoit de belle marge,
Il auoit l'espaule bien large,
Il estoit ferme de roignons,
Non comme ces petits mignons,
Qui font de la saincte nitouche,
Aussi tost que leur doigt vous touche,
Ils n'osent pousser qu'à demy,
Celuy-là poussoit en amy,
Et n'auoit ny muscle ny veine
Qu'il ne poussast sans perdre haleine :
Mais tant & tant il a poussé,
Qu'en poussant il est trespassé.

Soudain que son corps fust en terre,
L'enfant amour me fist la guerre,
De façon que pour mon amant,
Ie prins vn bateleur Normant,
Lequel me donna la verolle,
Puis luy pretay sur sa parole,
Auant que ie cogneusse rien
A son mal, presque tout mon bien.
Maintenant nul de môy n'a cure,
Ie fleschy aux loix de nature,
Ie suis aussi seiche qu'vn os,
Ie ferois peur aux huguenos
En me voyant ainsi ridee,
Sans dents & la gorge bridee,
S'ils ne mettoient nos visions
Au rang de leurs derisions.
Ie suis vendeuse de chandelle
Il ne s'en voit point de fidelle,
En leur estat, comme ie suis,
Ie cognois bien ce que ie puis,
Ie ne puis aimer la ieunesse
Qui veut auoir trop de finesse,
Car les plus fines de la Cour
Ne me cachent point leur amour.
Telle va souuant à l'Eglise
De qui ie cognois la feintise,
Telle qui veut son fait nier
Dit que c'est pour communier,
Mais la chose m'est indiquee,
C'est pour estre communiquee
A ses amys par mon moyen,
Comme Heleine fust au Troyen.
Quand la vieille sans nulle honte,
M'eust acheué son petit conte,

Vn Commiſſaire illec paſſa,
Vn ſergent la porte pouſſa,
Sans attendre la chambriere
Ie ſortis par l'huis de derriere,
Et m'en allay chez le voiſin
Moitié figue & moitié raiſin,
N'ayant ny triſteſſe ny ioye
De n'auoir point trouué la proye.

Epitaphe de Regnier.

'ay vescu sans nul pensement,
Me laissant aller doucement
A la bonne loy naturelle,
Et ne sçaurois dire pourquoy
La mort daigna penser à moy,
Qui n'ay daigné penser en elle.

OEVVRES POSTHVMES

DIALOGUE.

Cloris & Phylis.

CLORIS.

hylis œil de mon cœur & moitié de moy mesme,
Mon amour, qui te rend le visage si blesme?
Quels sanglots, quels souspirs, quelles nouuelles pleurs,
Noyent de tes beautez les graces & les fleurs?

PHYLIS.

Ma douleur est si grande & si grand mon martyre
Qu'il ne se peut Cloris, ny comprendre ny dire.

CLORIS.

Ces maintiens égarez, ces pensers esperdus,
Ces regrets & ces cris par ces bois espandus:
Ces regards languissans en leurs flammes discrettes,
Me sont de ton Amour les parolles secrettes.

PHYLIS.

Hà Dieu qu'vn diuers mal diuerſement me point!
I'ayme! helas non, Cloris, non non, ie n'ayme point.

CLORIS.

La honte ainſi dément ce que l'Amour decelle,
La flamme de ton cœur par tes yeux étincelle :
Et ton ſilence meſme en ce profond malheur,
N'eſt que trop eloquent à dire ta douleur :
Tout parle en ton viſage, & te voulant contraindre,
L'Amour vient malgré toy ſur ta léure à ſe plaindre :
Pourquoy veux-tu Phylis, aymant comme tu fais,
Que l'Amour ſe demente en ſes propres effets?
Ne ſçay-tu que ces pleurs, que ces douces œillades,
Ces yeux qui ſe mourant font les autres malades,
Sont theatres du cœur où l'Amour vient iouër
Les penſers que la bouche a honte d'auouër?
N'en fay doncq' point la fine & vainement ne cache
Ce qu'il faut malgré toy que tout le monde ſçache,
Puis que le feu d'Amour dont tu veux triompher,
Se monſtre d'autant plus qu'on le penſe eſtouffer.
L'Amour eſt vn enfant nud, ſans fard & ſans crainte,
Qui ſe plaiſt qu'on le voye & qui fuit la contrainte :
Force doncq tout reſpect, & ma fillete croy
Qu'vn chacun eſt ſuiet à l'Amour comme toy.
En ieuneſſe i'aymé, ta mere fit de meſme :
Lycandre aima Liſis, & Feliſque Phileſme :
Et ſi l'aage eſteignit leur vie & leurs ſouſpirs,
Par ces plaines encor' on en ſent les Zephirs ;
Ces fleuues ſont encor' tout enfleʒ de leurs larmes,
Et ces preʒ tout rauis de tant d'amoureux charmes,
Encor voit-on l'Echo redire leurs chanſons,
Et leurs noms ſur ces bois graueʒ en cent façons.

Mesmes que penses-tu Hermione la belle
Qui semble contre Amour si fiere & si cruelle,
Me dit tout franchement en plorant l'autre iour,
Qu'elle estoit sans amant mais non pas sans Amour:
Telle encor qu'on me voit i'aime de telle sorte,
Que l'effet en est vif si la cause en est morte,
Es cendres d'Amyante Amour nourrit ce feu
Que iamais par mes pleurs estaindre ie n'ay peu:
Mais comme d'vn seul trait fut nostre ame entamée,
Par sa mort mon amour n'en est moins enflammée.

PHYLIS.

Hà n'en dy dauantage & de grace ne rends
Mes maux plus douloureux ny mes ennuys plus grands.

CLORIS.

D'où te vient le regret dont ton ame est saisie,
Est ce infidelité, mépris ou ialousie?

PHYLIS.

Ce n'est ny l'vn ny l'autre, & mon mal rigoureux
Excede doublement le tourment amoureux.

CLORIS.

Mais ne peut-on sçauoir le mal qui te possede?

PHYLIS.

A quoy seruiroit-il puis qu'il est sans remede?

CLORIS.

Volontiers les ennuis s'alegent aux discours.

PHYLIS.

Las! ie ne veux aux miens ny pitié ny ſecours.

CLORIS.

La douleur que lon cache eſt la plus inhumaine.

PHYLIS.

Qui meurt en ſe taiſant ſemble mourir ſans peine.

CLORIS.

Peut-eſtre la diſant te pourray-ie guarir.

PHYLIS.

Tout remede eſt faſcheux alors qu'on veut mourir.

CLORIS.

Au moins auant ta mort dy où le mal te touche.

PHYLIS.

Le ſecret de mon cœur ne va point en ma bouche.

CLORIS.

Avec toy mourront donc tes ennuis rigoureux.

PHYLIS.

Mon cœur eſt vn ſepulchre honorable pour eux.

CLORIS.

Ie voy bien en tes yeux quelle eſt ta maladie.

PHYLIS.

Si tu la voy, pourquoy veux-tu que ie la die?

CLORIS.

Si ie ne me deçoy ce mal te vient d'aimer.

PHYLIS.

Cloris, d'vn double feu ie me sens consommer.

CLORIS.

La douleur malgré-toy la langue te desnouë.

PHYLIS.

Mais faut-il à ma honte helas que ie l'aduouë?
Et que ie die vn mal pour qui iusques icy,
I'eus la bouche fermée & le cœur si transi,
Qu'estouffant mes souspirs, aux bois, aux prez, aux pleines,
Ie ne peux, & n'osé discourir de mes peines?
Auray-ie assez d'audace à dire ma langueur?
Ha pardons le respect où i'ay perdu le cœur.
I'aime, i'aime, Cloris, & cét enfant d'Eryce
Qui croit que c'est pour moy trop peu que d'vn suplice,
De deux traits qu'il tira des yeux de deux amans,
Cause en moy ces douleurs & ces gemissemens :
Chose encore inouye & toutesfois non fainte,
Et dont iamais Bergere à ces bois ne s'est plainte.

CLORIS.

Seroit-il bien possible?

PHYLIS.

A mon dam tu le vois.

CLORIS.

Comment qu'on puisse aimer deux hommes à la fois?

PHYLIS.

Mon malheur en cecy n'eſt que trop veritable :
Mais las! il eſt bien grand puis qu'il n'eſt pas croyable.

CLORIS.

Qui ſont ces deux Bergers dont ton cœur eſt époint?

PHYLIS.

Aminte, & Philemon, ne les cognoy-tu point?

CLORIS.

Ceux qui furent bleſſez lors que tu fus rauie.

PHYLIS.

Ouy ces deux, dont ie tiens & l'honneur & la vie.

CLORIS.

I'en ſçay tout le diſcours, mais dy moy ſeulement
Comme amour par leurs yeux charma ton iugement.

PHYLIS.

Amour tout deſpité de n'auoir point de fleſche
Aſſez forte pour faire en mon cœur vne breſche,
Voulant qu'il ne fuſt rien dont il ne fuſt vainqueur,
Fit par les coups d'autruy cette plaie en mon cœur;
Quand ces Bergers naurés, ſans vigueur & ſans armes,
Tout moites de leur ſang, comme moy de mes larmes;
Prés du Satyre mort & de moy que l'ennuy
Rendoit en apparence auſſi morte que luy;

Firent voir à mes yeux d'vne piteuse sorte
Qu'autant que leur amour leur valeur estoit forte.
Ce traistre tout couuert de sang & de pitié,
Entra dedans mon cœur, sous couleur d'amitié,
Et n'y fut pas plustost que morte, froide, & blesme,
Ie cessé tout en pleurs d'estre plus à moy-mesme,
I'oublié pere & mere, & troupeaux, & maison,
Mille nouueaux desirs saisirent ma raison :
I'erré deçà delà, furieuse insensee,
De pensers, en pensers, s'esgara ma pensee,
Et comme la fureur estoit plus douce en moy,
Reformant mes façons, ie leur donnois la loy,
I'accommodois ma grace, agençois mon visage,
Vn ialoux soin de plaire excitoit mon courage.
I'allois plus retenuë & composois mes pas,
I'apprenois à mes yeux à former des appas,
Ie voulois sembler belle, & m'efforçois à faire
Vn visage qui peust également leur plaire,
Et lors qu'ils me voyoient par hasard tant soit peu,
Ie frissonnois de peur, craignant qu'ils eussent veu
Tant i'estois en amour innocemment coupable,
Quelque façon en moy qui ne sust agreable.
Ainsi tousiours en trance en ce nouueau soucy
Ie disois à par-moy, las mon Dieu qu'est-cecy !
Quel soin qui de mon cœur s'estant rendu le maistre,
Fait que ie ne suis plus ce que ie soulois estre :
D'où vient que iour & nuict ie n'ay point de repos ?
Que mes souspirs ardens trauersent mes propos,
Que loin de la raison tout conseil ie reiette,
Que ie sois sans suiet aux larmes si suiette !
Ha! sotte respondoy-ie apres en me tançant,
Non ce n'est que pitié que ton ame ressant
De ces Bergers blessez, te fasche-tu cruelle,
Aux doux ressentimens d'vn acte si fidelle ?

Serois-tu pas ingrate en faisant autrement?
Ainsi ie me flattois en ce faux iugement,
Estimant en ma peine aueugle & langoureuse,
Estre bien pitoyable, & non pas amoureuse.
Mais las! en peu de temps ie cogneu mon erreur,
Tardiue cognoissance à si prompte fureur!
I'apperceu, mais trop tard, mon amour vehemente,
Les cognoissant amans, ie me cogneus amante,
Aux rayons de leur feu qui luit si clairement,
Helas! ie vy leur flame & mon embrasement,
Qui croissant par le temps s'augmenta d'heure en heure,
Et croistra, s'ay-ie peur iusqu'à tant que ie meure.
Depuis de mes deux yeux le sommeil se bannit,
La douleur de mon cœur mon visage fannit,
Du Soleil à regret la lumiere m'esclaire,
Et rien que ces Bergers au cœur ne me peut plaire.
Mes flesches & mon arc me viennent à mespris,
Vn choc continuël fait guerre à mes esprits,
Ie suis du tout en proye à ma peine enragee,
Et pour moy comme moy toute chose est changee:
Nos champs ne sont plus beaux, ces prés ne sont plus verts,
Ces arbres ne sont plus de feuillages couuerts,
Ces ruisseaux sont troublez des larmes que ie verse,
Ces fleurs n'ont plus d'émail en leur couleur diuerse,
Leurs attraits si plaisans sont changez en horreur,
Et tous ces lieux maudits n'inspirent que fureur.
Icy comme autresfois, ces pâtiz ne fleurissent,
Comme moy de mon mal mes troupeaux s'amaigrissent,
Et mon chien m'abayant semble me reprocher,
Que i'aye ore à mespris ce qui me fut si cher :
Tout m'est à contre-cœur horsmis leur souuenance :
Hélas! ie ne vy point sinon lors que i'y pense,
Ou lors que ie les vois, & que viuante en eux,
Ie puize dans leurs yeux vn venin amoureux.

Amour qui pour mon mal me rend ingenieuse,
Donnant tréue à ma peine ingrate & furieuse,
Les voyant me permet l'vsage de raison,
Afin que ie m'efforce apres leur guarison,
Me fait penser leurs maux, mais las! en vain i'essaye
Par vn mesme appareil pouuoir guarir ma playe:
Ie sonde de leurs coups l'estrange profondeur,
Et ne m'estonne point pour en voir la grandeur :
l'estuue de mes pleurs leurs blesseures sanglantes,
Helas à mon malheur blesseures trop blessantes!
Puisque vous me tuez, & que mourant par vous,
Ie souffre en vos douleurs, & languis en vos coups.

CLORIS.

Bruslent ils comme toy d'amour demesuree?

PHYLIS.

Ie ne sçay, toutesfois, i'en pense estre asseuree.

CLORIS.

L'amour se persuade assez legerement.

PHYLIS.

Mais ce que lon desire on le croit aisément.

CLORIS.

Le bon amour pourtant n'est point sans desfiance.

PHYLIS.

Ie te diray sur quoy i'ay fondé ma croyance :
   Vn iour comme il aduint qu'Aminte estant blecé,
Et qu'estant de sa playe & d'amour oppressé,

Ne pouvant clorre l'œil esueillé du martyre,
Se plaignoit en plorant d'vn mal qu'il n'osoit dire :
Mon cœur qui du passé le voyant, se souuint;
A ce piteux obiect toute pitié deuint,
Et ne pouuant souffrir de si dures alarmes,
S'ouurit à la douleur, & mes deux yeux aux larmes.
En fin comme ma voix ondoyante à grans flots,
Eust trouué le passage entre mille sanglots,
Me forçant en l'accez du tourment qui me gréue,
I'obtins de mes douleurs à mes pleurs quelque tréue,
Ie me mis à chanter, & le voyant gemir,
En chantant i'inuitois ses beaux yeux à dormir :
Quand luy tout languissant tournant vers moy sa teste,
Qui sembloit vn beau lys battu de la tempeste,
Me lançant vn regard qui le cœur me fendit,
D'vne voix rauque & casse ainsi me respondit :
  Phylis comment veux-tu qu'absent de toy ie viue,
Ou bien qu'en te voyant, mon ame ta captiue,
Trouue pour endormir son tourment furieux,
Vne nuit de repos au iour de tes beaux yeux?
Alors toute surprise en si prompte nouuelle,
Ie m'enfuy de vergongne où Filemon m'appelle,
Qui nauré comme luy de pareils accidens,
Languissoit en ces maux trop vifs & trop ardans.
Moy qu'vn deuoir esgal à mesme soing inuite,
Ie m'approche de luy, ses playes ie visite,
Mais las en m'apprestant à ce piteux dessein,
Son beau sang qui s'esmeut iallit dessus mon sein;
Tombant esuanouy toutes ses playes s'ouurent,
Et ses yeux comme morts de nuages se couurent.
  Comme auecque mes pleurs ie l'eus fait reuenir,
Et me voyant sanglante en mes bras le tenir,
Me dit, Belle Phylis, si l'amour n'est vn crime,
Ne mesprisez le sang qu'espand cette victime.

On dit qu'eſtant touché de mortelle langueur
Tout le ſang ſe reſſerre & ſe retire au cœur,
Las! vous eſtes mon cœur, où pendant que i'expire,
Mon ſang bruſlé d'amour, s'vnit & ſe retire.
Ainſi de leurs deſſeins ie ne puis plus douter,
Et lors moy que l'amour oncques ne ſceut dompter,
Ie me ſentis vaincuë, & gliſſer en mon ame,
De ces propos ſi chauds & ſi bruſlans de flame,
Vn rayon amoureux qui m'enflamma ſi bien,
Que tous mes froids dédains n'y ſeruirent de rien.
Lors ie m'en cours de honte, où la fureur m'emporte,
N'ayant que la penſée & l'amour pour eſcorte,
Et ſuis comme la Biche à qui l'on a percé
Le flanc mortellement d'vn garrot trauerſé,
Qui fuit dans les foreſts, & touſiours auec elle
Porte ſans nul eſpoir ſa bleſſeure mortelle:
Las! ie vais tout de meſme, & ne m'apperçoy pas,
O malheur! qu'auec moy, ie porte mon treſpas,
Ie porte le tyran qui de poiſon m'enyure,
Et qui ſans me tuer en ma mort me fait viure,
Heureuſe ſans languir ſi long temps aux abois,
I'en pouuois eſchaper pour mourir vne fois.

CLORIS.

Si d'vne meſme ardeur leur ame eſt enflammée,
Te plains-tu d'aimer bien & d'eſtre bien aimée?
Tu les peux voir tous deux, & les fauoriſer.

PHYLIS.

Vn cœur ſe pourroit-il en deux parts diuiſer?.

CLORIS.

Pourquoy non! c'eſt erreur de la ſimpleſſe humaine.
La foy n'eſt plus aux cœurs qu'vne Chimere vaine,

Tu dois fans t'arrefter à la fidelité,
Te feruir des amans comme des fleurs d'Efté,
Qui ne plaifent aux yeux qu'eftant toutes nouuelles:
Nous auons de nature au fein doubles mammelles,
Deux oreilles, deux yeux, & diuers fentimens,
Pourquoy ne pourrions-nous auoir diuers amans?
Combien en cognoiffai-ie à qui tout eft de mife?
Qui changent plus fouuent d'amans que de chemife;
La grace, la beauté, la ieuneffe & l'amour,
Pour les femmes ne font qu'vn empire d'vn iour :
Encor que d'vn matin (car à qui bien y penfe)
Le midy n'eft que foin, le foir que repentance;
Puis donc qu'amour te fait d'amans prouifion,
Vfes de ta ieuneffe, & de l'occafion;
Toutes deux comme vn trait de qui lon perd la trace,
S'enuolent, ne laiffant qu'vn regret en leur place :
Mais fi ce proceder encore t'eft nouueau,
Choifi lequel des deux te femble le plus beau.

PHYLIS.

Ce remede ne peut à mon mal fatisfaire,
Puis nature & l'amour me deffend de le faire;
En vn choix fi douteux s'efgare mon defir,
Ils font tous deux fi beaux qu'on n'y peut que choifir,
Comment beaux, ha! Nature admirable en ouurages,
Ne fift iamais deux yeux, ny deux fi beaux vifages!
Vn doux afpect qui femble aux amours conuier;
L'vn n'a rien qu'en beauté l'autre puiffe enuier,
L'vn eft brun, l'autre blond & fon poil qui fe dore,
En filets blondiffans, eft femblable à l'Aurore,
Quand toute écheuelée, à nos yeux foufriant,
Elle émaille de fleurs les portes d'Oriant :
Ce taint blanc & vermeil où l'amour rit aux graces,
Cét œil qui fond des cœurs les rigueurs & les glaces,

Qui foudroye en regards, éblouyt la raiſon,
Et tuë en Baſilic d'amoureuſe poiſon ;
Cette bouche ſi belle & ſi pleine de charmes,
Où l'amour prend le miel dont il trempe ſes armes;
Ces beaux traits de diſcours ſi doux & ſi puiſſans,
Dont amour par l'oreille aſſuietit mes ſens,
A ma foible raiſon font telle violence,
Qu'ils tiennent mes deſirs en égale balance :
Car ſi de l'vn des deux ie me veux departir,
Le Ciel non plus que moy ne le peut conſentir :
L'autre pour eſtre brun aux yeux n'a moins de flammes,
Il ſeme en regardant du ſoufre dans les ames,
Donne aux cœurs aueuglez la lumiere & le iour,
Ils ſemblent deux Soleils en la Sphere d'amour :
Car ſi l'vn eſt pareil à l'Aurore vermeille,
L'autre en ſon taint plus brun a la grace pareille
A l'Aſtre de Venus qui doucement reluit,
Quand le Soleil tombant dans les ondes s'enfuit :
Sa taille haute & droite & d'vn iuſte corſage,
Semble vn pin qui s'eſleue au milieu d'vn bocage ;
Sa bouche eſt de corail, où lon voit au dedans,
Entre vn plaiſant ſouſris les perles de ſes dents,
Qui reſpirent vn air embaumé d'vne haleine
Plus douce que l'œillet ny que la mariolaine,
D'vn brun meſlé de ſang ſon viſage ſe paint,
Il a le iour aux yeux & la nuit en ſon taint :
Où l'amour flamboyant entre mille eſtincelles,
Semble vn amas brillant des eſtoiles plus belles,
Quand vne nuit ſeraine avec ſes bruns flambeaux,
Rend le Soleil ialoux en ſes iours les plus beaux,
Son poil noir & retors en gros floccons ondoye,
Et creſpelu reſſemble vne toiſon de ſoye :
C'eſt en fin comme l'autre vn miracle des Cieux :
Mon ame pour les voir vient toute dans mes yeux,

Et rauie en l'obiet de leurs beautés extrémes,
Se retrouuant en eux, se perd toute en soy-mesmes.
Las ainsi ie ne sçay que dire ou que penser,
De les aimer tous deux n'est-ce les offencer?
Laisser l'vn, prendre l'autre, ô Dieux est-il possible!
Ce seroit les aimant vn crime irremissible;
Ils sont tous deux égaux de merite, & de foy;
Las je n'aime rien qu'eux, ils n'aiment rien que moy;
Tous deux pour me sauuer hazarderent la vie,
Ils ont mesme dessein, mesme amour, mesme enuie.
De quelles passions me sentay-ie émouuoir!
L'amour, l'honneur, la foy, la pitié, le deuoir,
De diuers sentimens également me troublent,
Et me pensant aider mes angoisses redoublent:
Car si pour essayer à mes maux quelque paix,
Parfois oubliant l'vn, en l'autre ie me plais,
L'autre tout en colere à mes yeux se presente,
Et me monstrant ses coups, sa chemise sanglante,
Son amour, sa douleur, sa foy, son amitié,
Mon cœur se fend d'amour & s'ouure à la pitié.
Las ainsi combatuë en ceste estrange guerre,
Il n'est grace pour moy au Ciel ny sur la terre,
Contre ce double effort debile est ma vertu,
De deux vents opposez mon cœur est combatu,
Et reste ma pauure ame entre deux estouffée,
Miserable despouille & funeste trophée.

SATYRE.

'avoir crainte de rien, & ne rien espérer,
Amy, c'est ce qui peut les hommes bien-heurer;
J'ayme les gens hardis, dont l'ame non commune,
Morgant les accidens, fait teste à la fortune,
Et voyant le soleil de flamme reluisant,
La nuit au manteau noir les Astres conduisant,
La Lune se masquant de formes differentes,
Faire naître les mois en ses courses errantes,
Et les Cieux se mouvoir par ressorts discordans,
Les vns chauds temperez, & les autres ardens,
Qui ne s'emouvant point, de rien n'ont l'ame attainte,
Et n'ont en les voyant, esperance ni crainte.
Mesme si pesle mesle avec les Elemens,
Le Ciel d'airain tomboit iusques aux fondemens,
Et que tout se froissast d'vne étrange tempeste,
Les esclats sans frayeur leur frapperoyent la teste,
Combien moins les assauts de quelque passion
Dont le bien & le mal n'est qu'vne opinion?
 Ni les honneurs perdus, ni la richesse acquise,
N'auront sur son esprit, ni puissance, ni prise.

Dy moy, qu'est-ce qu'on doit plus cherement aymer
De tout ce que nous donne ou la Terre ou la Mer?
Ou ces grans Diamans, si brillans à la veuë,
Dont la France se voit à mon gré trop pourveuë,
Ou ces honneurs cuisans, que la faveur depart
Souvent moins par raison, que non pas par hazard,
Ou toutes ces grandeurs apres qui l'on abbaye,
Qui font qu'vn President dans les procés s'égaye.
De quel œil, trouble, ou clair, dy-moy, les doit-on voir,
Et de quel appetit au cœur les recevoir?
   Ie trouue, quant à moy, bien peu de difference
Entre la froide peur, & la chaude esperance,
D'autant que mesme doute également assaut
Nostre esprit qui ne sçait au vray ce qu'il luy faut.
   Car estant la Fortune en ses fins incertaine,
L'accident non prévû nous donne de la peine;
Le bien inesperé nous saisit tellement,
Qu'il nous gele le sang, l'ame & le jugement,
Nous fait fremir le cœur, nous tire de nous-mesmes;
Ainsi diversement saisis des deux extremes,
Quand le succés du bien au desir n'est égal,
Nous nous sentons troublez du bien comme du mal,
Et trouvant mesme effet en vn sujet contraire,
Le bien fait dedans nous ce que le mal peut faire.
   Or donc, que gagne-t-on de rire, ou de pleurer?
Craindre confusement, bien, ou mal esperer?
Puisque mesme le bien excedant notre attente,
Nous saisissant le cœur, nous trouble, & nous tourmente,
Et nous desobligeant nous mesme en ce bon-heur,
La ioie & le plaisir nous tient lieu de douleur.
Selon son roolle, on doit iouër son personnage,
Le bon sera méchant, insensé l'homme sage,
Et le prudent sera de raison devestu,
S'il se monstre trop chaud à suivre la vertu;

Combien plus celuy-la dont l'ardeur non commune
Eléve ses desseins jusqu'au Ciel de la Lune,
Et se privant l'esprit de ses plus doux plaisirs,
A plus qu'il ne se doit, laisse aller ses desirs?

 Va donc, & d'vn cœur sain voyant le Pont-au-change,
Desire l'or brillant sous mainte pierre étrange;
Ces gros lingots d'argent, qu'à grans coups de marteaux,
L'art forme en cent façons de plats, & de vaisseaux;
Et deuant que le iour aux gardes se découvre,
Va, d'vn pas diligent, à l'Arcenac, au Louvre;
Talonne vn President, suy-le comme vn valet;
Mesme, s'il est besoin, estrille son mulet,
Suy jusques au Conseil les Maistres des Requestes;
Ne t'enquiers curieux s'ils sont hommes ou bestes,
Et les distingues bien, les vns ont le pouvoir
De iuger finement vn proces sans le voir;
Les autres comme Dieux pres le soleil résident,
Et Demons de Plutus, aux finances président,
Car leurs seules faveurs peuuent, en moins d'vn an,
Te faire devenir Chalange, ou Montauban.
Ie veux encore plus, démembrant ta Province,
Ie veux, de partisan que tu deviennes Prince.
Tu seras des Badauts en passant adoré,
Et sera iusqu'au cuir ton carosse doré;
Chacun en ta faveur mettra son espérance,
Mille valets sous toy desoleront la France,
Tes logis tapissés en magnifique arroy,
D'éclat aveugleront ceux-la mesmes du Roy.
Mais si faut-il, enfin, que tout vienne à son conte,
Et soit auec l'honneur, ou soit auec la honte,
Il faut, perdant le jour, esprit, sens, & vigueur,
Mourir comme Enguerand, ou comme Iacques Cœur,
Et descendre la-bas, où, sans choix de personnes,
Les escuelles de bois s'égalent aux Couronnes.

En courtisant pourquoy perdrois-ie tout mon temps,
Si de bien & d'honneur mes esprits sont contens?
Pourquoy d'ame & de corps, faut-il que ie me peine,
Et qu'estant hors du sens, aussi bien que d'haleine,
Ie suiue vn financier, soir, matin, froid, & chaud,
Si i'ay du bien pour viure autant comme il m'en faut?
Qui n'a point de procés, au Palais n'a que faire,
Vn President pour moy n'est non plus qu'vn notaire,
Ie fais autant d'état du long comme du court,
Et mets en la Vertu ma faveur, & ma Court.
Voilà le vray chemin, franc de crainte & d'envie,
Qui doucement nous meine à cette heureuse vie,
Que parmy les rochers & les bois desertez,
Ieusne, veille, oraison, & tant d'austeritez,
Les Hermites iadis, ayant l'Esprit pour guide,
Chercherent si longtemps dedans la Thebaïde.
Adorant la Vertu, de cœur, d'ame, & de foy,
Sans la chercher si loin, chacun l'a dedans soy,
Et peut, comme il luy plaist, luy donner la teinture,
Artisan de sa bonne ou mauvaise aventure.

Satyre.

erclus d'vne jambe, & des bras,
Tout de mon long entre deux dras,
Il ne me reste que la langue
Pour vous faire cette harangue.
Vous sçavés que i'ay pension,
Et que l'on a pretention,
Soit par sotise, ou par malice,
Embarrassant le Benefice,
Me rendre, en me torchant le bec,
Le ventre creux comme vn rebec.
On m'en baille en discours de belles,
Mais de l'argent point de nouvelles;
Encore au lieu de payement,
On parle d'vn retranchement,
Me faisant au nez grise mine,
Que l'Abbaye est en ruine,
Et ne vaut pas, beaucoup s'en faut,
Les deux mille francs qu'il me faut;
Si bien que ie juge, à son dire,
Malgré le feu Roy nostre Sire,

Qu'il desireroit volontiers
Lâchement me reduire au tiers.
Ie laisse à part ce facheux conte;
Au Primtemps que la bile monte
Par les veines dans le cerveau,
Et que l'on sent au renouveau,
Son Esprit fécond en sornettes,
Il fait mauvais se prendre aux Poëtes;
Toutesfois, ie suis de ces Gens
De toutes choses négligens,
Qui vivant au iour la iournée,
Ne contrôllent leur destinée,
Oubliant, pour se mettre en paix,
Les injures & les bien-faits,
Et s'arment de Philosophie;
Il est pourtant fou qui s'y fie;
Car la Dame indignation
Est vne forte passion.
Estant donc en mon lit malade,
Les yeux creux, & la bouche fade,
Le teint iaune comme vn espy,
Et non pas l'esprit assoupy,
Qui dans ses caprices s'égaye,
Et souvent se donne la baye,
Se feignant, pour passer le temps,
Avoir cent mille escus contans,
Avec cela large campagne;
Ie fais des chasteaux en Espagne,
I'entreprens partis sur partis,
Toutesfois, je vous avertis,
Pour le Sel, que ie m'en deporte,
Que ie n'en suis en nulle sorte,
Non plus que du droit Annuël,
Ie n'ayme point le Casuël,

J'ay bien vn avis d'autre eſtoffe,
Dont du Luat le Philoſophe,
Déſigne rendre au Conſulat
Le nez fait comme vn cervelat :
Si le Conſeil ne s'y oppoſe,
Vous verrez vne belle choſe.
Mais laiſſant-là tous ces proiets,
Ie ne manque d'autres ſuiets,
Pour entretenir mon caprice
En vn fantaſtique exercice;
Ie diſcours des neiges d'antan,
Ie prens au nid le vent d'autan,
Ie pete contre le Tonnerre,
Aux papillons ie fais la guerre,
Ie compoſe Almanachs nouveaux,
De rien ie fais brides à Veaux,
A la S. Iean ie tends aux Gruës,
Ie plante des pois par les ruës,
D'vn baſton ie fais vn cheval,
Ie voy courir la Seine à val,
Et beaucoup de choſes, beau ſire,
Que ie ne veux, & n'oſe dire.
Apres cela, ie peinds en l'air,
I'apprens aux aſnes à voler,
Du Bordel ie fais la Chronique,
Aux chiens j'apprens la Rhetorique;
Car, enfin, ou Plutarque ment,
Ou bien ils ont du iugement.
Ce n'eſt pas tout, ie dis ſornettes,
Ie dégoiſe des Chanſonnettes,
Et vous dis, qu'auec grand effort,
La Nature pâtit tres-fort.
Ie ſuis ſi plein que ie regorge,
Si vne fois ie rens ma gorge,

Eclatant ainsi qu'vn petard,
On dira, le Diable y ayt part.
Voila comme le temps ie passe,
Si ie suis las, ie me delasse,
I'écris, ie lis, ie mange & boy,
Plus heureux cent fois que le Roy,
(Ie ne dis pas le Roy de France,)
Si ie n'estois court de finance.
Or, pour finir, voila comment
Ie m'entretiens bisarrement,
Et prenez-moy les plus extremes
En sagesse, ils vivent de mesmes,
N'estant l'humain entendement
Qu'vne grotesque seulement.
Vuidant des bouteilles cassées,
Ie m'embarasse en mes pensées,
Et quand i'y suis bien embrouillé,
Ie me couvre d'vn sac mouillé.
Faute de papier, bona sere,
Qui a de l'argent, si le serre.
Votre Serviteur à iamais,
Maistre Ianin du Pontalais.

ELEGIE.

'homme s'oppose en vain contre la destinée,
Tel a domté sur mer la tempeste obstinée,
Qui deceu dans le port, esprouue en vn instant
Des accidens humains le reuers inconstant,
Qui le jette au danger, lors que moins il y pense.
Ores, à mes depens i'en fais l'experience,
Moy, qui tremblant encor du naufrage passé,
Du bris de mon navire au rivage amassé,
Bâtissois vn autel aux Dieux legers des Ondes,
Iurant mesme la mer, & ses vagues profondes.
Instruit à mes depens, & prudent au danger,
Que je me garderois de croire de leger,
Sçachant qu'injustement il se plaint de l'orage,
Qui remontant sur mer fait vn second naufrage.
Cependant ay-ie à peine essuyé mes cheveux,
Et payé dans le port l'offrande de mes vœux,
Que d'vn nouveau desir le courant me transporte,
Et n'ay pour l'arrester la raison assez forte.
Par vn destin secret mon cœur s'y voit contraint,
Et par vn si doux nœud si doucement estreint,

Que me trouvant efpris d'vne ardeur fi parfaite,
Trop heureux en mon mal, ie benis ma defaite,
Et me fens glorieux, en vn fi beau tourment,
De voir que ma grandeur ferve fi dignement ;
Changement bien étrange en vne amour fi belle !
Moy, qui rangeois au joug la terre vniuerfelle,
Dont le nom glorieux aux Aftres eflevé,
Dans le cœur des mortels par vertu s'eft gravé,
Qui fis de ma valeur le hazard tributaire,
A qui rien, fors l'Amour, ne put eftre contraire,
Qui commande par tout, indomptable en pouvoir,
Qui fçay donner des loix; & non les recevoir ;
Ie me voy prifonnier aux fers d'vn ieune Maiftre,
Où ie languis efclave, & fais gloire de l'eftre,
Et font à le fervir tous mes vœux obligez ;
Mes palmes, mes lauriers en myrthes font changez,
Qui fervant de trophée aux beautez que i'adore,
Font en fi beau fuiet que ma perte m'honnore.

Vous, qui dés le berceau de bon œil me voyez,
Qui du troifiéme Ciel mes deftins envoyez,
Belle & fainte planete, Aftre de ma naiffance,
Mon bon-heur plus parfait, mon heureufe influënce,
Dont la doüceur prefide aux douces paffions,
Venus, prenez pitié de mes affections,
Soyez-moy favorable, & faites à cette heure,
Pluftoft que découvrir mon amour, que ie meure :
Et que ma fin témoigne, en mon tourment fecret,
Qu'il ne vefcut iamais vn amant fi difcret,
Et qu'amoureux conftant, en vn fi beau martyre,
Mon trépas feulement mon amour puiffe dire.

Ha! que la paffion me fait bien difcourir !
Non, non, vn mal qui plaift, ne fait jamais mourir.
Dieux ! que puis-je donc faire au mal qui me tourmente !
La patience eft foible, & l'amour violente,

ELEGIE.

Et me voulant contraindre en si grande rigueur,
Ma plainte se dérobbe, & m'échappe du cœur,
Semblable à cet enfant, que la Mere en colere,
Apres vn châtiment veut forcer à se taire,
Il s'efforce de crainte à ne point soupirer,
A grand peine ose-t-il son haleine tirer;
Mais nonobstant l'effort, dolent en son courage,
Les sanglots, à la fin, debouchent le passage,
S'abandonnant aux cris, ses yeux fondent en pleurs,
Et faut que son respect défere à ses douleurs.
De mesme, ie m'efforce au tourment qui me tuë,
En vain de le cacher mon respect s'evertuë,
Mon mal, comme vn torrent, pour vn temps retenu,
Renversant tout obstacle, est plus fier devenu.
 Or puis-que ma douleur n'a pouvoir de se taire,
Et qu'il n'est ni desert, ni rocher solitaire,
A qui de mon secret ie m'osasse fier,
Et que jusqu'à ce point ie me dois oublier,
Que de dire ma peine en mon cœur si contrainte,
A vous seule, en pleurant, j'addresse ma complainte;
Aussi puis-que vostre œil m'a tout seul asservy,
C'est raison que luy seul voye comme ie vy,
Qu'il voye que ma peine est d'autant plus cruelle,
Que seule en l'Vnivers, ie vous estime belle;
Et si de mes discours vous entrez en courroux,
Songez qu'ils sont en moy, mais qu'ils naissent de vous,
Et que ce seroit estre ingrate en vos defaites,
Que de fermer les yeux aux playes que vous faites.
 Donc, Beauté plus qu'humaine, objet de mes plaisirs,
Delices de mes yeux, & de tous mes desirs,
Qui regnez sur les cœurs d'vne contrainte aimable,
Pardonnez à mon mal, hélas! trop veritable,
Et lisant dans mon cœur que valent vos attraits,
Le pouvoir de vos yeux, la force de vos traits,

La preuve de ma foy, l'aigreur de mon martyre,
Pardonnez à mes cris de l'avoir osé dire,
Ne vous offencez point de mes justes clameurs,
Et si mourant d'amour, ie vous dis que ie meurs.

VERS SPIRITUELS.

STANCES.

uand sur moy je jette les yeux,
A trente ans me voyant tout vieux,
Mon cœur de frayeur diminuë,
Estant vieilly dans vn moment,
Ie ne puis dire seulement
Que ma jeunesse est devenuë.

Du berceau courant au cercueil,
Le jour se dérobe à mon œil,
Mes sens troublez s'évanouïssent,
Les hommes sont comme des fleurs,
Qui naissent & vivent en pleurs,
Et d'heure en heure se fanissent.

Leur âge à l'instant écoulé,
Comme vn trait qui s'est envolé,
Ne laisse apres soy nulle marque,
Et leur nom si fameux icy,
Si tost qu'ils sont morts, meurt aussi,
Du pauvre autant que du Monarque.

N'agueres verd, sain, & puissant,
Comme vn Aubespin florissant,
Mon printemps estoit délectable,
Les plaisirs logeoient en mon sein,
Et lors estoit tout mon dessein
Du jeu d'amour, & de la table.

Mais las! mon sort est bien tourné;
Mon âge en vn rien s'est borné,
Foible languit mon esperance,
En vne nuit, à mon malheur,
De la joye & de la douleur
I'ay bien appris la difference!

La douleur aux traits veneneux,
Comme d'vn habit epineux
Me ceint d'vne horrible torture,
Mes beaux jours sont changés en nuits,
Et mon cœur tout flestry d'ennuys,
N'attend plus que la sepulture.

Enyvré de cent maux divers,
Ie chancelle, & vay de travers,
Tant mon ame en regorge pleine,
I'en ay l'esprit tout hebété,
Et si peu qui m'en est resté,
Encor me fait-il de la peine.

La memoire du temps passé,
Que j'ay folement depencé,
Espand du fiel en mes vlceres;
Si peu que j'ay de jugement,
Semble animer mon sentiment,
Me rendant plus vif aux miseres.

Ha! pitoyable souvenir!
Enfin, que dois-je devenir!
Où se reduira ma constance!
Estant ja defailly de cœur,
Qui me donra de la vigueur,
Pour durer en la penitence?

Qu'est-ce de moy? foible est ma main,
Mon courage, hélas! est humain,
Ie ne suis de fer ni de pierre;
En mes maux monstre-toy plus doux,
Seigneur, aux traits de ton courroux,
Ie suis plus fragile que verre.

Ie ne suis à tes yeux, sinon
Qu'vn festu sans force, & sans nom,
Qu'vn hibou qui n'ose paroistre,
Qu'vn fantosme icy bas errant,
Qu'vne orde escume de torrent,
Qui semble fondre avant que naistre.

Où toy, tu peux faire trembler
L'Vnivers, & desassembler
Du Firmament le riche ouvrage,
Tarir les Flots audacieux,
Ou, les élevant jusqu'aux Cieux,
Faire de la Terre vn naufrage.

Le Soleil fléchit devant toy,
De toy lés Astres prennent loy,
Tout fait joug dessous ta parole :
Et cependant, tu vas dardant
Dessus moy ton courroux ardent,
Qui ne suis qu'vn bourrier qui vole.

Mais quoy! si ie suis imparfait,
Pour me defaire m'as-tu fait?
Ne sois aux pecheurs si severe;
Ie suis homme, & toy Dieu Clement,
Sois donc plus doux au châtiment,
Et punis les tiens comme Pere.

I'ay l'œil seellé d'vn seau de fer,
Et déja les portes d'Enfer
Semblent s'entr'ouvrir pour me prendre;
Mais encore, par ta bonté,
Si tu m'as osté la santé,
O Seigneur, tu me la peux rendre.

Le tronc de branches devestu
Par vne secrette vertu
Se rendant fertile en sa perte,
De rejettons espere vn jour
Ombrager les lieux d'alentour,
Reprenant sa perruque verte.

Où, l'homme en la fosse couché,
Apres que la mort l'a touché,
Le cœur est mort comme l'escorce;
Encor l'eau reverdit le bois;
Mais l'homme estant mort vne fois,
Les pleurs pour luy n'ont plus de force.

SVR LA NATIVITÉ

DE NOSTRE SEIGNEVR,

HYMNE.

Par le commandement du Roy Louis XIII. pour sa Musique de la Messe de minuit.

our le salut de l'Vnivers,
Aujourd'huy les Cieux sont ouvers,
Et par vne conduite immense,
La grace descend dessus nous,
Dieu change en pitié son courroux,
Et sa Iustice en sa Clemence.

Le vray Fils de Dieu Tout-puissant,
Au fils de l'homme s'vnissant,
En vne charité profonde,
Encor qu'il ne soit qu'vn Enfant,
Victorieux & triomphant,
De fers affranchit tout le monde.

Dessous sa divine vertu,
Le peché languit abbatu,

Et de ses mains à vaincre expertes,
Etouffant le serpent trompeur,
Il nous assure en nostre peur,
Et nous donne gain de nos pertes.

Ses oracles sont accomplis,
Et ce que par tant de replis
D'âge, promirent les Prophetes,
Aujourd'huy se finit en luy,
Qui vient consoler nostre ennuy,
En ses promesses si parfaites.

Grand Roy, qui daignas en naissant,
Sauver le Monde perissant,
Comme Pere, & non comme Iuge,
De Grace comblant nostre Roy,
Fay qu'il soit des meschans l'effroy,
Et des bons l'assuré refuge.

Qu'ainsi qu'en Esté le Soleil,
Il dissipe, aux rays de son œil,
Toute vapeur, & tout nuage;
Et qu'au feu de ses actions,
Se dissipant les factions,
Il n'ayt rien qui luy fasse ombrage.

SONNETS.

I.

Dieu, si mes pechez irritent ta fureur,
Contrit, morne & dolent, i'espere en ta clemence;
Si mon dueïl ne suffit à purger mon offence,
Que ta grace y supplée, & serve à mon erreur.

Mes esprits éperdus frissonnent de terreur,
Et ne voyant salut que par la penitence,
Mon cœur, comme mes yeux, s'ouvre à la repentance,
Et me hay tellement, que ie m'en fais horreur.

Ie pleure le present, le passé ie regrette,
Ie crains à l'avenir la faute que i'ay faite,
Dans mes rebellions je lis ton jugement.

Seigneur, dont la bonté nos injures surpasse;
Comme de Pere à fils vses-en doucement;
Si i'avois moins failly, moindre seroit ta grace.

II.

Quand devot vers le Ciel j'ose lever les yeux,
Mon cœur ravy s'emeut, & confus s'emerveille,
Comment, disje à part-moy, cette œuvre nompareille
Est-elle perceptible à l'esprit curieux?

Cet Astre ame du monde, œil vnique des Cieux,
Qui travaille en repos, & jamais ne sommeille
Pere immense du jour, dont la clarté vermeille,
Produit, nourrit, recrée, & maintient ces bas lieux.

Comment t'eblouïs-tu d'vne flamme mortelle,
Qui du soleil vivant n'est pas vne étincelle,
Et qui n'est devant luy sinon qu'obscurité?

Mais si de voir plus outre aux Mortels est loisible,
Croy bien, tu comprendras mesme l'infinité,
Et les yeux de la foy te la rendront visible.

III.

Cependant qu'en la Croix plein d'amour infinie,
Dieu pour nostre salut tant de maux supporta,
Que par son juste sang nostre ame il racheta
Des prisons où la mort la tenoit asservie,

Alteré du desir de nous rendre la vie,
I'ay soif, dit-il aux Iuifs; quelqu'vn lors apporta
Du vinaigre, & du fiel, & le luy presenta;
Ce que voyant sa Mere en la sorte s'écrie:

Quoy! n'est-ce pas assez de donner le trepas
A celuy qui nourrit les hommes icy bas,
Sans frauder son desir, d'vn si piteux breuvage?

Venez, tirez mon sang de ces rouges canaux,
Ou bien prenez ces pleurs qui noient mon visage,
Vous serez moins cruels, & i'auray moins de maux.

COMMENCEMENT D'VN POEME SACRÉ.

J'ay le cœur tout ravy d'vne fureur nouvelle,
Or' qu'en vn S. ouvrage vn S. Démon m'appelle,
Qui me donne l'audace & me fait essayer
Vn sujet qui n'a peû ma jeunesse effrayer.
Toy, dont la providence en merveilles profonde,
Planta dessus vn rien les fondemens du monde,
Et baillant à chaque estre & corps, & mouvemens,
Sans matiere donnas la forme aux Elemens;
Donne forme à ma Verve, inspire mon courage;
A ta gloire, ô Seigneur, i'entreprens cet ouvrage.
Avant que le Soleil eust enfanté les Ans,
Que tout n'estoit qu'vn rien, & que mesme le temps
Confus n'estoit distinct en trois diverses faces,
Que les Cieux ne tournoyent vn chacun en leurs places,
Mais seulement sans temps, sans mesure, & sans lieu,
Que seul parfait en soy regnoit l'Esprit de Dieu,
Et que dans ce grand Vuide, en Majesté superbe,
Estoit l'Estre de l'Estre en la vertu du Verbe;
Dieu qui forma dans soy de tout temps l'Vnivers,
Parla; quand à sa voix vn mélange divers....

EPIGRAMME.

ialard, plein d'hypocrisie,
Par sentences & contredits,
S'estoit mis dans la fantaisie
D'avoir mon bien & Paradis.
Dieu se gard de chicanerie.
Pour cela, je le sçay fort bien
Qu'il n'aura ma chanoinerie :
Pour Paradis ie n'en sçay rien.

ODE SVR VNE VIEILLE MAQVERELLE.

sprit errant, ame idolastre,
Corps verolé couuert d'emplastre,
Aueuglé d'vn lascif bandeau,
Grande Nymphe à la harlequine,
Qui s'est brisé toute l'eschine
Dessus le paué du bordeau,

Dy-moy pourquoy, vieille maudite,
Des Rufians la calamite,
As-tu sitost quitté l'Enfer?
Vieille à nos maux si preparée,
Tu nous rauis l'aage dorée,
Nous ramenant celle de fer.

Retourne donc, ame sorciere,
Des Enfers estre la portiere,
Pars & t'en va sans nul delay
Suyure ta noire destinée,
Te sauuant par la cheminée,
Sur ton espaule vn vieil balay.

Ie veux que par tout on t'appelle
Louüe, chienne, ourſe cruelle,
Tant deçà que delà les monts,
Ie veux de plus qu'on y adiouſte :
Voylà le grand Diable qui iouſte
Contre l'Enfer & les Demons.

Ie veux qu'on crie emmy la ruë,
Peuple, gardez-vous de la gruë
Qui deſtruit tous les eſguillons,
Demandant ſi c'eſt aduenture,
Ou bien vn effect de nature
Que d'accoucher des ardillons.

De cent clous elle fut formée,
Et puis pour en eſtre animée,
On la frotta de vif-argent :
Le fer fut premiere matiere,
Mais meilleure en fut la derniere,
Qui fiſt ſon cul ſi diligent.

Depuis honorant ſon lignage,
Elle fit voir vn beau meſnage
D'ordure & d'impudicitez,
Et puis par l'excez de ſes flames,
Elle a produit filles & femmes
Au champ de ſes lubricitez.

De moy tu n'auras paix ny treſue
Que ie ne t'aye veuë en Greue,
La peau paſſée en maroquin,
Les os briſez, la chair meurtrie,
Preſte à porter à la voirie,
Et miſe au fond d'vn mannequin.

Tu merites bien dauantage,
Serpent dont le maudit langage
Nous perd vn autre paradis :
Car tu changes le Diable en Ange,
Noſtre vie en la mort tu change
Croyant cela que tu nous dis.

Ha dieux! que ie te verray ſouple,
Lorſque le bourreau couple à couple
Enſemble lira tes putains,
Car alors tu diras au monde
Que malheureux eſt qui ſe fonde
Deſſus l'eſpoir de ſes deſſeins.

Vieille ſans dens, grande halebarde,
Vieil baril à mettre mouſtarde,
Grand morion, vieux pot caſſé,
Plaque de lict, corne à lanterne,
Manche de luth, corps de guiterne;
Que n'es-tu deſià in pace.

Vous tous qui malins de nature,
En deſireʒ voir la peinture,
Alleʒ-vous en cheʒ le bourreau,
Car s'il n'eſt touché d'inconſtance,
Il la faict voir à la potence,
Ou dans la ſalle du bordeau.

STANCES.

a foy, ie fus bien de la feste
Quand ie fis chez vous ce repas,
Ie trouuay la poudre à la teste,
Et le poyure vn bien peu plus bas.

Vous me monstrez vn Dieu propice,
Portant vn arc & vn brandon,
Appelez-vous la chaude pisse
Vne flesche de Cupidon ?

Mon cas, qui se leue & se hausse,
Baue d'vne estrange façon,
Belle, vous fournistes la sausse
Lors que ie fournis le poisson.

Las! si ce membre eust l'arrogance
De foüiller trop les lieux sacrez,
Qu'on luy pardonne son offence,
Car il pleure assez ses pechez.

EPIGRAMMES.

I.

mour eſt vne affection
Qui par les yeux dans le cœur entre.
Puis par vne defluction
S'eſcoule par le bas du ventre.

II.

Madelon n'eſt point difficile
Comme vn tas de mignardes font,
Bourgeois & gens ſans domicile
Sans beaucoup marchander luy font,
Vn chacun qui veut la racouſtre,
Pour raiſon elle dit vn poinct,
Qu'il faut eſtre putain tout outre,
Ou bien du tout ne l'eſtre point.

III.

Hier la langue me fourcha,
Deuiſant auec Anthoinette,

Ie dis f....., & ceste finette
Me fit la mine & se fascha.
Ie descheus de tout mon credit,
Et vis à sa couleur vermeille,
Qu'elle aimoit ce que i'auois dit,
Mais en autre part qu'en l'oreille.

IV.

Lors que i'estois comme inutile
Au plus doux passe-temps d'Amour,
I'auois vn mary si habile
Qu'il me caressoit nuict & iour.

Ores celuy qui me commande
Comme vn tronc gist dedans le lict,
Et maintenant que ie suis grande,
Il se repose iour & nuict.

L'vn fut trop vaillant en courage,
Et l'autre est trop alangoury,
Amour, rends-moy mon premier aage,
Ou rends moy mon premier mary!

V.

Dans vn chemin vn pays trauersant
Perrot tenoit sa Iannette accollée,
Si que de loin aduisant vn passant,
Il fut d'aduis de quitter la meslée,
Pourquoy fais-tu, dict la garce affolée,
Tresue du cu, ha! dit-il, laisse moy,
Ie voy quelqu'vn, c'est le chemin du Roy.
Ma foy, Perrot, peu de cas te desbauche.

Il n'eſt pas faict pluſtoſt comme ie croy,
Pour vn pieton que pour vn qui cheuauche.

VI.

Liʒette à qui l'on faiſoit tort,
Vint à Robin toute eſplorée,
Ie te prie donne-moy la mort,
Que tant de fois i'ay deſirée.
Luy, qui ne la refuſe en rien,
Tire ſon... vous m'entendeʒ bien,
Et au bout du ventre il la frappe.
Elle qui veut finir ſes iours,
Luy dit, mon cœur, pouſſe touſiours,
De crainte que ie n'en réchappe :
Mais Robin, las de la ſeruir,
Craignant vne nouuelle plainte,
Luy dit, haſte-toy de mourir,
Car mon poignard n'a plus de pointe.

STANCES.

i voſtre œil tout ardant d'amour & de lumiere,
De mon cœur votre eſclaue eſt la flamme premiere,
Que comme vn Aſtre ſainct ie reuere à genoux,
  Pourquoy ne m'aymez-vous?

Si vous que la beauté rend ores ſi ſuperbe,
Deuez comme vne fleur qui fleſtrit deſſus l'herbe,
Eſprouuer des ſaiſons l'outrage & le courroux,
  Pourquoy ne m'aymez-vous?

Voulez-vous que voſtre œil en amour ſi fertille,
Vous ſoit de la nature vn preſent inutille?
Si l'Amour comme vn Dieu ſe communique à tous,
  Pourquoy ne m'aymez-vous?

Attendez-vous vn iour qu'vn regret vous ſaiſiſſe?
C'eſt à trop d'intereſt imprimer vn ſupplice.
Mais puis que nous viuons en vn aage ſi doux,
  Pourquoy ne m'aymez-vous?

Si vostre grand' beauté toute beauté excelle,
Le Ciel pour mon malheur ne vous fit point si belle :
S'il semble en son dessein auoir pitie de nous,
  Pourquoy ne m'aymez-vous ?

Si i'ay pour vous aymer ma raison offensée,
Mortellement blessé d'vne flesche insensée,
Sage en ce seul esgard que i'ay beny les coups,
  Pourquoy ne m'aymez-vous ?

La douleur m'estrangeant de toute compagnie,
De mes iours malheureux a la clarté bannie,
Et si en ce malheur pour vous ie me resous,
  Pourquoy ne m'aymez-vous ?

Fasse le Ciel qu'en fin vous puissiez recognoistre
Que mon mal a de vous son essence & son estre :
Mais Dieu puis qu'il est vray, yeux qui m'estes si doux,
  Pourquoy ne m'aymez-vous ?

COMPLAINTE.

Stances.

ous qui violentez nos volontez subiectes,
Oyez ce que ie dis, voyez ce que vous faictes :
Plus vous la fermerez, plus ferme elle sera,
Plus vous la forcerez, plus elle aura de force.
Plus vous l'amortirez, plus elle aura d'amorce,
Plus elle endurera, plus elle durera.

Cachez-la, serrez-la, tenez-la bien contrainte,
L'atache de nos cœurs d'vne amoureuse estraincte
Nous couple beaucoup plus que l'on ne nous desioinct ;
Nos corps sont desunis, nos ames enlacees,
Nos corps sont separez & non point nos pensees :
Nous sommes desunis, & ne le sommes point.

Vous me faictes tirer profit de mon dommage,
En croissant mon tourment vous croissez mon courage ;
En me faisant du mal vous me faictes du bien,
Vous me rendez content me rendant miserable,
Sans vous estre obligé ie vous suis redeuable,
Vous me faictes beaucoup & ne me faictes rien.

Ce n'est pas le moyen de me pouuoir distraire,
L'ennemy se rend fort voyant son aduersaire,
Au fort de mon malheur ie me roidis plus fort.
Ie mesure mes maux auecques ma constance :
I'ay de la passion & de la patience,
Ie vis iusqu'à la mort, i'ayme iusqu'à la mort.

Bandez vous contre moi : que tout me soit contraire,
Tous vos efforts sont vains, & que pourrez-vous faire?
Ie sens moins de rigueur que ie n'ay de vigueur.
Comme l'or se rafine au milieu de la flamme,
Ie despite ce feu où i'espure mon ame,
Et vay contre-carrant ma force & ma langueur.

Le Palmier genereux, d'vne constante gloire
Tousiours s'opiniastre à gaigner la victoire,
Qui ne se rend iamais à la mercy du poids,
Le poids le faict plus fort & l'effort le renforce,
Et surchargeant sa charge on renforce sa force.
Il esleue le faix en esleuant son bois.

Et le fer refrappé sous les mains résonnantes
Deffie des marteaux les secousses battantes,
Est battu, combattu & non pas abbatu,
Ne craint beaucoup le coup, se rend impenetrable,
Se rend en endurant plus fort & plus durable,
Et les coups redoublez redoublent sa vertu,

Par le contraire vent en soufflantes bouffées
Le feu va ratisant ses ardeurs estouffées :
Il bruit au bruit du vent, souffle au soufflet venteux,
Murmure, gronde, cracque à longues hallenees,
Il tonne, estonne tout de flammes entonnees :
Ce vent disputé bouffe & bouffit despiteux.

Le faix, le coup, le vent, roidit, durcit, embraſe
L'arbre, le fer, le feu par antiperiſtaſe.
On me charge, on me bat, on m'eſuente ſouuent.
Roidiſſant, durciſſant & bruſlant en mon ame,
Ie fais comme la palme & le fer & la flamme
Qui deſpite le faix & le coup & le vent.

Le faix de mes trauaux eſleue ma conſtance,
Le coup de mes malheurs endurcit ma ſouffrance,
Le vent de ma fortune attiſe mes deſirs.
Toy pour qui ie patis, ſubiect de mon attente,
O ame de mon ame, ſois contente & conſtante,
Et ioyeuſe iouys de mes triſtes plaiſirs.

Nos deux corps ſont à toy, ie ne ſuis plus que d'ombre,
Nos ames ſont à toy, ie ne ſers que de nombre,
Las, puis que tu es tout, & que ie ne ſuis rien,
Ie n'ay rien en t'ayant, ou i'ay tout au contraire:
Auoir, & rien, & tout, comme ſe peut-il faire?
C'eſt que i'ay tous les maux, & ie n'ay point de bien.

I'ay vn ciel de deſirs, vn monde de triſteſſe,
Vn vniuers de maux, mille feux de détreſſe,
I'ay vn ciel de ſanglots & vne mer de pleurs,
I'ay mille iours d'enuis, mille iours de diſgrace;
Vn printemps d'eſperance, & vn hyuer de glace,
De ſouſpirs vn automne, vn eſté de chaleurs.

Clair ſoleil de mes yeux, ſi ie n'ay ta lumiere,
Vne aueugle nuee enuite ma paupiere,
Vne pluie de pleurs decoule de mes yeux,
Les clairs eſclairs d'amour, les eſclats de ſon foudre
Entrefendent mes nuicts & m'ecraſent en poudre :
Quand i'entonne mes cris, lors i'eſtonne les Cieux.

Vous qui liſez ces vers larmoyez tous mes larmes,
Souſpirez mes souſpirs vous qui liſez mes Carmes,
Car vos pleurs & mes pleurs amortiront mes feux,
Vos souſpirs, mes souſpirs animeront ma flame,
Le feu s'eſtaint de l'eau & le souſle l'enflamme.
Pleurez doncques touſiours & ne souſpirez plus.

Tout moite, tout venteux, ie pleure, ie souſpire
Pour eſteignant mon feu, amortir le martyre,
Mais l'humeur eſt trop loing, & le souſle trop pres.
Le feu s'eſteint soudain, soudain il se renflamme.
Si les eaux de mes pleurs amortiſſent ma flamme,
Les vents de mes deſirs la ratiſent apres.

La froide Sallamandre au chaud antipatique,
Met parmy le braſier sa froideur en pratique,
Et la bruſlante ardeur n'y nuiĉt que point ou peu;
Ie dure dans le feu comme la Sallamandre,
Le chaud ne la conſomme, il ne me met en cendre,
Elle ne craint la flamme, & ie ne crains le feu.

Mais elle eſt sans le mal, & moy sans le remede,
Moi extremement chaud, elle extremement froide,
Si ie porte mon feu, elle porte son glas,
Loing ou pres de la flamme, elle ne craint la flamme,
Ou pres ou loing du feu, i'ay du feu dans mon ame,
Elle amortit son feu, & ie ne l'eſteins pas.

Belle ame de mon corps, bel eſprit de mon ame,
Flamme de mon eſprit & chaleur de ma flamme,
I'enuie tous les vifs, i'enuie tous les morts,
Ma vie, ſi tu veux, ne peut eſtre rauie,
Veu que ta vie eſt plus la vie de ma vie
Que ma vie n'eſt pas la vie de mon corps.

Ie vis par & pour toy ainſi que pour moy meſme,
Tu vis par & pour moy ainſi que pour toy meſme :
Nous n'auons qu'vne vie & n'auons qu'vn treſpas.
Ie ne veux pas ta mort, ie deſire la mienne,
Mais ma mort eſt ta mort, & ma vie eſt la tienne,
Auſſi ie veux mourir & ie ne le veux pas.

STANCES POVR LA BELLE CLORIS.

i le bien qui m'importune
Peut changer ma condition,
Le changement de ma fortune
Ne finit pas ma passion.

Mon amour est trop legitime,
Pour se rendre à ce changement,
Et vous quitter seroit vn crime
Digne d'vn cruel chastiment.

Vous auez dessus moy, madame,
Vn pouuoir approuué du temps,
Car les vœux que i'ay dans mon ame
Seruent d'exemple aux plus contents.

Quelque force dont on essaye
D'assubiettir ma volonté,
Ie beniray tousiours la playe
Que ie sens par vostre beauté.

Ie veux que mon amour fidelle
Vous oblige autant à m'aymer
Comme la qualité de belle
Vous faict icy bas estimer.

Mon ame à vos fers asseruie,
Et par amour, & par raison,
Ne peut consentir que ma vie
Sorte iamais de sa prison.

N'adorant ainsi que vos chaisnes,
Ie me plais si fort en ce lien,
Qu'il semble que parmy mes peines
Mon ame gouste quelque bien.

Vos vœux où mon ame se fonde,
Me seront à iamais si chers
Que mes vœux seront en ce monde
Aussi fermes que des rochers.

Ne croyez donc pas que ie laisse
Vostre prison qui me retient,
Car iamais vn effect ne cesse,
Tant que la cause le maintient.

EPIGRAMMES.

I.

Faut auoir le cerueau bien vide
Pour brider des *Muses* le *Roy*;
Les *Dieux* ne portent point de bride,
Mais bien les asnes comme toy.

II.

Le violet tant estimé
Entre vos couleurs singulieres,
Vous ne l'auez iamais aimé,
Que pour les deux lettres premieres.

III.

L'argent, tes beaux iours & ta femme
T'ont fait ensemble vn mauuais tour,

Car tu penſois au premier iour
Que Ieanneton deuſt rendre l'ame.
Eſtant ieune & bien aduenant,
Tu tromperois incontinent
Pour ton argent vne autre dame.
Mais, Iean, il va bien autrement :
Ta ieuneſſe v'eſt retirée,
Ton bien s'en va tout doucement,
Et ta vieille t'eſt demeurée.

IV.

Quelque moine de par le monde
Preſchoit vn iour dans vne pippe,
Et par le pertuis de la bonde,
Paroiſſoit vn bout de ſa trippe.
Gardons nous bien qu'il ne nous pippe,
Dirent les Dames en riant.
Lors dict le preſcheur en criant,
Tout remply de courroux & d'ire,
Tout beau, paix là, laiſſez moy dire,
Ou par Dieu vous irez dehors,
Que le diable qui vous fait rire,
Vous puiſſe entrer dedans le corps.

V.

TOMBEAV D'VN COVRTISAN.

Vn homme giſt ſous ce tombeau,
Qui ne fut vaillant qu'au bordeau,

Mais au reste plein de diffame :
Ce fut, pour vous le faire court,
Vn Mars au combat de l'amour,
Au combat de Mars vne femme.

APPENDICE.

POUR M. LE DAUPHIN.

Delos flottant fur l'onde s'agitoit
Ains que Phebus en elle euſt pris naiſſance;
Ainſy la France en l'orage flottoit
Lorſque naquit vn ſoleil à la France.
Sainte Latonne, ardent but de nos vœux,
Par ta vertu ſi chaſte & ſi feconde,
Pour aſſurer la terre à ſes nepueux,
De petits dieux tu repeuples le monde,
Et, relevant notre empire abattu
Tu le remets en ſa baſe ſi ferme,
Qu'eſtant ſans fin, ainſi que ta vertu
Il n'eſt du Ciel limité d'aucun terme.

SUR UN LIVRE DU LEGER ET DU PESANT

Fait par le CARDINAL DU PERRON.

Cher lecteur, ce livre preſent
Eſt du leger & du peſant,
Mais il a, pour en bien iuger,
Moins de peſant plus de leger.

SUR LA TRADUCTION DU LIVRE DE L'ENEIDE

Par le même CARDINA

Au lieu de precher l'Evangile
Il traduit les vers de Virgile.

―――

DU CARDINAL DU PERRON.

Quand Paris fors Enone, aymera rien au monde,
Xante retournera contre fon propre cours.
Xante, retourne donc contre le flus de l'onde :
Paris delaiffe Enone, & fait d'autres amours.

―――

EPIGRAMME.

Quand il difne il tient porte cloſe,
Elle eft fermee aux furvenans,
Et toute nuit quand il repofe,
Elle eft ouverte à tous venans.
Ie ne l'ay pas defagreable,
C'eft à luy fagement vefcu,
Toutefois ce n'eft pas à table,
C'eft au lit qu'on le fait cocu.

NOTES ET VARIANTES

NOTES ET VARIANTES.

ES éditions des Satires de Regnier, publiées du vivant de l'auteur, étant fort rares, il ne paraît pas hors de propos de donner le titre de chacune d'elles en même temps qu'une description sommaire du volume. Voici donc, par ordre de date, la courte liste de ces éditions :

Les premieres oeuures de M. Regnier. Au Roy. A Paris, Chez Touffainéts du Bray, rue sainét-Iacques, aux Espies murs, & en sa boutique au Palais, en la gallerie des prisonniers. M.DC.VIII. Auec priuilege du Roy.

In-4º de 45 ff. plus 8 pages lim. non numérotées, titre compris.

Au verso du titre se trouve l'épigraphe :

> Verùm, vbi plura nitent in Carmine, non ego paucis
> Offendar maculis.

Cette particularité subsiste à la même place dans toutes les éditions originales.

Vient ensuite après l'Épître limineaire & l'Ode à Regnier, le privilége du Roy, donné au poëte pour fix ans. Il eft daté de Paris le 23 avril 1608. Au pied de ce document on lit la mention fuivante :

Et ledit fieur Regnier a permis, & permet, concent & accorde, que Touffainɛts du Bray, marchant Libraire à Paris, Imprime ou face Imprimer, vende & diftribue & Iouiffe dudit Priuilege, ainfi qu'il a été accordé entre eux. Fait ce 13. may 1608.

Au dos du 4ᵉ ff. lim. fe trouve l'épigr. :

Difficile eft fatyram non fcribere.

Cette édition contient dix fatires, plus le Difcours au Roy. Au folio 15, verfo, fe trouve la fatire adreffée à Bertault, evefque de Sées, dont le nom imprimé par erreur : Betault, eft habituellement couvert d'un bandeau rectificatif.

Les fleurons des pages 2 lim., 12, 16, 21, 26, 28, 33, 38 & 41, portent le nom de Gabriel Buon, d'où l'on peut conclure que Touffainɛts du Bray était en relations particulières avec l'éditeur de Ronfard.

Les Satyres du Sieur Regnier. Reueues & augmentées de nouueau : Dediées au Roy. A Paris, chez Touffaint du Bray, &c. M.DC.IX. Avec priuilege du Roy.

In-8º de 133 pages, plus 4 ff. non chiff., tit. comp.

On lit à la fin de ce volume, avant le privilége qui eft le même que celui de l'édition originale :

De l'imprimerie de P. Pautonnier, au mont Sainct-Hilaire.

Les fatires font difpofées dans l'ordre adopté en 1608. Il convient d'obferver toutefois que la Xᵉ fatire, adreffée à Freminet, devient ici la XIIᵉ, par l'intercalation de deux pièces nouvelles que Broffette a intitulées *le Souper ridicule* & *le Mauvais Gifte*. Ainfi, dans la préfente édition, elles font fuite à la fatire dédiée à Rapin.

Les Satyres du Sieur Regnier, &c. (même titre que ci-deffus). M.DC.XII. Auec priuilege du Roy.

In-8º de 80 ff., favoir : 8 pages lim. non chiffr., tit. comp.; 68 (imp. 66) ff. numér. & 8 ff. poftlim. non num. ; ces derniers feuillets contenant le Difcours au Roy & le privilége du 23 avril 1608.

Cette édition renferme, dans l'ordre fuivi pour celle de 1609, douze pièces à la fuite defquelles fe trouve, fº 63, la XIIIᵉ fatire : Macette, qui paraiffait alors pour la première fois. Nous fignalons plus bas les variantes du texte original.

Il faut remarquer en outre que des pages 1 à 47 & 51 à la fin de l'Epiftre au Roy, l'édition de 1612 contient page pour page le même nombre de vers. On pourrait croire à une réimpreſſion exacte, ſi les fleurons, les titres, & enfin, ce qui eſt plus important, le texte, n'offraient des différences bien marquées.

Les Satyres du Sieur Regnier. Reueuës, &c. Paris, M.DC.XIII. Auec priuilege du Roy.

In-8º de 93 ff., plus 8 pages non num., tit. comp. Priuilege à la fin comme dans 1609.

Cette édition contient de plus que la précédente, à la ſuite de la ſatire de Macette & avant le Diſcours au Roy, dix-ſept pièces : les ſatires XIV & XV, la ſuivante adreſſée à monſieur de Forquevaus, la ſatire XVII, les deux *Élégies Zelotipiques*, celle *ſur l'Impuiſſance*, le Sonnet *ſur le treſpas de monſieur Paſſerat*, les *Stanſes* (ſur le choix des divins oiſeaux), *la C. P.*, les épigrammes *ſur le portraict d'un poëte couronné*, les ſtances *contre vn amoureux tranſy*, & enfin cinq *Quatrains* ſatiriques.

Parmi ces pièces, deux avaient déjà été publiées : la première, ſur le treſpas de Paſſerat, dans le Recueil des œuvres poétiques de Ian Paſſerat. Paris, 1606; la ſeconde ſur le choix des divins oiſeaux avait paru anonyme dans les Muſes gaillardes, recueillies des plus beaux eſprits de ce temps. Paris, Anthoine du Breuil, 1609.

La plupart des bibliographes, ſe référant à la date de ce volume plutôt qu'aux ſingularités du texte & au claſſement des pièces, ont cru pouvoir affirmer que cette édition des ſatires était la dernière publiée du vivant de l'auteur.

Nous avons, dans la dernière partie de la notice placée en tête du préſent volume, expoſé les raiſons d'après leſquelles il y a tout lieu de croire que Regnier était mort depuis quelques mois au moment où ſes ſatires furent publiées par l'un de ſes plus intimes amis.

Page 8.

Motin (Pierre), né à Bourges. Ce poëte, ami de Regnier, a laiſſé de nombreuſes pièces de vers éparſes dans les anthologies publiées au commencement du xviie ſiècle. M. Tricotel a donné la liſte des recueils contenant des vers de Motin, dans ſes *Variétés bibliographiques*, & l'on peut ſe convaincre par cette énumération que le poëte en queſtion jouiſſait d'une grande vogue. Motin mourut vers 1615, comme il paraît réſulter des vers de ſon neveu Bonnet, dans les *Délices de la Poeſie françoiſe* de F. de Roſſet.

S. I, p. 10, v. 15.

Auiourd'huy que ton fils. — Le Dauphin, qui fut plus tard Louis XIII, né à Fontainebleau le 27 feptembre 1601.

— v. 21.

Il luy trouffe les bras *de* meurtres entachés, 1608 & 1609; *des* meurtres, 1612 & 1613.

Page 12, v. 21.

l'imite les Romains encore *ieunes* d'ans, 1608 & 1613; *ieune* d'ans, 1609 & 1612.

— v. 28.

Auffi que les vertus *floriffent* en ceft' age, 1608; *fleuriffent*, 1609 & 1612.

Page 13, v. 6.

Sinon qu'en fa bifarrerie, 1608 & 1609; finon en, 1612 & 1613.

— v. 30.

Que Parnaffe *m'adopte*, 1608 & 1609; *m'adore*, 1612 & 1613.

S. II, p. 14.

A monfieur le Cte de Caramain, 1608; de Garamain, 1609 à 1613.

Cette permutation était fréquente dans les noms propres comme dans les noms communs, au commencement auffi bien que dans le corps des mots. On écrivait crotefque & intriques pour grotefque & intrigues. Dans les éditions des Satyres de Regnier de 1609 & 1612, on trouve (S. X) tronguez & quignon pour tronquez & guignon.

Adrien de Montluc-Montefquiou, comte de Cramail, petit-fils du maréchal de Montluc, né en 1568, mort en 1646. Compromis lors de la journée des Dupes, il paffa douze ans à la Baftille. On a de lui *les Jeux de l'inconnu* (1630), *l'Infortune des filles de Ioie* & *la Comedie des Proverbes* (1633).

— v. 9.

Qu'elle ait *féche* la chair, 1608; *feché*, 1609 à 1613.

Page 15, v. 29.

Pour moy fi mon habit par tout *cycatrifé*, 1608; *cicatrifé*, 1609 & 1612; *cicatricé*, 1613.

Page 16, v. 7.

En la court d'vn Prelat.

Broffette a fuppofé qu'il s'agiffait ici du cardinal de Joyeufe. Cette hypothèfe, juftifiée par le grand luxe du cardinal, & les liaifons de Defportes avec le frère aîné du prélat, Anne de Joyeufe, tué à Coutras, a été depuis préfentée comme un fait certain par Niceron & les éditeurs de Regnier, fans autre indice à l'appui.

— v. 31.

Qui reléve vn pédant de nouueau baptifé.

Ce pédant nous femble être Duperron, dont la fortune, faite par Defportes, a dû plus d'une fois furprendre Regnier. Duperron, né à Berne en 1556, fut en effet converti au catholicifme par Defportes, & par fon favoir comme par l'appui de fon directeur, le nouveau catéchumène devint confeffeur de Henri III. Il prit enfuite part à la converfion d'Henri IV, qui le nomma évêque d'Evreux en 1591. Il devint enfin cardinal en 1604.

Page 17, v. 16.

Et chacun à fon dire; *en* fon dire, 1609 à 1613.

— v. 22.

De Socrate à ce point l'*arreft*; l'*oracle*, 1609 à 1613.

Page 18, v. 18.

Au pris de la vertu *n'eftime* point les hommes, 1608 & 1613; *n'eftiment*, 1609 & 1612.

— v. 22.

S'affieffont en Prelats, 1608 à 1612; *s'affient*, 1613.

— v. 24.

Semblent auoir des yeux regret au *demourant*; *demeurant*, 1609 à 1613.

Page 19, v. 6.

Meditant vn fonnet, medite *vne* Euefché; *vn* Euefché, 1609 à 1613.

Page 19, v. 27.

Mais pourtant *quelque* efprit, 1608 & 1613 ; *quel* efprit, 1609 & 1612.

— v. 28.

Sçait *trier* le fçauoir, 1608 & 1609 ; fçait *tirer*, 1612 & 1613.

— v. 34.

De race en race au peuple vn ouurage *fais* voir ; *fait* voir, 1609.

Page 20, v. 4.

Ne couche *de rien* moins que l'immortalité ; ne couche *de rien* moins de, 1609 & 1612, ne *touche de rien* moins de, 1613.

Touche au lieu de *couche* conftitue une faute typographique affez fréquente au xvie fiècle. On lit dans les Odes d'Olivier de Magny, Paris, 1559, f° 45 v° *in fine :*

   Luy que iadis Calliope
   Sur le mont à double trope (crope)
   Combla de fes douceurs.

Dans Regnier même, édition de 1612, on trouve, fat. XI :

   Fift il auec fon arc quinaude la Nature.

Moins de, plus de s'employaient concurremment avec *moins que, plus que :*

   Or te ferai apercevoir
   Que ge fai plus de toi affez
   Et fi fu mieldres meneftrez
   De toi...

Recueil général des Fabliaux. Paris, 1871. Tome I, p. 7. Des deux bordeors.

Regnier a dit auffi : Et de mal difcourir il vaut bien mieux fe taire (S. III).

La bonne leçon eft donc : Ne couche de rien moins que (ou de) l'immortalité.

— v. 18.

Tous fes papiers feruir à la *chaire* percée, 1608 ; *chaife* percée, 1609 & 1613.

Page 20, v. 24.

Selon que le requiert ou l'age ou la fanté, 1612 & 1613; *et felon que*, 1603.

— v. 26.

Ie n'ay comme ce Grecq des Dieux grand interprete.

Héfiode, auteur d'une théogonie où il expofe la généalogie & les amours des dieux.

— v. 30.

Refuant comme vn oyfon *qu'on mene* à la pature; *allant* à la pature, 1609 à 1613.

Variante vicieufe qui répète le mot *allant* du vers antérieur.

Page 21, v. 9.

Mais retournons à nous, & *fages* deuenus, 1613; & *fage* deuenus, 1608 & 1612.

S. III, p. 22.

Cœuvres (Marquis de), François-Annibal d'Eftrées, né en 1573, mort en 1670, frère de Gabrielle; il fut nommé évêque de Noyon à vingt & un ans, puis, douze années plus tard, en 1626, il devint maréchal de France.

Page 23, v. 28.

Eftant ferf *du defir d'aprendre* & de fçauoir; *du defir, d'aprendre*, 1609.

— v. 34.

Si la fcience pauure, affreufe *eft* mefprifée, 1608; affreufe *& mefprifée*, 1609 à 1613.

Page 24, v. 3.

Et fi *lon neft* docteur fans prendre fes degrés; fi *l'on n'eft*, 1612 & 1613.

Neft pour *naift*, comme plus loin, p. 61, v. 23, *trefne* pour *traifne*. La véritable leçon paraît être : *Si l'on eft*.

— v. 10.

En credit efleuez ils difpofent *de* tout, 1608 & 1613; *du* tout, 1609 & 1612.

Page 24, v. 22.

Entre l'eſpoir du bien, & la peur du *danger* de froiſſer...; du *danger*, 1609 & 1612.

Page 25, v. 8.

Et le ſurnom de bon me *va t'on* reprochant, correction ; 1608 donne tou pour ton. Cette inverſion eſt très-fréquente chez notre poëte :

> Et moins avance t'on.
> (S. XI.)
>
> Et change la nature
> De ſept ans en ſept ans noſtre temperature.
> (S. V.)

D'autre part, 1609, 1612 & 1613 portent : Et le ſurnom de bon me va *tout* reprochant.

Cette dernière leçon eſt correcte. Le vers devient moins dur; mais la penſée perd en préciſion.

— v. 24.

Offrir tout de la bouche & d'vn *propos* menteur; *repos*, 1613.

— v. 29.

Ainſi qu'aſnes ces gens font *tout* veſtus de gris; *tous* veſtus, 1609 à 1613.

Page 26, v. 27.

N'eſt plus rien qu'*vne* idolle; *vn* idole, 1612 & 1613.

— v. 34.

Il faut eſtre trop *pront*, eſcrire à tout propos, 1608 & 1612; trop *prompt à* eſcrire, 1613.

Page 29, v. 15.

Compere, ce dit-il, 1608 & 1609; — *Et comme*, 1612 & 1613. Faute évidente due au vers précédent & au ſuiuant qui tous deux commencent par Et comme.

— v. 19.

Et d'vn œil innocent il couuroit *ſa* penſée, 1608 & 1612; *la* penſée, 1613.

Page 29, v. 32.

N'en deplaife aux Docteurs, Cordeliers, *Iacopins; Iacobins*, 1609 à 1613.

Page 30, v. 14.

Et qui morts *nous* profite; même leçon en 1609 & 1612 *ne* profite, 1613.

Page 31, v. 2.

Puis qu'en ce monde icy on *n'en faict differance;* on *en fait difference*, 1613.

— v. 15.

De tout, peut eftre en fin; *du* tout, 1612 & 1613.

— v. 19.

... Sinon *de dire voire*, 1609 à 1613; finon *dire voire*, 1608.

— v. 23.

Puis que pauure & *quémande*, 1608 à 1612; *quaymande*, 1613.

Page 32, v. 1.

J'aurais vn beau *tefton*, 1608 & 1613; vn beau *teton*, 1609 & 1612.

— v. 15.

S'auancer par *cet'* art; *cet art*, 1609 à 1613.

— v. 21.

S'acorde d'*armonie;* s'acorde d'*harmonies*, 1612.

— v. 25.

D'vn autre œil nous verrons les *fieres* deftinées, 1608 à 1612; les *hautes* deftinées, 1613.

Page 33, v. 15.

Qui fert de fable au peuple, *aux plus grands* de rifée; & *aux grands*, 1612 à 1613.

Page 33, v. 25.

Apollon eſt gené par *de* ſauuages loix; *des* ſauuages loix, 1609 à 1613.

— v. 31.

Les poetes plus *eſpais; eſpois, 1612* & *1613.*

Page 34, v. 27.

Qu'ils ont tiré *cet'* art; *cet* art, 1609 à 1613.

Page 35, v. 8.

Et que c'eſt mon amy, vn *gremoire* & des mots; vn *grimoire,* 1609 à 1613.

— v. 11.

Mon tans en *cent caquets,* 1609 à 1613; *ces caquets,* 1608.

— v. 14.

Doncq' ſans mettre *l'enchere;* mettre *enchere,* 1609 à 1613.

S. V, p. 36.

Bertault (Jean), né à Caen en 1552, mort en 1611. Secrétaire & lecteur de Henri III dès 1577, il devint abbé d'Aulnay au diocèſe de Bayeux en 1594, & premier aumônier de Marie de Médicis en 1600. Enfin, en 1606, il fut nommé évêque de Sées.

— v. 5.

Chaque fat a ſon ſens, correction; *à* ſon ſens, 1608 & 1609; *chaſque fait* à ſon ſens, 1612; *chaſqu'vn fait* à ſon ſens, 1613.

— v. 17.

Et diſent, ô chetifs *qui* mourant ſur vn liure; *que* mourant, 1609 à 1613.

Page 37, v. 3.

Comme la mort vous fait, la taigne *le* deuore; *vous* deuore, 1609 à 1613.

— v. 14.

Digerent *la* viande; *leur* viande, 1609 à 1613.

Page 37, v. 20.

De la douce liqueur *rouſſoyante* du ciel; *roſoyante*, 1609 à 1613.

— v. 28.

Or ſans me tourmenter *des* diuers apetis, 1608; *de* diuers apetis, 1612 & 1613.

Page 38, v. 2.

C'eſt ce qui *m'en deplaiſt*; *me deſplaiſt*, 1609 à 1613.

— v. 5.

Qui dans le four l'Eueſque *enterine* ſa grace; *entherine*, 1609 à 1613.

— v. 11.

Et *que* iamais ſergent, 1608 & 1613; & *qui* iamais, 1609 & 1612.

— v. 20.

Scaures du temps preſent; *Sçaurez*, 1609 à 1613.

— v. 34.

Et ores on contraire, on *m'obiecte* à peché, 1608 & 1609; on *m'abiecte*, 1612 & 1613.

Page 39, v. 5.

Au vif entendement; *en cet* entendement, 1609 à 1613.

— v. 11.

Et brauant les faueurs; *En* brauant, 1612 & 1613.

— v. 22.

Chaque a ſes façons & change *la* Nature; *de* nature, 1609 à 1613.

— v. 26.

Auecq' *l'age* s'altere, 1608 & 1612: *auec l'ame*, 1613.

Page 40, v. 13.

Et d'vn cœur obſtiné *ſe heurte* à ce qu'il aime, 1612 & 1613; *s'heurte* à ce qu'il aime, 1608.

Page 40, v. 25.

Imbecile, *douteux*, 1608 & 1612; *douteur*, 1613.

Page 41, v. 31.

Gouuernoit vn enfant & *faifant* le preud'homme; *faifoit*, 1609 à 1613.

Page 42, v. 1.

De fon pedant qu'il fut, *deuient* fon maquereau, 1608 & 1612 *deuint* fon maquereau, 1613.

— v. 16.

Peres des fiecles vieux, *exemple* de la vie, 1608 & 1612; *exemples*, 1613.

— v. 32.

Et *de* façons nouuelles, 1608 & 1612; *& des* façons, 1613.

Page 43, v. 5.

Sçait efcrire & porter les vers, & *les* poulets; *tes* poulets, 1612.

S. VI, p. 44.

Béthune (Philippe de), comte de Selles, 1561-1649. Frère puîné de Sully, il fut chargé d'ambaffades importantes en Écoffe & à Rome. Louis XIII l'envoya en Autriche. Il fut gouverneur de Gafton d'Orléans. On trouve dans les manufcrits de la Bibl. nat., n° 3484 f. fr., les inftructions dont il fut pourvu avant fon départ, le 23 août 1501.

— v. 5.

Où comme *au* grand Hercule; *vn* grand hercule, 1612 & 1613.

— v. 8.

Tiffu *bijarement*; *bigarrement*, 1609 à 1613.

Page 45, v. 4.

Je ne veux qu'à mes vers *voftre* Honneur fe derobe; *noftre*, 1 12 & 1613.

Page 46, v. 25.

A toy qui des ieuneffe apris en fon *efcolle*, *As adoré* l'honneur, 1608 & 1612; apris en fon *efcole A adorer*, 1613.

NOTES ET VARIANTES. 257

Page 47, v. 1.

L'honneur que foubs faux titre habite *auecque* nous; *auecq'* nous, 1609 à 1612.

— v. 7.

Qui nous veut faire entendre en *fes* vaines chimeres; *ces* vaines, 1609 à 1613.

Page 48, v. 3.

Que la terre de foy le *fourment* raportoit, 1608 & 1609; le *froment*, 1612 & 1613.

— v. 24.

Qui de l'auoir d'autruy ne fe *foulent* iamais, 1608 & 1609; fe *faoulent*, 1612 & 1613.

— v. 27.

D'où naquit le *Bordeau*, 1608 & 1609; le *bourdeau*, 1612 & 1613.

Page 49, v. 1.

Ce fier ferpent qui couue vn *venin* foùbs des fleurs; *venim*, 1609 & 1612.

— v. 17.

Qu'il n'eft rien de fi beau, 1608 & 1612; *qui* n'eft rien, 1613.

— v. 32.

Cil qui mift les Souris en bataille. — Homère dans la *Batrachomyomachie*.

— v. 33.

Qui fceut à la Grenouille aprendre fon caquet. — Ariftophane, auteur de la comédie des *Grenouilles*.

— v. 34.

L'autre qui fift en vers vn Sopiquet. — Virgile & fon petit poëme intitulé *Moretum*.

Page 50, v. 1.

le *ferois* efloigné; *ferois*, 1609 à 1613.

17

Page 50, v. 12.

Ce malheureux honneur a *tint* le becq en l'eau; a *tins*, 1609 à 1613.

— v. 15.

Qui s'en va doucement; *qu'il* s'en va, 1609 & 1612.

— v. 17.

S'il veut que plus long tans à *ces* difcours ie croye; *ce* difcours, 1609 à 1613.

— v. 23.

Et le mal qui caché nous ofte l'*embon-point*; l'*embom-point*, 1609 & 1612; l'*embompoint*, 1613.

S. VII, p. 52, v. 8.

Et duquel il vaut *moins*; il vaut *mieux*, 1609 à 1613.

Page 53, v. 6.

Tant il eft mal aifé d'ofter auecq' *eftude*; auecq' *l'eftude*, 1609 à 1613.

— v. 23.

Mes amours *ne* limitent, 1608; *me* limitent, 1612 & 1613.

— v. 34.

Toutesfois eftant femme, elle aura *fes* delices; *les* delices, 1612.

Page 54, v. 2.

Qui dans l'eftat d'amour la *fçauront* maintenir; *fçauroit*, 1609 à 1613.

— v. 6.

Captiuant les Amans *des* mœurs ou *du* difcours; *de* mœurs ou *de*, 1609 à 1613.

— v. 9.

Qui voyant les deffaux; *que* voyant, 1612 & 1613.

Page 55, v. 1.

Et qu'au *farail* du Turc, 1608 & 1612; & qu'au *ferrail*, 1613.

— v. 29.

Se la promet *fçauante*, 1608 & 1612; *fçauant*, 1613.

— v. 30.

Que l'autre parle liure & faffe *des* merueilles, 1608 & 1609; *de* merueilles, 1612 & 1613.

Page 57, v. 1.

Que i'aimeray, ie *croye*; ie *croy*, 1609 & 1612.

— v. 4.

Sans *cordes*, fans timon, 1608; fans *corde*, 1612 & 1613.

— v. 7.

Se rit de voir *de* flots, 1608; *des* flots, 1609 à 1613.

S. VIII, p. 58.

Charles de Beaumanoir de Lavardin, 1586-1637, defcendant des Beaumanoir & fils du maréchal de France, Jean de Lavardin, gouverneur du Maine. Il fut à huit ans pourvu de l'abbaye de Beaulieu-les-Mans, & en 1601, le roi l'appela à l'évêché du Mans, laiffé vacant par Claude d'Angennes de Rambouillet. Il ne prit toutefois poffeffion du fiége que dix années plus tard.

— v. 5.

Faifant mainte *oraifon*, 1608 & 1612; *oraifons*, 1613.

— v. 6.

Et tout percé *des* pointes, 1608 & 1612; *de* pointes, 1613.

Page 59, v. 8.

Entre les mains des *Iuys*, 1608; des *Iuifs*, 1612 & 1613.

— v. 23.

Il pourfuyt, mais amy, laiffons le difcourir, correction; *Ie* pourfuyt, 1608; *Ie* pourfuis, 1609 à 1613.

Page 60, v. 29.

Te iurant mon amy que *ie* quitté ce lieu, 1608 & 1609; *i'ay* quitté, 1612 & 1613.

Page 62, v. 20.

Pour vn qui n'a du tout nul acquis *de* fcience; acquis *nulle* fcience, 1609 à 1613.

Page 63, v. 4.

M'euft donné l'*anguillade*, 1608; *anguilade*, 1612 & 1613.

Page 64, v. 8.

Comme on fait fon trauail, ne *derobroit* fa gloire, 1608; *defroboit*, 1609 à 1613.

— v. 17.

Encor l'euffe-ie fait *eftant* defefperé, 1612; *s'eftant* defefperé, 1613.

Page 65, v. 8.

Et prie Dieu *qu'il* nous garde, 1613; *qui* nous garde, 1608 à 1612.

S. IX, p. 66.

Rapin (Nicolas), né en 1535 à Fontenay-le-Comte, mort en 1608. Il fut l'un des auteurs de la fatire Menippée, dans laquelle il a notamment écrit les harangues de Monfieur de Lyon & du recteur Rofe, jadis évêque de Senlis. Il a laiffé des poéfies latines & françaifes qui ont été publiées collectivement en 1610 avec un recueil de vers mefurés.

Page 67, v. 2.

Et leur dire *à* leur nez, 1608 & 1613; *en* leur nez, 1609 & 1612.

— v. 24.

Que le cheual volant n'ait *piffé* que pour eux, 1608 & 1609; 1612 & 1613: *paffé*.

Cette dernière variante, qui fatisfait les lecteurs pudibonds, n'a aucun fens, tandis que la véritable leçon eft une allufion comique à la fable, fuivant laquelle Pégafe fit d'un coup de pied jaillir de l'Hélicon la fource d'Hippocrène.

Page 68, v. 16.

Ils attifent leurs mots, *ageolliuent* leur fraſe, 1608; *attiſent* leurs mots, *enioliuent*, 1609 & 1612; *attifent* leurs mots, *eniolivent*, 1613.

— v. 21 & ſuiv.

Qui gentes en habits & *fades* en façons, 1608; *fades* en façons, 1609 à 1613.

— v. 27 & ſuiv.

Leur viſage reluit de *cereuſe* & de peautre, *Propres* en leur coifure, 1608; de *ceruſe* & de peautre, *propre* en leur coifure, 1609 & 1612.

— v. 29.

Où *ſes* diuins eſprits, 1608 à 1613. Correction : *ces* diuins.

Page 69, v. 3.

Éclaté d'vn beau teint, 1608; *eſclaté*, 1609 à 1613

— v. 4.

La nature *l'a* peint; *la* peint, 1609 à 1612.

— v. 7.

Or Rapin quant à *moy qui* n'ay point tant d'eſprit; *moy ie n'ay*, 1609 à 1613.

— v. 14.

Leur don'ra comme *à luy*; comme luy, 1609 & 1612.

Page 70, v. 5.

Hercule, *Ænée*, Achil', 1608 & 1609; *Ælee*, Achil', 1612 & 1613.

— v. 12.

L'homme le plus parfaict a *manque* de ceruelle, 1608; *manqué*, 1609 à 1613.

— v. 23.

Les *brouillas* nous embrouillent, 1608; *broüillars*, 1609 à 1613.

Page 70, v. 24.

Et de *lieures* cornus le cerueau nous barbouillent; & de *liures* cornus, 1613.

— v. 28.

Et pefez vos difcours mefme, dans fa balance, 1608 & 1609; vos difcours, mefme, 1612.

— v. 33.

Quelle main *fus* la terre; *fur* la terre, 1609 à 1613.

Page 72, v. 6.

Que fon *taint* fait la nique, 1608 & 1609; que fon *teynt*, 1612; *teint*, 1613.

— v. 16.

La court *&* fa maiftreffe, 1608; *eft* fa maiftreffe, 1612 & 1613.

Page 73, v. 28.

Et mangeons des *chardons; charbons*, 1612.

Page 74, v. 18.

Larcanciel. Leçon des éditions originales.

Page 75, v. 9.

Qu'ils fiffent à *leurs* frais; à *leur* frais, 1609 & 1612.

— v. 14.

L'ame *biʒarément*, 1608 & 1609; *biʒarrement*, 1612 & 1613.

— v. 28.

Il ne *guarit* de rien, 1608 & 1609; *garit*, 1612.

Page 76, v. 2.

Il met fes *partis* en auant, 1608 & 1609; fes *parties*, 1612.

Page 77, v. 6.

Trebufchant *fur* le cul, 1608 & 1609; *par* le cul, 1612 & 1613.

Page 77, v. 11.

Devers nous fe *vint* rendre, 1609 & 1612; fe *vient*, 1613.

— v. 20.

le *regorgeois* d'ennuy; *regorgois*, 1609 & 1612.

— v. 25.

Ie n'en *penfe* pas moings, 1609 & 1612; *penfois* pas moins, 1613.

— v. 32.

Lors ie fus affeuré de ce que *i'auois* creu, 1608 & 1609; *i'aurois* creu, 1612.

Page 78, v. 16.

Sa race *autres fois* ancienne, 1608 & 1609; *autrefois*, 1612.

Page 79, v. 12.

Aux veilles *des* bons iours; *de* bons iours, 1612.

— v. 29.

Au temps *qu'il auoit* confommé, 1609 & 1612; *qui l'auoit* confommé, 1613.

Page 80, v. 22.

Luy pendoient au cofté, qui *fembloit*, 1608, 1609; qui *fembloient*, 1612 & 1613.

— v. 29.

Qu'il fleuroit bien plus fort, correction; *qui* fleuroit, 1609 & 1612.

— v. 33.

Que *fans* robe il a veu la matière première, correction; que *fa* robe, 1609 & 1612; *qu'en fon globe*, 1613.

La leçon adoptée eft celle qui fe rapproche le plus du texte italien traduit par Regnier.

... E qui fi ftima
Haver.....
Veduta *ignuda* la materia prima.
(CAPORALI, *Rime piacevole*. In Venetia, 1592.
Preffo G. B. Bonfudino, p. 94, v. 26.)

Page 81, v. 11.

Le pain *quotidian* de la pédanterie, 1609; *quotidien*, 1612.

Page 83, v. 14.

Quand *sainct* Marc s'habilla, 1609; S. Marc, 1612.

— v. 15.

Ie *l'acomparerois*, corr.; Ie *la comparerois*, 1609 & 1612.

— v. 24.

Qui dedans *ses* escrits; *ces* escrits, 1609 & 1612.

Page 84, v. 10.

Ainsi que la *charté*, 1609; *cherté*, 1612.

— v. 33.

De sa grace il *greffa*, 1609; *graiffa*, 1612.

Page 85, v. 29.

Par force les *chaffant*; les *chaffants*, 1609 & 1612.

Page 87, v. 8.

I'y fuis, ie le voy bien, 1609; *Ie* fuis, 1612

Page 89, v. 24.

Et *mainte* estrange beste; *maint*, 1609 & 1612.

Page 90, v. 10.

Bien que maistre Denis *soit* sçauant en sculture, 1609; Denis sçauant en *la* sculture, 1612.

— v. 11.

Fist-il auec son *art*, correction; son *arc*, 1609 & 1612.

— v. 14.

De ces trois corps *tronquez*, corr.; *tronguez*, 1609 & 1612.

Page 91, v. 15.

Monsieur, me dist-elle, *auez*-vous point soupé, 1609; *aurez* vous, 1612.

Page 92, v. 32.

Le muſeau *vermoulu,* 1609; *vermolu,* 1612.

Page 93, v. 11.

Qui me porte *guignon,* corr.; *quignon,* 1609 & 1612.

— v. 27.

Deux grands *depariez,* 1609; *deſpariez,* 1612.

Page 95, v. 11.

Et que l'on me *bernaſt,* 1609; *berçaſt,* 1612.

— v. 21.

Ie le *conte* pour vne; ie le *conté,* 1612.

— v. 27.

Mais monſieur *crayez* vous; *croyez,* 1612.

— v. 28.

Comme de *chaneuottes; cheneuottes,* 1612.

Page 96, v. 1.

Et les *linceux* trop cours; *linceuls,* 1612.

— v. 20.

Ie detache vn *foüillé,* ie m'oſte *vne* iartiere; vn *foüiller,* ie m'oſte *vn'* iartiere, 1612.

Page 97, v. 28.

Et me tapis *d'aguet; daguet,* 1612.

Page 98, v. 4.

Au *mortier* embourbé; *mourtier,* 1612.

S. XII, p. 100.

Freminet (Martin Freminel dit), né à Paris en 1567, mort en 1619. Parti de bonne heure pour l'Italie (1589), où il étudia beaucoup Michel-Ange, il fut à ſon retour en France, en 1600; nommé premier peintre du Roi & chargé, en 1608, de la décoration de la chapelle de la Trinité à Fontainebleau. Sept ans plus tard, Marie de Médicis lui conféra l'ordre de Saint-Michel.

Page 100, v. 17.

Eſtrange effronterie *en* ſi peu d'importance, 1608; *de* ſi peu, 1609 & 1612.

Page 101, v. 5.

Non pas moy qui *me* ry, 1608; qui *ne* ry, 1609 & 1612.

— v. 31.

Vont criant les *chouëttes*, 1608; *chuëttes*, 1609 & 1612.

Page 102, v. 11.

Qu'ils eſtiment *honneur*, 1608; eſtiment *l'honneur*, 1612.

Page 103, v. 17.

Qui me *pouront* par l'age, 1608, 1609 & 1613; *pourroit*, 1612.

Page 106, v. 28.

> *N'ayant pas tout à fait mis fin à ſes vieux tours,*
> *La vieille me rendit teſmoin de ſes diſcours.*
> *Tapy dans vn recoin & couuert d'vne porte...*

Ces trois vers ont été remplacés, dans l'édition de 1613, par les ſuivants:

> Ceſte vieille Chouette à pas lents & poſez,
> La parolle modeſte & les yeux compoſez,
> Entra par reuerence, & reſſerrant la bouche,
> Timide en ſon reſpeɛt ſembloit Sainɛte Nitouche,
> D'vn Aue Maria luy donnant le bon-iour,
> Et de propos communs bien eſloignez d'amour,
> Entretenoit la belle en qui i'ay la penſee
> D'vn doux imaginer ſi doucement bleſſee
> Qu'aymans & bien aymez, en nos doux paſſe-temps
> Nous rendons en amour ialoux les plus contans,
> Enfin comme en caquet ce vieux ſexe fourmille
> De propos en propos & de fil en eſguille,
> Se laiſſant emporter au flus de ſes diſcours,
> Ie penſé qu'il falloit que le mal euſt ſon cours.
> Feignant de m'en aller, daguet ie me recule
> Pour voir à quelle fin tendoit ſon preambule,
> Moy qui voyant ſon port ſi plein de ſainɛteté
> Pour mourir, d'aucun mal ne me feuſſe doubté :
> Enfin me tapiſſant au recoin d'vne porte,
> I'entendy ſon propos...

Page 107, v. 18.

Pour moy ie *voudrois; ie voudroy*, 1613.

Page 108, v. 6.

Fille qui fçait fon monde a faifon oportune.

Ce vers & les treize fuivants manquent dans l'édition de 1613.

Page 109, v. 6.

Ie cache mon *deffin; deffein*, 1613.

— v. 9.

Le fcandale *& l'opprobre*, 1612; le fcandale, l'opprobre, 1613.

Page 110, v. 22.

Et *mefme* de vos pertes; *mefmes*, 1613.

Page 111, v. 28.

Et faifant des *mouuans; mouuants*, 1613; *mourans*, 1729.

— v. 32.

Et *le* Poëte croté; *& ce* poëte, 1613.

S. XIV, p. 114.

Cette fatire eft adreffée à Sully. En 1614, elle a paru fous le nom de *Maître Guillaume*, le Pafquin français. Enfin elle a été réimprimée dans le Recueil A. Z. A Paris, 1761 (Q, p. 207 à 216).

S. XV, p. 121, v. 20.

Se *pleignent* doucement, correction; se *pleigent*, 1613.

Page 123, v. 17.

Ils *deuoient* à propos tafcher d'ouurir la bouche, 1613; correction, ils *deuroient*.

Cette faute fe retrouve fat. VIII : Comme on fait fon trauail ne *defroboit* fa gloire, 1613; au lieu de *defrobroit*.

Page 125, v. 21.

Informans de nos faits fans haine & fans enuie, 1613; variante, *informons*.

Page 125, v. 24.

N'eſt veu par mes eſcris ſi librement touché, 1613; correction, *s'eſt* veu.

S. XVI, p. 126.

Forquevaus (François Pavie de), gentilhomme de la maiſon de la reine Marguerite. Il était du Midi, & il mourut en 1611. On lui attribue à tort l'*Eſpadon ſatyrique*, dont l'auteur, ainſi qu'il réſulte de certains paſſages de ce livre, était Franc-Comtois & vivait en 1615. Ces particularités viennent confirmer l'opinion d'après laquelle l'*Eſpadon* ferait l'œuvre de Claude d'Eſternod, ſeigneur de Refranche & d'Eſternod, près Ornans.

Page 127, v. 14.

Ou ſi parfois encor i'entre en *la* vieille eſcrime, correction; i'entre en vieille eſcrime, 1613.

S. XVII, p. 131.

Suivant Broſſette, commentaire de 1729, cette ſatire aurait été écrite pour le roi Henri IV.

— v. 10.

Comme vn nouueau *Toitan* ſi le veux-ie combattre, 1613; correction de 1642, *Titan*.

Page 133, v. 6.

Ie laſche *mon* diſcours, correction; *ton* diſcours, 1613; *ce* diſcours, 1642.

— v. 10.

Si mon dernier ſouſpir ne la *iette* dehors, 1613; variante, *iettoit*.

Page 137, v. 4.

Qui ſouffre ce qui *m'eſt* de ſouffrir impoſſible, correction; ce qui *n'eſt*, 1613.

Page 143, v. 15.

. . . .
Et *ſa* langue mon cœur par ma bouche embraſa.

Correction. Le texte original porte :

> Et *fa* langue mon cœur par ma bouche embrafée
> Me fuggerant la manne en fa leure amaffée.

Il y a ici une mauvaife fin de vers & une lacune. Les Elzévirs, d'après le texte fourni pour le *Second Livre des délices de la Poéfie francoife*, de I. Beaudouin, Paris, Touffainct du Bray, M.DC.XX, p. 679, ont rétabli ce paffage de la manière fuivante :

> Et fa langue mon cœur par fa bouche embrafa,
> Bref tout ce qu'ofe amour, ma Déeffe l'ofa.

Ce dernier vers, brufquement jeté dans une énumération, ne paraît pas en fon lieu. Il eft en outre d'une médiocre facture.

En lifant avec attention le paffage dont il s'agit, on eft porté à croire que le vers manquant n'eft pas là, où les Elzévirs l'ont rétabli.

Après ce vers :

> Elle mit en mon col fes bras plus blancs que neige,

il y a une lacune; puis le récit reprend fa marche logique avec la correction finale du vers :

> Et fa langue mon cœur par ma bouche embrafa
> Me fuggerant...

Page 144, v. 14.

> Puis que ie fuis rectif au fort de ma ieuneffe.

Ce vers manque dans l'édition de 1613 ainfi que dans toutes les fuivantes, à l'exception de celle d'Antoine du Breuil publiée en 1614, & celle d'Antohine Eftoc, Paris, 1619. On le trouve en outre en 1615 dans le texte de l'*Impuiffance*, imprimée avec les *Satyres baftardes & autres Œuures folaftres* du cadet Angoulevent, Paris MDC.XV, in-12 de 164 pages plus 4 lim., tit., comp.

Notons en paffant que ce livre fingulier, fans nom d'imprimeur, porte pages 2 lim. 1, 115, 127 & 149, le fleuron à tête de lion accoté de deux cornes d'abondance que l'on remarque dans l'édition de Regnier de 1612.

C'eft donc à l'aide de l'un ou de l'autre de ces divers volumes que les Elzévirs ont, dans leur édition de 1642, complété le texte où ils étaient accufés d'avoir fait une interpolation.

Page 145, v. 9.

> Que l'œil d'vn *enuyeux* nos deffeins empefchoit, correction ; d'vn *ennuyeux*, 1613.

Page 145, v. 15.
Luy feul comme *enuyeux* d'vne chofe fi belle, correction ; comme *ennuyeux*, 1613.

Page 146, v. 20.
Pour m'acheuer de *peindre* efteignit ma vigueur.
Dans fon excellente édition du *Cabinet fatyrique*, M. Poulet-Malaffis propofe avec raifon de lire : Pour m'acheuer de *poindre*.

— v. 34.
La *fureur* à la fin rompit fa modeftie, correction ; la *faueur*, 1613.

Page 147, v. 22.
i'ay meurtry, i'ay vollé, *i'ay* des vœuz pariurez, Trahy les Dieux benins, correction ; vollé, *ay* des vœuz... les Dieux ; *venins*, 1613.

Page 149.
Sur le trefpas de Monfieur Pafferat.
Ce fonnet eft tiré du *Recueil des Œuures poetiques de Ian Pafferat*, lecteur & interprete du Roy, augmenté de plus de la moitié outre les précédentes impreffions. Dédié à Monfieur de Rofny. A Paris, chez Claude Morel, rüe Saint-Iaques, à l'enfeigne de la Fontaifne, M.DC.VI. Avec priuilege du Roy.
Il fe trouve à la fin du volume, p. 46 non chiff.

Page 150.
Stanfes. Pièce tirée f° 200, des *Mufes gaillardes recüeillies des plus beaux efprits de ce temps* par A. D. B. parifien. A Paris, de l'Imprimerie d'Anthoine du Breuil, au mont Saint-Hilaire, rüe d'Écoffe à la Couronne : & en fa boutique au Palais en la Gallerie des Prifonniers, M DC IX. Avec priuilege du Roy (du 7 aout 1609).

— v. 5.
Sur *les* paons audacieux, 1609 ; fur *ces* paons, 1613.

— v. 12.
Et la *Cheuefche* à Minerue, 1609 ; & la *Chouette*, 1613.

— v. 14.
Tel oyfeau qui leur *a* pleu, 1609 ; *tels* oyfeaux qui leur *ont* pleu, 1613.

Page 150, v. 17.

A tatons *au lieu* d'oyſeau, 1609; *pour ſon* oyſeau, 1613.

— v. 18.

Print vn *A*ʒ*e* qui vous f....., 1609; vn *Aſnon* qui *void goute*, 1613.

Page 152, v. 1.

Sa façon, correction; 1613 : *De* façon.

— v. 12.

Vne ſaliue, correction; 1613 : *D'vne* ſaliue.

— v. 18.

Qui tient la mort entre ſes dents. — Après ce vers Broſſette a intercalé la ſtance ſuiuante d'après le texte du *Cabinet ſatyrique* :

  Ha! que ceſte humeur languiſſante
  Du temps iadis eſt differente,
  Quand braue, courageux & chaut,
  Tout paſſoit au fil de ſa rage,
  N'eſtant ſi ieune pucelage
  Qu'il n'enfilaſt de prime aſſaut!

Page 156, *contre vn Amoureux tranſy.*

L'édition de 1642 contient de plus que celle de 1613 les ſept ſtrophes ſuiuantes priſes dans le recueil cité plus haut. Elles font ſuite aux cinq qui précèdent.

  L'effort fait plus que le merite,
  Car pour trop meriter vn bien
  Le plus ſouuent on n'en a rien;
  Et dans l'amoureuſe pourſuite,
  Quelquesfois l'importunité
  Fait plus que la capacité.

  I'approuue bien la modeſtie,
  Ie hay les amans effrontez;
  Euitons les extremitez :
  Mais des Dames vne partie,
  Comme eſtant ſans election,
  Iuge en diſcours l'affection.

  En diſcourant à ſa Maiſtreſſe,
  Que ne promet l'amant ſubtil?

Car chacun, tant pauure foit-il,
Peut eftre riche de promeffe;
« Les Grands, les Vignes, les Amans
« Trompent toufiours de leurs fermens.

Mais vous ne trompez que vous-mefme,
En faifant le froid à deffein.
Ie crois que vous n'eftes pas fain :
Vous auez le vifage blefme.
Où le front a tant de froideur,
Le cœur n'a pas beaucoup d'ardeur.

Voftre Belle qui n'eft pas lourde,
Rit de ce que vous en croyez.
Qui vous voit penfe que foyez
Ou vous muet, ou elle fourde.
Parlez, elle vous oira bien;
Mais elle attend, & n'entend rien.

Elle attend d'vn defir de femme,
D'ouyr de vous quelques beaux mots.
Mais s'il eft vray qu'à nos propos
On recognoift quelle eft noftre ame,
Elle vous voit, à cefte fois,
Manquer d'efprit, comme de voix.

Qu'vn honteux refpect ne vous touche,
Fortune ayme vn audacieux.
Penfez, voyant Amour fans yeux,
Mais non pas fans mains ny fans bouche,
Qu'apres ceux qui font des prefens
L'Amour eft pour les bien-difans,

Page 157, QVATRAINS.

Le Dieu d'Amour.

Cette petite pièce, qui a paru pour la première fois dans la deuxième édition des *Fleurs des plus excellens poëtes* donnée en 1601 chez Nicolas & Pierre Bonfons, p. 240, offre un texte un peu différent dans la réimpreffion des *Satyres* de Régnier de 1613. On lit en effet dans ce dernier volume :

Le Dieu d'Amour fe deuoit peindre
Auffy grand comme vn autre Dieu,
N'eftoit qu'il luy fuffit d'atteindre
Iufqu'à la piece du milieu.

Peu importent, d'ailleurs, les variantes. Le quatrain en queftion eft d'une authenticité douteufe. On le trouve en effet dans les manuscrits de la Bib. nat. (1662, f. fr., f° 27) tel que nous l'ayons donné, avec le titre : *Sur un Petit dieu d'amour*, & la signature *T. S.* qui désigne Theodorus Seba, c'est-à-dire Théodore de Bèze.

C'est probablement en raison de cette particularité révélée par les frères du Puy, gardes de la Bibliothèque du Roy, que les Elzeviers n'ont pas reproduit ce quatrain dans leur édition de 1642.

Page 159, Discours au Roy, v. 9.

Qui plus qu'*vne* Hydre affreuse ; *vn* Hydre, 1609 & 1612.

— v. 12.

Qui reduite aux *abois* ; aux *bois*, 1609 & 1612.

Page 160, v. 7.

Qui *s'employant* aux ars ; *s'employoient*, 1609 & 1612.

— v. 11.

La mer aux deux costés *ceste* ouurage bordoit, 1608 & 1609 ; *cest* ouurage, 1612.

— v. 12.

De l'Aucate à Bayonne.

Leçon des éditions originales. Leucate, *Leocata*, autrefois ville forte, fut assiégé en 1590 par les Espagnols.

— v. 25.

Et purgeant le *venin* ; *venim*, 1609 & 1612.

Page 161, v. 14.

Du puissant archiduc, le cardinal d'Autriche. Amiens fut repris le 25 septembre 1597. Voir dans l'Estoile, édition Champollion, II, 287, deux dépêches sur les diverses phases du siége & les évolutions de l'armée de secours.

— v. 18.

Où si tost que le fer *l'en* rendoit possesseur, 1608 ; *s'en* rendoit. 1609 & 1612.

Page 162, v. 8.

Tandis que la *fureur* précipitoit son cours.

Hors 1608 & 1609, toutes les éditions, même les plus récentes, portent : Tandis que la *faueur*, leçon défectueuse dont on a déjà rencontré un exemple p. 146, v. 34 :

> La faueur à la fin rompit sa modestie.

Page 162, v. 29.

Et *depuis de bon œil le Soleil; & depuis le Soleil de bon œil*, 1609 & 1612.

Page 163, v. 3.

Saccagez des *soldars; soldats*, 1609 & 1612.

— v. 21.

En *ses* murs combatu; en *ces* murs, 1609 & 1612.

Page 164, v. 1.

Issu comme tu dis; *Yssu*, 1609 & 1612.

— v. 34.

Rendant par *ses* brocards; *tes* brocards, 1609 & 1612.

Page 165, v. 18.

Reietté loing de toy, 1608 & 1609; *retiré loin*, 1612.

— v. 26.

S'éleuant dans *le* vague des Cieux; *la* vague, 1609 & 1612.

Page 167.

PLAINTE.

Cette pièce a paru pour la première fois dans le *Temple d'Apollon ou nouueau recueil des plus excellens vers de ce temps*. A Rouen, de l'imprimerie de Raphaël du Petit Val, libraire & imprimeur du Roy (1611). Tome I, p. 5.

Elle a été réunie à l'œuvre de Regnier en 1642, dans l'édition donnée par les Elzeviers.

Page 173.

ODE.

Le texte original de cette ode se trouve dans le premier volume du *Temple d'Apollon*, p. 33, d'où il a été tiré avec les ſtances précédentes pour l'édition déjà citée de 1642.

Page 175.

Sonnet ſur la mort de M. Rapin. — Ce ſonnet fait partie *in fine* des Œuures latines & françoiſes de Nicolas Rapin poicteuin, grand préuoſt de la conneſtablie de France. Tombeau de l'autheur auec pluſieurs éloges, à Paris, chez Pierre Cheualier, au mont S. Hilaire à la Court d'Albret CIƆ.IƆƆ. X. Auec priuilege du Roy. In-4°.

Page 176.

Diſcours d'vne maquerelle. — Cette ſatire a paru ſous ce titre dans les *Muſes gaillardes* en 1609, ſans nom d'auteur. Neuf ans plus tard, elle a été réimprimée dans le *Cabinet ſatyrique* avec le titre de Diſcours d'une vieille maquerelle & le nom de Regnier. C'eſt d'après ce dernier recueil que l'éditeur de 1729 l'a donnée. Nous avons cru devoir reproduire ici le texte original ſuivant le plan de notre édition.

— V. 1.

Depuis *que ie vous ay* quitté, on lit dans le *Cabinet ſatyrique* de 1618 : Philon, depuis *t'auoir* quitté ; & dans l'édit. de Rouen, *1627* : depuis *t'auoir irrité*. Lenglet Dufreſnoy, pour éviter l'expreſſion *depuis t'auoir*, qui lui paraiſſait incorrecte, a dans ſon édition du *Montparnaſſe*, imaginé la ſuivante :

Philon, en t'ayant irrité,

et Broſſette a adopté cette leçon.

Page 178, v. 15.

Vn prelat me *voulant* avoir ; var. : vn prelat me *voulut*.

Page 182.

Epitaphe. — Cette pièce, attribuée à Regnier par le P. Garaſſe, p. 648, dans les *Recherches des Recherches*, Paris, Sebaſtien Chappelet, 1622, a paru dans les *Muſes gaillardes* dont nous donnons le texte de préférence à celui qui a été ſuivi juſqu'à ce jour.

— v. 4.

Et ne ſçaurois dire pourquoy. Ces vers & les deux ſuivants

diffèrent de ceux qui, d'après les *Recherches*, terminent ainſi l'épitaphe du poëte:

> Et ſi m'eſtonne fort pourquoy,
> La mort oza ſonger en moy,
> Qui ne ſongeay iamais en elle.

Page 185.

Dialogue, Cloris & Philis.

Les Elzeviers ont tiré cette piéce du *Cabinet des muſes* (Rouen, David du Petit Val, 1619, t. I, p, 251) pour leur édition de 1652. Nous avons rétabli la leçon originale, & le lecteur trouvera ici les plus curieuſes infidélités de la réimpreſſion.

Page 186, v. 21.

Force donc tout reſpect, & ma *fillette croy*, 1619; ma *chere fille, & croy*, 1652.

Page 187, v. 1.

Hermione la belle, 1619; *Berenice* la belle, 1652.

— v. 7.

Es cendres d'*Amyante*, 1619; es cendres d'*Alexis*, 1652.

— v. 9.

> .... *Fut noſtre ame entamée*;
> *Par ſa mort mon amour n'en eſt moins enflammée*, 1619;
> .... *Notre ame fut bleſſée*,
> *S'il n'auoit qu'vn deſir ie n'eus qu'vne penſée*, 1652.

Page 188, v. 8.

Avec toy mourront donc tes ennuis rigoureux. Dans l'édition donnée par les Elzeviers, ce vers & les trois ſuivants ſe trouvent rejetés huit vers plus bas, après:

> Ie ne peux, & n'oſé diſcourir de mes peines.

Le développement de la penſée, qui était abſolument troublé par cette interverſion, reprend ſon cours régulier dans le texte du *Cabinet des Muſes*.

Page 194, v. 5.

De ſi *dures* alarmes, 1619; *rudes* alarmes, 1652.

Page 195, v. 22.

J'en pouuois efchaper, 1619; *fi l'en puis echapper*, 1652.

Page 198, v. 2.

Se *retrouuant en* eux, 1619; fe *retrouue dans* eux, 1652.

Pages 198 à 220.

Pièces tirées de l'édition de 1652 (Leiden, Jean & Daniel Elfevier), où elles ont paru pour la première fois. Les deux premières font fuite à la fatire XVII, & l'élégie : *L'homme s'oppofe*, que Regnier écrivit pour Henri IV, placée avant le dialogue de Cloris & Philis, forme, avec les vers fpirituels, le complément du volume.

Page 221.

Epigramme tirée de *l'Anti-Baillet*. Toutes les éditions de Regnier portent à tort: Dieu me gard.

Pages 222 à 228.

Ode fur une vieille maquerelle. Cette ode, les ftances & les épigrammes qui fuivent ont été jointes pour la première fois à l'œuvre de Regnier par l'éditeur de 1729, qui les a recueillies dans le *Cabinet Satyrique*.

Page 227.

Lorfque j'eftois comme inutile.

Traduction de l'épigramme latine : *Impuber nupfi valido* de Jacques Bouju (voir le *Menagiana* de 1715, t. III, p. 312).

On croit que ce petit poëme, fouvent traduit, a été infpiré par Marguerite, fille naturelle de Charles-Quint, époufe à douze ans d'Alexandre de Médicis & à vingt ans d'Octave Farnèfe. Lors de leur mariage, ces deux perfonnages avaient, le premier, vingt-fept ans & le fecond treize ans.

Pages 229 à 237.

Pièces empruntées au *Parnaffe Satyrique* par Viollet-le-Duc pour fon édition de 1822. La *Complainte* que l'on ferait tenté de retirer à Regnier, fur la foi de l'Eftoile qui l'attribue à la reine

Marguerite, eſt un modèle de mauvais goût, dont on trouve des exemples dans les œuvres des poëtes du xvie ſiècle. Ainſi on peut lire, ſous le nom de Pibrac, dans les *Fleurs des plus excellents poëtes de ce temps*, Paris, Nicolas & Pierre Bonfons, 1601, des ſtances auſſi obſcures & auſſi tourmentées. Du reſte, les anthologies du temps contiennent beaucoup de pièces en galimatias, où la penſée n'eſt pas moins torturée que la langue. En proſe enfin le comte de Cramail, dans ſes *Jeux de l'inconnu*, n'a pas dédaigné d'écrire en une ſérie de coq-à-l'âne, l'hiſtoriette du Courtiſan Groteſque.

Devant ces témoignages officiels des traveſtiſſements impoſés à la poéſie, nous n'avons pas cru devoir écarter de l'œuvre de Regnier, l'ami de Forquevaus, gentilhomme de la reine Marguerite, une pièce qui, ſelon quelque apparence, a pu être demandée pour cette princeſſe.

Page 238.

Épigrammes.

La première de ces petites pièces eſt rapportée par Tallemant dans l'hiſtoriette de Deſportes. Pour les ſuivantes, leur authenticité a été établie par M. Tricotel dans le *Bulletin du bouquiniſte* du 15 juin 1860. Voir auſſi les *Variétés bibliographiques* publiées par cet érudit, Paris, Gay, 1863.

Page 239.

Quelque moine de par le monde.

Le trait final de cette épigramme ſe retrouve dans une hiſtoriette des *Serees* de Guillaume Bouchet, liv. III, Ser. 26. Il s'agit d'un gros ventru brocardé par de bonnes galoiſes. Pour toutes ſortes de raiſons, je ſuis forcé de laiſſer au lecteur le ſoin de ſe renſeigner davantage.

Page 241.

Pour M. le Dauphin. Cette pièce, tirée du manuſcrit 12491 f. fr., Bib. nat., eſt attribuée à Regnier par l'Eſtoile.

Les trois épigrammes qui ſuivent nous ont été communiquées par M. Tricotel qui les a découvertes dans les mss. de Conrart, t. XVIII, in-4°, p. 323-324. La dernière n'eſt pas ſignée.

Le livre du peſant & du leger du cardinal Duperron ne nous eſt point parvenu; mais voici ce qu'on lit dans l'*Analecta Biblion*

du marquis du Roure, t. II, p. 206 : « *Aſinus inter omnes,* comme
diſoit Joſeph Scaliger de monſeigneur du Perron, lequel, dix ans
devant qu'il fut cardinal, pour paroître ſavant auprès des dames
de la cour de Henri III, les entretenoit *de æſtu maris, de leui
& graui & de ente metaphyſico.* »

La dernière épigramme eſt tirée du mss. 884, f. fr., fol. 307, v°.
Elle a été publiée pour la première fois par M. Pierre Jannet,
dans ſon édition des œuvres de Regnier. Paris, Picard, 1868.

GLOSSAIRE.

Abolitions, 38. — Les abolitions, ou plus exactement les lettres d'abolitions, font des lettres du prince obtenues en grande chancellerie, par lesquelles il abolit & efface un crime qui, de sa nature, n'est pas rémissible, & par la plénitude de sa puissance en remet la peine portée par la loi, de manière qu'il ne reste aucun examen à faire touchant les circonstances du crime. (Ferrière, *Dict. de droit.*)

Acort, 25. — Discret, avisé, *circumspect, foreseing, of good spirit.* (Cotgrave.)

Il faut se taire acort, où parler faucement.
(Sat. III.)

Les auditeurs iugeans en eux-mêmes que ce prédicateur deuoit estre quelque homme d'esprit & accort.
(Bouchet, *Seree* XXXIV.)

Accostable, 82. — Propre, convenable, *fit.* (Cotgrave.)

Adulteriser, 43. — Dénaturer, transformer.

Voilà comme à present chacun l'adulterise.
(S. V.)

Comp. Rabelais, I, 24. — Visitoient les boutiques des drogueurs, consideroient les fruits, racines, ensemble aussi comment on les adulteroit.

Affoler, 15. — Tourmenter, navrer, blesser, souiller, profaner.

La pauureté comme moy les affolle.
(S. V.)

Ab, le brigand, il m'a tout affolée.
(La Fontaine, *Le Diab. de Pap.*)

Montaigne a dit :

Et leur fembloit que c'eftoit affoler les myfteres de Venus, que de les ofter du retiré facraire de fon temple. (*Effais*, II, 12).

Aguets, 10. — Embûches.

Que l'innocent ne tombe aux aguets du mefchant.
(S. I.)

Ains, 57, 108, mais; Ains que, 241, avant que.

Digne non de rifee ains de compaffion,
(S. VII.)

Ains que Phebus euft pris naiffance.
(*Append.*)

Alourder, 18. — Accabler.

Vous alourdent de vers, d'alaigreffe vous priuent.
(S. II.)

Amenuisé, 14. — Exténué, épuifé.

Le corps amenuifé.
(S. II.)

Conf. :   l'amenuife mon cœur d'vne poifon amere.
(Baïf, *Amours*, 1573, f° 77.)

Anguillade, 63. — Coups de lanières faites de peau d'anguille.

M'euft donné l'anguillade & puis m'euft laiffé là.
(S. VIII.)

Le patiffier luy bailla l'anguillade fi bien que fa peau n'euft rien vallu à faire cornemufe.   (Rabelais, II, 30.)

Appendre, 61. — Confacrer, offrir en ex-voto.

Au dieu de la bataille apendoit les efcus.
(*Difc. au Roy.*)

Ie Berger plein de viteffe,
Par humbleffe
Aux dieux cheurepieds, i'appens
Cefte defpouille conquife.
(Ronsard, *Voyage d'Hercueil.*)

Ardez, 91. — Syncope de Agardez, voyez.

Ardez le beau mufeau.
(Molière, *Le Dépit am.*, IV, 4.)

Armet, 89. — Tête, proprement armure de tête.

    Quand l'humeur ou le vin luy barbouïllent l'armet.
                         (S. XI.)

On difait morion dans le même fens.

Et tant plus voyoient les beaux peres honteux & baiffer leur morion, de peur d'eftre cogneus.
                (*Comples du Monde Adv.*, 1595, p. 81.)

Arrasser, 152, arser, 59, 89. — Dreffer, lever.
Faire arfer fon épée, porter l'épée en verrouil.
         En vain d'arraffer il effaie.
                   (La C. P.)

Arroy, 80, 201. — Équipage. Le fens primitif eft charrue, train.

Arsenac, 201. — Arfenal.
La porte Saint-Victor vis-à-vis de l'arfenac. (Malherbe, *Lettres à Peirefc*, 20 janv. 1608.)

V. les *Obfervations de Ménage fur la langue françoife*, Paris, 1672, p. 20.

Asseurement, 40. — Avec affurance.
      L'enfant...
      Qui marque affeurement la terre de fes pas.
                   (S. V.)

Assiner, 123. — Affigner, ajourner.
      I'affine l'enuieux cent ans apres la vie.
                  (S. XV.)

Atours, 108. — Parures. Atour au fingulier fignifiait chaperon.
Madame fe mit en cotte fimple & print fon atour de nuit.
                       (Louis XI, *Nouv.* 39.)

        Ie la vois de maint diamant
        Et de maint rubiz atournée.
              (O. de Magny, *Épithalame
              de Jean Flehard*.)

Attenter, 12. — Tendre avec effort vers.
      Attenter par ta gloire à l'immortalité.
                (S. I.)

ATTIFET, 94. — Parure, ornement de tête, de tifer par Attifer, le feul mot qui nous refte.

AUTENTIQUE, 77. — Scellé de rouge comme une charte revêtue du grand fceau de cire rouge.

Et iugé ce lourdaut à fon nez autentique.
(S. X.)

La cire verte était employée pour tous les arrêts, la cire jaune pour les expéditions. Enfin la cire blanche était réfervée pour la chancellerie de l'ordre du Saint-Efprit.

AVALER, 159. — Defcendre, tomber, auffi bien que boire ou manger avidement.

Ses cheueux... fur fon dos auallez.
(*Difc. au Roy.*)

Si ie montois auffi bien comme i'avalle.
(RABELAIS, I, 5.)

Vn propos avalé, eft un propos dit en pinçant les lèvres avec affectation, comme fi l'on retenait (avalait) fes paroles.

AVANCER (S'), 16, 32, 33. — S'élever au-deffus d'autrui.

Et fans eftre auancé ie demeure contant.
(S. II.)

... Et fi ton oncle a fçeu
S'auancer par cet art.
(S. IV.)

Encor feroit ce peu, fi fans eftre auancé.
(*Ibid.*)

BANDER (Se), 23. — S'efforcer, fe révolter.

Qui voudroit fe bander contre vne loy fi forte.
(S. III.)

BARBE (Faire barbe de paille), 48. — Expreffion vicieufe née de la confufion d'une locution : faire la barbe, avec une autre : faire garbe de paille (H. Eftienne, *Precell. du Lang. franç.*); faire garbe de paille, c'eft proprement payer à l'Églife, en gerbes de paille, la redevance due en gerbes de blé.

Que veut dire... quand elle dit : il ne faut point faire à Dieu

barbe de feurre ; en lieu qu'on deuroit dire : il ne faut point faire
à Dieu gerbe de feurre, ou de fourre.

(Bouchet, *Seree* XXXV.)

Barisel, 48. — *Lictorum præfectus* (Hornkens), capitaine des
fbires, de l'italien *barigello*.

Barragouin, 123. — Langage étranger, plus particulièrement
breton.

Il fault feuilleter fans diftinction, toutes fortes d'auteurs & vieils
& nouueaux, & barragouins & françoys, pour y apprendre les
chofes de quoy diuerfement ils traitent. (Montaigne, *Effais*, II, 10.)

Quand nous voulons dire qu'vn homme parle mal, nous l'appelons Barragoüin, qui eft autant à dire comme fi nous difions, il
parle breton, car *barra* en breton, c'eft-à-dire du *pain*, & *goüin*
du *vin* : tellement que ceux qui parlent ainfi : appellans du pain
barra & goüin du vin, nous difons, qu'ils font Barragoüins, c'eft-
à-dire qu'ils parlent fort mal. (G. Bouchet, *Seree* XXXV.)

Baye (Repaître de), 123. — Donner de vaines efpérances, proprement faire bayer, baifler, beer, du bas latin *badare*.

Les gentilz hommes de Beauce defieunent de baifler & s'en
trouuent fort bien. (Rab., I, 16.)

Bleu (Cordon), 111. — Chevalier de l'ordre du Saint-Efprit. La
croix du petit ordre fe portait avec un ruban bleu.

L'argent d'vn cordon bleu n'eft pas d'autres façons
Que celuy d'vn fripier ou d'vn aide à maçons.
(S. XIII.)

Bonadies, 25. — Bonjour.

Pour cent bonadies s'arrefter en la ruë.
(S. III.)

Bonneter, 63. — Tirer le bonnet, faluer.

Apres ces Meffieurs bonneter.
(S. VIII.)

Bonneter tout vn iour vn financier fuperbe.
(Auvray, *Banquet des mufes*, 1628, p. 154.)

Bord (A), 52. — A terre.

Bouchon, 34, 94. — Botte de verdure fervant d'enfeigne aux cabarets; braffée de paille pour la litière des animaux.

> Font vn bouchon à vin du laurier du Parnaffe.
> (S. IV.)

> Qu'en bouchons tortillez elle auoit fous le bras.
> (S. XI.)

Bourrier, 213. — Flocon, duvet, de bourre (Cotg.). Ce mot a fervi de fous-titre à un recueil de poéfies : *Les Mufes incognues ou la feille aux bourriers, pleine de defirs & imaginations d'amours* (Rouen, Iean-Petit, 1604), où l'on trouve des vers de Beroalde de Verville, de Motin & un portrait fatirique de Rabelais.

Brider, 24. — Porter la mouftache droite ou relevée fur les joues.

> Qu'on bride fa mouftache.
> (S. III.)

Bruire, 11. — Pris activement.

> Où tout le monde entier ne bruit que tes proiets.
> (S. I.)

Bruit, 19. — Dire, propos.

> Contraire en iugement au commun bruit de tous.
> (S. II.)

Caban, 80. — *Gabardine, or cloake of felt* (Cotgrave). Manteau de feutre dont le tiffu eft fait de bourre de laine & de poils d'animaux.

Cabinet, 19. — Bahut rempli de petits tiroirs fur lefquels fe fermait une porte à deux battants. Dans ce meuble, d'une ornementation habituellement très-recherchée, on enfermait les ouvrages graveleux auffi bien que les objets de prix.

Ie m'ennuie que mes *Effais* feruent les dames de meuble commun feulement, de meuble de fale. Ce chapitre me fera du cabinet. (Montaigne, *Effais*, III, 5, fur des vers de Virgile.)

Cabinet avait auffi le fens de privé, retrait. C'eft fur cette double fignification qu'Alcefte joue, lorfqu'il dit :

> Franchement ils font bons à mettre au cabinet.

Cachots, 7. — Retraites.

Les beftes fauuages laiffent leurs cauernes & cachots.
(Ambroise Paré, XXIV, 6.)

CALAMITE, 222. — Aimant, *magnes*. (Nicot.)

Voyez à la calamite de voſtre bouſſole. (RAB., IV, 16.)

CAROUSSE (Faire), 19. — *To quaffe, carouſſe.* Faire beuverie, de l'allemand : Gar aus, tout vide. (H. Eſtienne, *Dial. du nouv. lang. franc.*, Envers, 1579, p. 42.)

Ils font iournellement carouſſe auec les dieux.
(S. II.)

Trinquer, voire, carous & alluz. (RAB., IV, Prol.)

Gar aus & all aus ont en allemand la même ſignification : tout hors le verre.

CERVELLE (En), 26, 83. — En ſouci, en peine. Ce mot a été très-torturé. Broſſette veut qu'il ſignifie : de mauvaiſe humeur ; M. Lacour lui donne le ſens d'imaginairement.

Mais pour dire le vray ie n'en ay la ceruelle.
(S. III.)

Où l'eſclanche en ceruelle.
(S. X.)

CHAIRE, 82.

Chaire eſt conforme à l'étymologie. Chaiſe eſt un reſte du zezaiement à la mode dont Marot (V. le biau fiz de Pazi) nous a laiſſé un exemple ainſi que Laſphriſe dans ſon ſonnet :

Hé ! mé, mé, bine-moy, bine-moy, ma pouponne.
(Éd^{on} BLANCHEMAIN, Turin, 1870, p. 325.

CHALAN, 83. — Gros pain venant par les bateaux chalands de Corbeil & de Villeneuve-Saint-Georges. (Furetière.)

CHARTIS, 121. — Hangar.

CHAUVIR de l'oreille, 61. — Baiſſer, remuer les oreilles.

To clape downe the eares, as an horſe, or aſſe doth.
(COTGRAVE.)

Chacun ne ſe plaiſt pas à attendre dix ans pour vn baiſer, meſmes d'vne qui en derriere chauuiſt des oreilles.
(DU FAIL, *Propos ruſtiques*, 14.)

Chauuent des oreilles comme Aſnes de Arcadie au chant des muſiciens. (RAB., III, Prol.)

CHERE, 15. — Vifage.

Belle chere & cueur arrière, dit un vieux proverbe français rapporté par H. Eſtienne (*Precell. du Lang. fr.*).

        ... A qui mefme la mère
  Pour ne fe defcouurir fait plus mauuaife chère.
               (S. II.)

CHEVRE (Prendre la), 112. — Prendre de l'humeur. Cette expreſſion eſt reſtée longtemps en uſage dans notre langue.

    C'eſt prendre la chevre vn' peu bien viſte auſſi.
         (MOLIÈRE, *Sgan.*, XII.)

Les Italiens diſent encore en ce fens : *Pigliar la monna*, prendre la guenon.

CHIFFLER, 81. — Siffler. *To Whiſtle*. (Cotgrave.)

On a dit de même longtemps capuchins pour capucins. (Voir Ménage, *Obfervations fur la langue fr.*, p. 458, édit. cit.)

CHOPPER, 53. — Heurter du pied, faire un faux pas.

CICATRISÉ, 15. — Portant des traces de recouſures, comme les bleſſures ou les plaies refermées.

     Si mon habit par tout cicatriſé.
           (S. II.)

CINQ PAS, 42. — Danſe fort en vogue au XVIe siècle, & décrite par Antoine Arena dans fon poëme macaronique adreſſé *ad ſuos compagnones ſtudiantes, qui ſunt de perſona friantes baſſas danſas in galanti ſtylo biſognatas*.

Voici d'après l'édition de Lyon (1601, in-8° de 78 p., tit. comp.) la deſcription d'Arena :

   ..... *Paſſus fiunt ordine quinque ſuo :*
  Vna duos primos marchet tantummodo gamba,
    Ac alium poſt hoc altera gamba dabit.
  Tibia ſed faciet quartum gentiſſima paſſum
    Quæ primos fecerit ante duos...
  Vna dabit finem.

COFFRE, 22. — Meuble ſervant de banc dans les antichambres où ſe tiennent les gens de ſervice.

    ourir deſſus vn coffre en vne hoſtellerie.
           (S. III.)

Coite, 96. — Lit de plume, de *culcita* qui a donné coulte, coueſte & coite. Le premier mot eſt entré dans coutepointe, devenu enfin courte-pointe.

Commune, 27. — La foule, le vulgaire.

> Qui n'abaye & n'aſpire ainſy que la commune
> Apres l'or du Perou.   (S. III.)

Constable, 80. — Forme contractée de conneſtable, qui lui-même vient de l'allemand *Kœnigſtapel*, aide du roi, & non de *comes ſtabuli*. (Nicot.)

Convenant, 12. — Approprié.

> Iugez comme au ſubiect l'eſprit eſt conuenant.
>   (S. I.)

Convent, 106. — Du latin *conventus*, & par euphonie couvent. Cette double forme ſe retrouve dans mouſtier & monſtier, de *monaſterium*. Enfin on a fait pareillement mouton de *montone*.

Cornette, 31. — Bande de ſoie que les docteurs en droit portaient autour du cou, pendant juſqu'à terre. (Littré.)

> Vne cornette au col debout dans vn arquet.
>   (S. IV.)

Cornus, 85.
Cornus du bon père. Enhardis par le vin.

Le bon père eſt Bacchus ; & pour l'explication de cornus, voici un extrait de Guillaume Bouchet :

Les cornes augmentans la hardieſſe : car ſi à vn mouton vous oſtez les cornes il deuient timide & doux, laiſſant ſa hardieſſe. Nous baillons à Bacchus des cornes pour monſtrer que le vin rend les perſonnes hardies.   (*Serees*, liv. I, 8.)

Conf. : Depuis quand auez-vous pris les cornes qu'eſtes tant rogues deuenus ? (Rab., I, 25.)

Coucher, 20. — Avoir pour enjeu, viſer.

> Ne couche de rien moins que l'immortalité.
>   (S. II.)

Les princes ne craignans point de gager la vie de trente mille hommes où ils ne couchent rien du leur.

                (Bouchet, éd. Roybet, t III, p. 17.)

COUPEAU ou Coupet, 20. — D'une montagne. *Montis cacumen.*
(Nicot.)

> Vient à Vanues à pied pour grimper au coupeau
> Du Parnaffe françois.
> (S. II.)

COURAGE, 16, 25, 39. — Ce mot eft pris fouvent pour cœur.

> l'allay vif de courage & tout chaud d'efperance.
> (S. II.)

> Ie n'en ay pas l'efprit non plus que le courage.
> (S. III.)

> Suiect à fes plaifirs, de courage fi haut.
> (S. V.)

COURANTE, 53. — Impulfion irréfiftible.

> Au gouffre du plaifir la courante m'emporte.
> (S. VII.)

COURTAUX, 42. — Cheval de petite taille à qui l'on a coupé les oreilles, la crinière & la queue.

> Fait creuer les courtaux, en chaffant aux forefts.
> (S. V.)

DAMOYSELLE, 26. — Nom donné aux femmes mariées de nobleffe inférieure. Ce titre permettait de porter la robe de velours & une bordure d'or au chaperon. Plus tard il s'étendit à toutes les femmes mariées, nobles ou roturières.

> En honneur les auance & les fait Damoyfelles.
> (S. III.)

DARIOLET, 42. — Entremetteur. Dariolette eft le nom de la confidente d'Elifenne dans *Amadis*.

> De vertueux qu'il fut le rend dariolet.
> (S. V.)

> Sont-ce pas les dariolettes
> Et les meffagers d'amourettes
> Qui peuplent France de cocus ?
> (AUVRAY, *Banquet des mufes*, 1628, p. 194.)

> Qu'il foit bon Sibillot, ruzé dariolet,
> Qu'il fçache finement prefenter vn poullet.
> (COURVAL SONNET, *Œuv. fat.*, 1622, p. 91.)

Degoiser, 122. — Cette expreſſion paraît dans l'origine ne s'être
dite que des oiſeaux. Les oyſeaux ſe degoyſent; *garriunt aves.*
(Nicot.)

To chirpe or warble (as a ſinging bird). (Cotgrave.)

Dégout, 86. — Écoulement, débordement d'eau.

Et du haut des maiſons tomboit vn tel degout.
(S. X.)

Et là n'euſſent rencontré ſource, ou degout d'eaux.
(Rab., III, 5.)

Ce mot ſe retrouve au figuré dans les *Quatrains* de Pibrac :

A bien parler ce que l'homme on appelle,
C'eſt vn rayon de la diuinité,
C'eſt vn degout de la ſource eternelle.
(Éd. de 1584. *Quat.* xiii.)

Degrez, 24. — Grades.

Et ſi l'on eſt docteur ſans prendre ſes degrez.
(S. III.)

Depiter, 57. — Maudire.

Ie ſemble depiter, naufrage audacieux,
L'infortune, les vents, la marine & les cieux.
(S. VII.)

Ie deſpite à ce coup ton inique puiſſance,
O nature cruelle à tes propres enfants.
(D'Aubigné, *Hécat. à Diane,* lx.)

Dilayant, 40. — Delayer, temporiſer.

Dilayant, qui touſiours a l'œil ſur l'auenir.
(S. V.)

Douteux, 40. — Héſitant.

Imbecille, douteux, qui voudroit, & qui n'oſe.
(S. V.)

Éguillette (Courir l'), 128. — Chercher des aventures galantes.
Cette expreſſion eſt reſtée longtemps obſcure, parce qu'on a voulu
la rattacher au mot aiguillette, déſignant le ſigne que les courtiſanes de Toulouſe portaient ſur l'épaule pour ſe diſtinguer des autres
femmes. C'eſt aller, ce ſemble, chercher un peu loin une explication.
L'aiguillette eſt un double cordon ferré, ſervant à fermer la

brayette. Nouer l'aiguillette, courir l'aiguillette, font des locutions très-claires : la première fignifie rendre un homme impuiffant, & la feconde, faire métier de dénouer les aiguillettes de tout venant.

ENCASTELÉ, 59. — Mot vfité en matière de pieds de bêtes de pied rond, comme cheuaux, mulets, quand on veut dénoter que la corne du talon s'entre approche prefque à ioindre, qui eft vn grand vice au pied ; pour auquel obuier il faut au ferrer faire ouurir le talon auec le boutoir iufques au vif. (Nicot.) Encaftellé, qui a le talon étroit ; *narrow heeled,* dit Cotgrave.

ENTERINER, 38. — Ratifier juridiquement.

Qui dans le four l'Euefque enterine fa grace.
(S. V.)

ENTRANT, 21, 24, 25. — Hardi, audacieux. *A bould or audacious fellow.* (Cotgrave.)

I'entre fur ma louange & bouffy d'arrogance.
(S. II.)

Sois entrant, effronté.
(S. III.)

Ie ne fuis point entrant.
(*Ibid.*)

ÉPÉE (Chevalier de la petite), 82. — Coupeur de bourse.

ESCLATER, 69, 107. — Reluire, briller.

Son front laué d'eau claire, efclaté d'vn beau teint.
(S. IX.)

Efclater de fatin, de perles, de rubis.
(S. XIII.)

Veaux dorez que tu crains pour leur voir efclater
Le clinquant au chapeau, fur le dos l'efcarlate.
(COURVAL SONNET, *Œuv. fat.*, 1622, p. 103.

Efclater en clinquant gorrierement veftu
Piaffer en vn bal, gauffer, dire fornettes.
(AUVRAY, *Banquet des mufes*, 1628, p. 159.)

ESCORNES, 179. — Affront.

Esgayer, 13, 16, 39, 42. — Divertir, ébattre.
>   Pour efgayer ma force.
>   (S. I.)

> Un repos qui s'efgaye en quelque oifiveté.
>   (S. II.)

> Egayer fa fureur parmy des precipices.
>   (S. V.)

> Qui dans vn labeur iufte egayoit fon repos.
>   (Ibid.)

Espoinçonne, 28. — Piquer, pouffer en avant.
> Iadis vn loup dit-il, que la faim efpoinçonne.
>   (S. III.)

> Pour nous efpoinçonnez d'vne loüable ardeur,
> Nous offrons à feruir voftre illuftre grandeur.
>   (Auvray, Banquet des mufes, 1628, p. 182.)

Estamine, 107, 114. — Petite étoffe légère & de peu de prix. Tiffu de crin ou de laine fervant à filtrer.
> Que cecy fuft de foye & non pas d'eftamine.
>   (S. XIII.)

> Et qui peuft des vertus paffer par l'eftamine.
>   (S. XIV.)

Estriver, 113. — Querèller, difputer ; d'eftrif, qui fignifie peine & auffi débat.

Estude, 23. — Ce mot variait d'acception fuivant le genre qui lui était donné.

Une eftude défignait un cabinet de travail, & l'eftude (fubft. mafc.) avait le fens de foin, fouci.

Encores que mon feu pere euft adonné tout fon eftude à ce que ie prouffitaffe en toute perfection. (Rabelais, II, 8.)

Estuver, 193. — Sécher. *To warme*. (Cotgrave.)

Everolle, 79. — Ampoule.
Du vieux mot français éve, eau, qui a donné éveux, humide, plein d'eau, & évier, demeuré dans la langue.
> De nuages éueux.
>   (Baïf, Les Jeux, 1593, f° 41.)

Voir, fur éve & aigue, venus tous deux d'*aqua*, H. Eftienne, *Precellence du Lang. franc.*, 1579.

EVESCHÉ, 19, 27. — Ce mot était alors habituellement féminin, comme duché.

> Medite vne euefché.
> (S. II.)

> Et fi le faix leger d'vne double Euefché.
> (S. III.)

Avec une comté de Plume, & un marquifat d'Ancre, il ne lui falloit plus qu'une duché de Papier, pour affortir tout l'équipage.
(MALHERBE, éd. Lalanne, III, 207.)

EXEMPLE, 41, 83.

> Pour exemple parfaitte ils n'ont que l'aparance.
> (S. V.)

A Paris, dans la ville, on fait exemple ordinairement feminin, & l'erreur vient de ce que exemple eft de ce dernier genre quand il fignifie le modèle d'efcriture que les maiftres Efcrivains donnent aux enfans. (Vaugelas, *Remarques fur la langue françoife*, 1665, p. 171.)

FANIR, 192.

> Tu es vn pré tans fleur qui fanift.
> (BAÏF, *Am. de Franc.*, IV.)

FAQUIN, 43. — Mannequin contre lequel on joutait dans les manéges. Tournant fur un pivot, il frappait d'un fabre de bois le cavalier qui ne l'atteignait pas en plein milieu.

> Court le faquin, la bague.
> (S. V.)

Le lendemain des noces on courra la bague & rompra t'on au faquin. (MALHERBE, éd. Lalanne, III, 90.)

FÉE (Courroucer la), 84. — Irriter les génies.

FIGUE, 47, 77. — Nazarde, plus particulièrement figne de mépris, qui confifte à montrer le pouce entre l'index & le médium. Pour l'éclairciffement hiftorique de cette expreffion, voir G. Paradin, *De antiq. Burgundiæ ftatu*, Lyon, Eft. Dolet, 1542, p. 49, & auffi Rabelais, IV, 45.

FORAINS (Alibis), 91. — Échappatoires.

Dans Rabelais, liv. II, ch. xxi, cette expreſſion déſigne les recoins les plus écartés, *all the corners.* (Cotgrave.)

FOURCHE (Fait à la), 77. — Mal tourné, de groſſière façon.

FOURNEAUX, 129.

    Des fourneaux enfumez où l'on perd ſa ſubſtance.

Ambroiſe Paré a donné la deſcription de cet appareil à fumigation dans ſes œuvres (Paris, Buon, 1585), liv. XIX, ch. xxvi.

Par ironie, on diſait de ceux qui ſuivaient ce traitement, qu'ils voyageaient au pays de Surie, Syrie ou Suède.

FRAISÉ, 39. — Portant une fraiſe, ſorte de collet pliſſé & empeſé.

    L'homme ne ſe plaiſt pas d'eſtre touſiours fraiſé.
                        (S. V.)

FUSTÉ, 34. — Bâtonné, accablé, de fuſt, bâton.

            Les grands & la fortune
    Qui fuſtez de leurs vers en ſont ſi rebattus.
                        (S. IV.)

Marotte Duflos, pour ſoupechon de larrecin, fut fuſtée à la banlieue. (*Livre rouge d'Abbeville.*) Génin, dans ſes *Récréations philologiques,* t. I, p. 161, prétend mal à propos que ce mot vient de fuſtigé.

GARITE, 86. — Guerite, lieu de refuge & ſauueté en vn deſaſtre & deroute. (Nicot.)

GAROT, 195. — Trait d'arbalète. *A boult for a croſſe bow.* (Cotgrave.)

GAULE, 34. — Houſſine, cravache.

    Nous voyent d'vn bon oeil & tenant vne gaule
    Ainſi qu'à leurs cheuaux nous en flatte l'eſpaule.
                        (S. IX.)

GAY, 94. — Geai.

    Le Perroquet, & le Gay caqueteur.
      (VAUQ. DE LA FRESNAYE, éd. Travers, I, 251.)

Genet, 43. — Cheval de main, de petite taille & bien proportionné, que l'on tirait d'Efpagne & de Sardaigne.

Talonne le genêt.
(S. V.)

Gentilly, 49.

Aller à Gentilly careffer vne roffe.
(S. V.)

Claude Binet nous apprend, dans fa *Vie de Ronfard,* que le poëte « fe deleƈtoit ou à Meudon, tant à caufe des bois, que du plaifant regard de la riuiere de Seine, ou à *Gentilly,* Hercueil, Sainƈt-Clou, & Vanues pour l'agréable fraifcheur du ruiffeau de Biéure, & des fontaines que les mufes ayment naturellement. »

Hercueil fut le théâtre de la Pompe du Bouc de Jodelle. C'eft à Vanves que fe trouvait la maifon de campagne où Defportes recevait fes amis ;. enfin le petit Olympe d'Iffy a été chanté par Bouteroue. « C'eftoit, dit Leftoile, une fadeze dediée à la reine Marguerite fur fes beaux jardins d'Iffy, dont on difoit que le dieu Priapus eftoit gouuerneur, & Bajaumont fon lieutenant. »

Dans Rabelais, liv. I, ch. xxiv, Comment Gargantua employoit le temps, nous lifons enfin que Ponocrates, « pour le féjourner de la vehemente contention des efprits, l'emmenoit à Gentilly, à Montrouge ou à Vanves, & là paffoient la journée à faire ripaille. »

Georges (Saint), 41, 51.

Et que i'en rende vn jour les armes à Sainƈt-Georges.
(S. V.)

Releuez, emplumez, braues còmme Sainƈt-George.
(S. VIII.)

La légende a fait de faint Georges un type héroïque. Comme Perfée, il a délivré une jeune vierge des griffes d'un dragon. Auffi les Anglais & les Génois l'avaient-ils du temps des croifades choifi pour leur patron.

Gille (Faire), 62, 97. — Fleury de Bellingen explique ainfi cette expreffion :

Quand quelqu'un s'en eft fui fecrettement, on dit qu'il a fait Gile, parce que Saint Gille, prince du Languedoc, s'enfuit ainfi de peur d'être fait roi.

(*Étymologie ou explication des Proverbes françois.* La Haye, 1656, p. 133.)

Goulet, 94. — Goulet, diminutif de Goule, aujourd'hui gueule. (Littré.) Sur la permutation *eu* & *ou*, voir page 94, feugere pour fougère.

Gourmander, 84. — Se repaiftre avec avidité de.
> Son poulmon tu gourmandes.
> (S. X.)

Grain (Dans le), 86. — Dans l'abondance, à l'aife.

Gremoire, pour grimoire (comme letanie, cemetiere), 35, 95.
> C'eft mon amy, vn gremoire & des mots.
> (S. IV.)

> Mon maiftre... i'entends bien le Grimoire.
> (S. XI.)

On difait auffi gramoire.
> Et par ma foy, fi vous voulez,
> Leur montrer meftier ou gramoire.
> (*Anc. th. franç.*, III, 12.)

Grimoire eft donc véritablement un doublet du mot grammaire.

Guet (Laiffer du), 62. — Échapper à quelqu'un & le laiffer en quête de foi.

Housse (En), 14. — A cheval, comme s'il y avait en felle. La houffe eft une forte de couverture attachée à la felle.
> En caroffe & en houffe.
> (S. II.)

Autrefois pour parler d'un qui paroiffoit dans le monde, foit financier ou autre, l'on difoit de luy : Il ne va plus qu'en houffe; mais maintenant cela n'eft plus guères propre qu'aux medecins ou à ceux qui ne font pas des plus relevez.
> (*Les Loix de la Galanterie*, 1644.)

Hypostase, 106. — Terme de théologie qui fignifie effence, nature & perfonne de Dieu.

Infinité pour Infini, 11, 218.
> Ne pouuant le fini ioindre l'infinité.
> (S. I.)

JA pour déjà, 12. — Ce mot était hors d'ufage au moment où l'employait Regnier.

> Ia riante en fon coeur.
> (S. I.)

JACOPINS pour Jacobins, 29. — Voir, fur cette double forme, les *Obfervations de Ménage fur la langue françoife.* Éd. citée, p. 24.

JEAN qui ne peut, 89. — Homme impuiffant. Titre d'un poëme écrit en 1577 par Remy Belleau fur le cas de M⁰ Eftienne de Bray, & rapporté dans le regiftre journal de *Leftoile.*

JEAN (Saint-), 67. — Place Saint-Jean-en-Greve, lieu de ftationnement des crocheteurs ou portefaix.

JOUG (Faire), 120, 213. — Italianifme, de *far giu,* céder, fe foumettre, s'abaiffer.

Dans Marot, il eft écrit faire *jou.* Plus tard il prend un *g* euphonique, & les lexicographes le confondent à tort avec le mot joug.

> Anjou fait jou, Angoulême eft de même.
> (MAROT, *Complainte de Madame Louife de Savoye.*)

JUPON, 80. — Jupe. Nicot donne deux explications de ce mot : fquenie ou fouquenie, roquet ou rochet, furueftement qui eft pendant par deuant & par derriere bien bas.

> Le comte d'Egmont... eftoit veftu d'vne juppe de damas cramoifi & d'un manteau noir avec du paffement d'or.
> (BRANTOME, éd. Jannet, II, 169.)

JUYS pour Juyfs, 59. — *f* muet.

> A coups de poings, de pieds, de grifs,
> S'entredechiroient leurs habits.
> (AUVRAY, *Banquet des mufes,* 1628, p. 189.)

Voir, dans les poéfies de Malherbe, l'épitaphe de M. d'Is, dont le nom exactement orthographié était d'Ifs.

LANGARD, 119. — Bavard.

> Languards picquans plus fort qu'vn hériffon.
> (MAROT, *Bal. des Enf. fans foucy.*)

LANTERNES VIVES, 89. — On appelait ainsi des lanternes dans l'intérieur desquelles un mécanisme particulier faisait mouvoir des figures grotesques, « Comme de harpies, satyres, oisons bridés, lievres cornus, canes batées, boucs volans, cerfs limoniers, & autres telles peintures..contrefaites à plaisir pour exciter le monde à rire. »   (RABELAIS, liv. I, *Prol. de l'auteur.*)

LAVER, 82. — On se lavait les mains avant de se mettre à table & aussi au sortir du repas.

Laquelle ayant pris de l'eau pour lauer, s'assit incontinent à table.   (*Le Banquet* du comte d'Arete, 1594, p. 15.)

  Ie voy ia qu'on dessert,
  Ie voy ia l'espouze qui laue.
   (O. DE MAGNY, *Epithal.* de J. Flehard.)

LEGENDE, 62. — Lecture, récit.

Pour affaires, projets, on disait faciendes.
  (Voir TAHUREAU, *Dialogues*, éd. Lemerre, p. 146.)

LEGER (De), 106, 122, 207. — A la légère, à l'étourdie.

  De leger il n'espere & croit au souuenir.
   (S. V.)

  Il oit trop les causeurs, il croit trop de leger.
   (VAUQ. DE LA FRESN., éd. Travers, I, 227.)

LIEVRE, 81. — Bailler le lièvre par l'oreille, leurrer de promesses.
  Me bailla gentiment le lieure par l'oreille.
   (S. X.)

LIMESTRE, 108. — Drap de Limestre, étoffe grossière dont on faisait des capes. On appelle aussi Limestres les gens qui portaient cette partie de vêtement. (V. Cotgrave, v° *Limestre*.)

LINCEUX, 96. — Draps de lit.

  Les linceux trop cours par les pieds tirassoit.
   (S. XI.)

Ce mot n'avait pas encore le sens précis de drap pour ensevelir les morts.
  Entre deux lincieulx
 Allez reposer votre teste.
  (MAROT, éd. Jannet, 271ᵉ Épigr.)

LIPÉE, 82. — Proprement bouchée. Suivant de madame Lipée, parasite.

Los, 11. — Louange &, par extension, gloire.

> Qui leurs vers à ton los ne peuuent esgaler.
> (S. I.)

LUITEUR, 12, 161. — Vieille forme du mot lutteur.
Ceux qui ayment la luicte, plusieurs bons luicteurs.
> (LA BOÉTIE, éd. Feugères, p. 286.)

MALLE (Trousser en), 95. — Emporter de force à la façon d'vne malle qu'on charge sur les épaules.

Les nouueaux receus pour ne sçauoir l'art de la vollerie, sont troussez en malle, & conduits à Montfaucon pour là faire des cabrioles en l'air.

(*Règles, statuts*, &c., de la Caballe des filous. V. Ed. Fournier, *Var. hist. & lit.*, t. III.)

MARINE, 57. — Mer.
> Les vents, la marine & les cieux.
> (S. VII.)

> Creignant les flots de la marine,
> Elle troussoit sa vesture pourprine.
> (BAÏF, *Poëmes*, 1573, f° 253, v°.)

MARISSON, 88. — Mot formé régulièrement comme unisson, nourrisson, qui sont restés en usage.
Ébloui suivant la même règle avait formé éblouisson.
> D'vn éblouisson trouble a les yeux empeschez.
> (BAÏF, *Amours*, 1573, f° 77, v°.)

MARJOLLET, 25. — Petit homme fanfaron, de l'italien *mariolo*, homme de rien.
> Entendre vn mariollet qui dit auec mespris.
> (S. III.)

MATELINEUX, 112. — Fantasque, diminutif francisé de *matto*, fou.

MATINES, 19. — Livre d'heures où se trouvent les offices du matin.
> Que portez à l'Eglise ils valent des matines.
> (S. II.)

MÉDARD. (Ris de Saint), 59. — Ris forcé. On appelait mal Saint-Médard le mal de dents, &, fuivant d'autres, l'emprifonnement. Un proverbe du xviie fiècle dit :

> Ris qui eft de Saint Médart,
> Le cœur n'y prent pas grant part.
> (Voir Le Roux de Lincy, *Livre des Proverbes*.)

MENESTRE, 82. — Soupe, de l'italien *mineftra*.

MERCERIE, 126. — Marchandife.

> Chacun vante fa mercerie.
> (Baïf, *Mimes*, III.)

Mercier, le marchand par excellence. Voir, pour la juftification de ce fens, le *Dictionnaire de Trevoux* (1732) & le *Guide des Corps des Marchands*, Paris, 1766, in-12, p. 358. Le corps des merciers eft le plus nombreux & le plus puiffant des fix corps des marchands, lit-on dans le premier des ouvrages cités plus haut. Voir auffi les *Variétés hift. & litt.* de M. Ed. Fournier.

MICHEL (Ceux de Saint-), 35. — Pèlerins que l'on appelait Michelets, du nom de leur patron.

Poiffons que nous appelons fourdons, defquels les Michelets en enrichiffent leurs bonnets ou chappeaux en venant de Saint-Michel.
(B. Palissy, éd. Cap., p. 365.)

MINUTER, 61, 76. — Projeter.

> Minutant me fauuer de cette tyrannie.
> (S. X.)

> Auecq' vn froid adieu, ie minute ma fuitte.
> (S. X.)

MOINE-BOURRU, 99, 115. — Lutin qui, dans la croyance du peuple, court les rues aux Avents de Noël en faifant des cris effroyables. (Furetière.) Suivant Cotgrave, moyne bourry ou moyne beur defigne *a lubberly monke or in ftead of beuveur a quaffing monke*.

Comp. Ie grezille d'eftre marié & labourer en diable bur deffus ma femme. (Rab., III, 7.)

MON (C'eft). — Particule affirmative dont l'origine a été diverfement expliquée. H. Eftienne y voit c'eft moult; Nicot y trouve le mot grec μέν francifé; Furetière veut que ce foit l'abréviation de c'eſt mon avis. D'après Ménage & les helléniſtes Périon, Trippault, Lancelot, mon, dans c'eſt mon, dérive du grec μῶν, certes, aſſurément. Cette interprétation s'applique également aux locutions ſavoir mon, faire mon.

MONTRE, 81. — Revue.

MONUMENT, 10, 66. — Tombeau.
> Deterrer les Grecs du monument.
> (S. IX.)

MORGANT, 24, 50, 82, 199. — Hautain, menaçant.

Faire une morgue, c'eſt montrer un viſage irrité. D'où est venu qu'au pluriel morgue ſignifie outrages, malheurs.
> La centurie qui promettoit morgues à la France.
> (MALHERBE, éd. Lalanne, III, 532.)

MOUTONS, 17.
> Or laiſſant tout cecy retourne à nos moutons.
> (S. II.)
> Mais comme dit Marot, reprenons nos moutons.
> (COURVAL SONNET, Œuv. ſat.; 1622, p. 166.)

MOUVANT, 111. — Fringant, pétulant.
> L'apothicaire qui etoit vn grand mouueur.
> (BOUCHET, Serees, liv. I, 9.)

Dans un ſens plus proche de l'exemple tiré de Regnier, Pedoue, chanoine de Chartres, a fait dire par une maîtreſſe à ſon amant :
> Monſieur vous eſtes ſi preſſant & ſi mouueux, qu'on ne ſçauroit eſtre vn quart d'heure en repos auec vous.
> (Le Bourgeois Poli. Chartres, Cl. Peigné, 1631. Dialog. VIII.)

On trouve également dans l'ancien théâtre français, avec une acception peu différente, le mot ſaillant.
> Touſiours ma femme ſe demaine
> Comme vng ſaillant.
> (La Farce du Cuvier.)

NAVIGER, 46, 128, 129.

Tous les gens de mer diſent, naviguer, mais à la Cour on dit, naviger & tous les bons Autheurs l'écrivent ainſi.
> (VAUGELAS, Remarques ſur la langue françoiſe.)

Nazarde, 88, 94. — Coup sur le nez.

Nice, 129. — Ignorance, de *nescia*.

    Voulant tromper vne nice pucelle
    Il se deguise.
            (Baif, *Poëmes*, 1573, f° 252.)

Offusquer, 13, 33, 54. — Obscurcir, priver de son éclat.

    Offusque tout sçauoir.
            (S. I.)

    Apollon est gesné par de sauuages loix,
    Qui retiennent sous l'art sa nature offusquée.
            (S. IV.)

Le miroir ne peut représenter le simulacre des choses objectées si sa polissure est par haleines ou temps nebuleux offusquée.
            (Rab., III, 13.)

Opilé, 18. — Obstrué.

    Et durant quelques iours i'en demeure opilé.
            (S. II.)

Ses larris tant furent oppilés & resserés. (Rab., I, 6.)

Ores, 72. — Maintenant. Or' répété signifie tantôt... tantôt.

Pantière, 25. — Filet à prendre les oiseaux.

Pantois, 162. — Hors d'haleine. Le primitif Pantais (Pantess, en anglais) est un terme de fauconnerie qui désigne l'asthme chez le faucon.

Paranimphe, 43. — Panégyrique.

    Bastit vn paranimphe à sa belle vertu.
            (S. V.)

Parquet, 31. — Enceinte réservée aux juges d'un tribunal, y compris la barre, lieu de plaidoirie des avocats, laquelle établit la démarcation de l'espace abandonné au public. On désigna de bonne heure ainsi l'enceinte réservée aux gens du Roi, & par extension ces magistrats eux-mêmes reçurent le nom de Parquet.

Partis, 125. — Fermes d'impôts.

Les gentils hommes n'estant pas instruits à faire valoir leur bien par le trafic, le prest d'argent ou les partis.
            (*Les Loix de la galanterie*, éd. Aubry, p. 3.)

PASSE VOLANT, 81, 105. — Soldats de parade qu'on louait aux jours de revue pour montrer des régiments complets.

PATELIN, 125. — Jargon insidieux.

Dans le recueil des *Poésies calvinistes* publié par M. Tarbé, Reims, 1866 p. 59, on trouve un exemple de cette expression.

> Le prestre se vest...
> Puis chante vne epistre...
> Puis vne legende
> En prose, en latin,
> De peur qu'on entende
> Tout son patelin.

Chanson nouvelle contenant la forme & manière de dire la messe. 1562.

PAVILLON, 94.

> Un garde robe gras seruoit de pavillon.
> (S. XI.)

Ce vers doit s'entendre ainsi : un fourreau de robe servait de couronne de lit.

Voici du reste un extrait de la correspondance de Malherbe qui éclaircira le sens du mot pavillon.

Son pavillon, pour la mettre quand elle aura accouchée est déjà pendu & dressé en sa ruelle, & celui de son travail est pendu au haut du plancher, troussé dans une enveloppe d'écarlate.

(*Lettre à Peiresc* du 28 oct. 1609.)

PEAUTRE, 68. — Sel d'étain dont on faisait un fard, comme de la céruse qui est un sel de plomb. — Plus tard par confusion on a dit plâtre.

> Et mettant la ceruse & le platre en usage
> Composa de sa main les fleurs de son visage.
> (BOILEAU, *Ép.* IX.)

PERCHE 95.

> Qu'en perche on me le mist.
> (S. XI.)

Cette expression signifie ici, dans la langue de Regnier, faire *arrasser* quelqu'un & probablement le soumettre à un congrès improvisé.

Et à ces paroles, asseurément tira son membre à perche.
(*Cent Nouv. nouv.*, XIII.)

Comp. — Maistre moyne luy leue ses draps & en lieu du doy de la main bouta son perchant dur & roidde.   (*Ib.*, XCV.)

PERRUQUE, 11, 214. — Chevelure.

Qui sa perruque blonde en guirlandes estraint.
(S. I.)

Et ma perruque en ma teste veluë
Comme persil se frisoit crepeluë.
(BAÏF, *Les Jeux*, 1573, f° 36.)

PIOLÉ, 68. — De couleurs diverses & tranchées. Le primitif *pie* nous est resté. Un cheval pie.

L'arc-en-ciel piolé.
(BAÏF, *Poëmes*, 1573, f° 1 v°.)

PIOT, 84. — Vin, proprement boisson.

Cy gist qui a bien aymé le piot :
C'est grand dommage aux taverniers de Vire.
(JEAN LE HOUX, éd. Gasté. Paris, Lemerre, p. 49.)

PIQUÉ, 14. — Irrité.

Trop discret est Horace
Pour vn homme picqué.
(S. II.)

Les Béotiens, piqués du meurtre de leur capitaine général.
(MALHERBE, éd. Lalanne, I, 397.)

PISSER, 15, 67.

Pissent au benestier affin qu'on parle d'eus.
(S. II.)

Que le Cheual volant n'ait pissé que pour eux.
(S. IX.)

Ce grippe aussi tost
L'on accusoit d'auoir pissé dessus le rost.
(AUVRAY, *B. des muses*, 1628, p. 158.)

Le bled y provient comme si Dieu y eust pissé.
(RAB., IV, 7.)

20

PLAINDRE, 125. — Pleurer, regretter.

> Comme vn fire qui plaint fes parents trefpaffez.
> (S. XIII.)

PLATS, 28. — Propos.

> Et beaucoup d'autres plats qui feroient longs à dire.
> (S. III.)

Faire trois plats s'eft dit pour faire beaucoup de bruit au fujet de quelque chofe.

Ils en vinrent faire trois plats au roy.
(BASSOMPIERRE, *Mem.*, t. III, p. 12. Voir Lacurne & Littré.)

PLUME, 47. — Paffer la plume par le bec. Abufer.

> Qui feure les defirs & paffe méchamment
> La plume par le becq' à mon entendement.
> (S. VI.)

Tous les peuples s'allechent viftement à la fervitude pour la moindre plume qu'on leur paffe devant la bouche.
(LA BOÉTIE, éd. Feug., p. 52.)

POIL, 39, 68, 71, 196, 197. — Chevelure.

> Et comme noftre poil blanchiffent nos défirs.
> (S. V.)

> Que fon poil dés le foir frifé dans la boutique.
> (S. IX.)

POINDRE, 18. — Aiguillonner.

> Et quand la faim les poind.
> (S. II.)

POINT, 19, 32, 41. — But, vifées.

> Suant, touchant, crachant, penfant venir au point.
> (S. II.)

> Contrefaire l'honnefte & quand viendroit au point.
> (S. IV.)

> Et rangent leur difcours au point de l'intereft.
> (S. V.)

Point-couppé. — Dentelle à jour.

> Vn mignard point-couppé fait d'expertes lingerés.
> (Courval Sonnet, Œuv. sat., 1622; p. 159.)

On n'y laissoit pas de voir quelques dentelles de point couppé au travers desquelles la chair paroissoit.

> (Ile des hermaphrodites, 1724; p. 15.)

Pointe, 39. — Acuité.

> Qui donne cette pointe au vif entendement.
> (S. V.)

Pommades, 43. — Terme d'équitation. Saut fait en selle en appuyant seulement la main sur le pommeau.

> Monte vn cheual de bois, fait dessus des pommades.
> (S. V.)

Pont neuf. — Que le Pont neuf s'acheue.

Le Pont-Neuf, achevé dans les premiers mois de 1604, fut commencé en mai 1578 par Henri III, qui en avait posé la première pierre. Palma Cayet rapporte, dans sa *Chronologie septennaire*, qu'à la mort du roi deux arcades seulement étaient terminées & les piles des arches amenées à fleur d'eau. « Tellement, dit le P. du Breul, qu'au moyen de certaines poutres & planches par dessus l'on pouuoit passer ayfément des Augustins en l'Isle du Palais. Le vendredy 20 du mois de juin 1603, Henri IV traversa le pont qui n'estoit pas encore très assuré, & plusieurs personnes en ayant voulu faire l'essai, se rompirent le col & tomberent dans la rivière. »

Porfil, 79. — Profil. — Voir de même, p. 78 & 82, Berlan pour Brelan.

Postposer, 128. — Mettre après, rejeter.

Plutarque postpose Aristide à Marcus Caton, la fortune épargnant sa vertu.
(Bouchet, *Seree* XXXI.)

Pot pourry, 13.

> Comme vn pot pourry des Freres mandians.

Noël du Faïl a donné, au début du chap. xxii des *Contes & Discours d'Eutrapel*: Du temps present & passé, la recette du pot pourry. On mestoit le pot sur la table sur laquelle y avoit seulement un grand plat garny de bœuf, mouton, veau & lard,

& la grand' braſſee d'herbes cuites & compoſees enſemble dont ſe faiſoit vn brouet, vray reſtaurant & elixir de vie.

Il y a quatre ordres mendiants, les Dominicains, les Franciſcains, les Carmes & les Auguſtins.

Poulle, 24.
>Fils de la poulle blanche.
>(S. III.)

Broſſette a donné de ce vers une interprétation compliquée. Fils de la poule blanche déſigne un homme né ſous un ſigne heureux, non pas le fils de la femme que l'on aime.

>Feliciter natum, albæ gallinæ dicimus.
>(*Adagiorum Eraſmi epitome*, 1650, p. 73.)

>Quia tu gallinæ filius albæ,
>Nos viles pulli nati infelicibus ovis.
>(Juvénal, xiii, 141.)

>Petits mignons du Ciel, fils de la Poulle blanche.
>(Auvray, *B. des muſes*, 1628, p. 156.)

Pourquoy (Le), 26. — La choſe, *atto venereo*.
>Qu'on ne s'enquiert plus s'elle a fait le pourquoy.
>(S. III.)

Poussinière (Étoile), 50. — Nom populaire de la conſtellation que les aſtronomes appellent les Pléiades, & plus particulièrement de l'étoile la plus brillante du groupe.

Quintaine, 105. — Poteau fiché en terre & contre lequel on s'exerçait à lancer des dards ou à rompre des lances. Le mot *quaintin* avait le ſens de devanteau, tablier.

De là la ſignification équivoque attachée à ces deux expreſſions.

>Il donne bien dans la quintaine,
>Il y fait du grand capitaine
>Et l'embroche le plus ſouvent.
>(*Le Songe*, pièce contre le maréchal d'Ancre.
>Fournier, *Var. hiſt. & litt.*, t. IV.)

>Meſdames ſans le linge
>On verroit votre petit ſinge
>Qui enrage ſous le quaintin
>Et de la pature demande.
>(*L'Éventail ſatyrique. Var. litt.*, t. VIII.)

Ranc, 38, 48. — Eſtre ſur le ranc (nous dirions aujourd'hui ſur le tapis), ſignifie être en butte à la critique, à la médiſance.

> Et cependant Bertaut ie ſuis deſſus le ranc.
> (S. V.)

Rancoeur, 140. — Rancune.

> Arrière, vaines chimères
> De haines & de rancueur.
> (Malherbe, éd. Lalanne, I, 90.)

Reboucher, 166. — Émouſſer. Se reboucher ſe diſait d'une arme qui ſe fauſſe par ſuite d'un choc.

Vne petite pointe de convoitiſe qui ſe rebouche ſoudain contre le danger. (La Boétie, Œuvres, éd. Feugère, p. 17.)

> Ses traits impetueux
> Ne font que reboucher contre les vertueux.
> (Auvray, B. des muſes, 1628, p. 156.)

Rechape, 32. — Traveſtiſſement du mot recipe, par lequel tous les médecins commençaient leurs ordonnances.

> D'vn rechape s'il peut former vne ordonnance.
> (S. IV.)

Recreu, 77. — A bout de forces.

> Le voyageur laſſé, l'artiſan hors d'haleine,
> Et le ſoldat recreu s'empreſſent pour m'avoir.
> (Le P. Carneau, La Pièce de cabinet.)

Ce mot commençait à vieillir en 1648. Racine l'a ſouligné, avec les termes paſſés de mode, dans le *Quinte Curce* de Vaugelas (1653, p. 248) qui lui a appartenu, & qui ſe trouve aujourd'hui à la Bibliothèque nationale. (Fournier, *Var.*, III, 288.)

Remeugle pour Remugle, 99. — Moiſi, relent, *muſtie*. (Cotgrave.)

Respect, 18, 139. — Conſidération, prévoyance.

> Mais que pour leur reſpect l'ingrat ſiecle où nous ſommes.
> (S. II.)

> Où les lois par reſpect ſages humainement.
> (S. III.)

- Ressentiment, 171, 191. — Renouvellement d'impreſſion, ſouvenir.

  Chatouille mon mal d'vn faux reſſentiment.
      (Plainte.)
  Doux reſſentimens d'vn acte ſi fidelle.
      (Dial. de Cl. & Ph.)

Rome (Faire), 125. — Délivrer à vil prix des expéditions de faux brefs & de fauſſes bulles du pape.

  Vn banquier qui fait Rome icy pour ſix teſtons.
      (S. XV.)

Rondache, 85, 88. — Bouclier.

  Qui pour vne rondache empoigne vn eſcabeau.
      (S. X.)

Rotonde, 177. — Collet empeſé & monté ſur du carton.

Roussoyant, 37. — Roſoyante. De roſée, humecté par la roſée.

  De la douce liqueur roſoyante du Ciel.
      (S. V.)

  Et ces herbes & ces plaines
  Toutes pleines
  De roſoyante blancheur.
      (Ronsard, *Les Bacchanales*.)

  Des perles blanches qui pendoyent
  Aux raincelets roſoyans nées.
      (Baif, *Poëmes*, 1573, f° 115 v°.)

Rustique, 25. — Simple; proprement, de payſan.

  Ma façon eſt ruſtique.
      (S. III.)

Sade, 68. — Doux, agréable; proprement, qui a de la ſaveur.

Sadinettes, 56. — Même ſens, avec l'idée de délicateſſe attachée à tout diminutif.

  Je l'ayme de propre nature
  Et elle moy, la douce ſade.
      (Villon, *Gr. Teſt.*, 138.)

Comp.
  Le ſadinet
  Aſſis ſur groſſes fermes cuiſſes.
      (Villon, *Les Reg. de la belle Heaumiere.*)

GLOSSAIRE.

SAGETTES, 37. — Traits.
> Mais ces diuers rapors font de faibles fagettes.
> S. V.

SAINT (Mal de). — Mal placé fous l'invocation d'un faint.
> Si c'eftoit mal de faint ou de fieure quartaine.

SARAIL, 55. — Sérail. Nous avons vu de même, page 113, garir pour guérir, & p. 115, caraffer pour careffer.

SEAU (Draps du), 80. — Il faut Uffeau : Petit village près de Carcaffonne, où un fieur de Varennes avait établi des manufactures. Voir le *Dictionnaire* de Furetière, v° Draps.

SILLER, 137, 165. — Priver de la vue. Se difait primitivement des oifeaux de proie dont on fillait les yeux en les coufant d'un point d'aiguille, quand on n'avait pas de chaperon pour leur couvrir la tête.

SIVÉ, 96. — D'après tous les commentateurs, à commencer par Broffette, l'eau de five ou fivé ferait une eau de mare ou d'égout. Un paffage tronqué du *Grand Teftament* de Villon a donné naiffance à cette interprétation inexacte :

> Dont l'un eft noir, l'autre plus vert que cive
> Où nourrices effangent leurs drappeaux.

Il faut lire, Ballade IX du *Grand Teftament* :

> En fang qu'on meft en poylettes fecher
> Chez ces barbiers, quand plaine lune arrive,
> Dont l'un eft noir, l'autre plus vert que cive,
> En chancre & fix, & en ces ords cuveaux,
> Où nourrices effangent leurs drapeaux,
> . . . .
> Soient frittes ces langues venimeufes.

Cive eft évidemment employé ici pour ciboule. Mais dans Regnier, fivé a un tout autre fens. Suivant Nicot, five ou fivé, *fuillum jus conditum, jus e fuillis inteftinis*, défigne une fauce faite avec des épices & de la graiffe de porc, du jus de tripes de porc.

SOPIQUET, 49. — Saupiquet.
> Meftez en la lefchefrite des oignons comme dit eft, & quand l'oifel ferá cuit, fi mettez en la lefchefrite vn petit de verjus

& moitié vin moitié vinaigre, ce tout bouli enfemble & après mis la toftée. Et cefte derreniere fauffe eft appelée le SAUPIQUET.

> (*Le Ménagier de Paris*, Crapelet, 1846, t. II, p. 181. Voir plus loin, p. 233, la recette peu différente du faupiquet pour connin, ou pour oifeau de rivière, ou coulon ramier.)

SOUDRE, 85. — Réfoudre, éclaircir.

SYNDERESE, 106. — Reproche fecret que nous adreffe notre confcience.

QUEMANDE ou CAIMANDE, 31. — Mendiante. Caimand, *a beggar* (Cotgrave). *Mendicus* (Nicot).

> Puifque pauure & quémande on voit la poéfie.
> (S. IV.)

TACHE (Malle), 85. — Tache mauvaife, rebelle à un nettoyage ordinaire. Cri des dégraiffeurs ambulants.

> Elles te firent mainte tache
> Où le crieur de maletache
> Euft bien perdu tout fon latin.
> (*Cabinet fatyrique.* Sur le bas de foye d'un courtifan, par le Sr de la Ronce, St. 19.)

TEMPERATURE, 139. — Conftitution, fanté.

> Et change la nature
> De fept ans en fept ans noftre temperature.
> (S. V.)

Le cardinal de Lorraine fut d'une température où il n'y avoit rien à defirer. (MALHERBE. éd. Lalanne, IV, 204.)

TIERCELET, 18.

> De tes enfants baftards, ces tiercelets des poetes.
> (S. II.)

On dit, il fait du tiercelet de prince, du gentilhomme qui veut eniamber pardeffus le reng & ha quelques façons qui fentent non-feulement le bien grand feigneur, mais le prince, ou pour le moins le petit prince. Car en fauconnerie, le mafle s'appelle tiercelet, comme eftant un tiers plus menu que la femelle.

(H. Eftienne, *De la precellence du langage françois.* Paris, éd. Feugère, p. 130.)

TINEL, 51. — Réfectoire des officiers ou des familiers d'un grand seigneur. De l'italien Tinello, *luogo dove mangiano i cortigiani.*

TORCHE, LORGNE, 85. — Ces deux mots font synonymes de frappe.
Lorgne se trouve dans la 98ᵉ nouvelle de Des Periers : A grands coups de poing lorgnoit dessus.

D'autre part on lit dans les *Modèles de la conversation* tirés du manuscrit 3988 du Mus. brit. Harl. (Paris, A. Franck, 1873, p. 398) :

Se ton maistre te trouueroit icy chantant, il te torcheroit tres bien sur la teste.

TOUSSIR, 31. — Tousser. Voir p. 192, Fanir.
 Sans oser ny cracher, ny toussir, ny s'asseoir.
    (S. IV.)

TRIACLEUR, 111. — Theriacleur. Vendeurs de thériaque. Charlatans.

VEAUX, 34. — Niais, nigaud. *A Iobbernoll* (Cotg.) ; propr., grosse tête vide.
 Ce malheur est venu de quelques ieunes veaux.
    (S. IV.)

VELOURS (ongles de), 79. — Ongles crasseux. Le velours servait à border les vêtements. Des ongles de velours désignent donc des ongles bordés de noir.

VENT, 39.
 Porter la teste basse & l'esprit dans le vent.
    (S. V.)

VERCOQUIN, 70, 124. — Sorte de ver attaché à la cervelle de l'homme & dont la morsure provoquait l'emportement ou la folie. Telle était la croyance populaire que Cotgrave rapporte en ces termes : A certain worme bred in a mans head, and making him cholericke, humorous and fantasticall, when it biteth, also the Vine fretter or Dewills goldring. Les expressions *Vine fretter* & *Dewills goldring* donnent les sens figurés de Vercoquin. La première désigne le trouble de l'ivresse & la seconde les visions de l'esprit.

VERT (sur le), 68. — Sur le pré. Laisser sur le vert, abandonner.

VIEUX, 11, 23, 40, 42, dans le fens de vieillards, anciens.

  Chofe permife aus vieus.
    (S. I.)

  Mais n'en deplaife aux vieux.
    (S. III.)

  Facille au vice, il hait les vieux & les defdaigne.
    (S. V.)

  Peres des fiecles vieux, exemples de la vie.
    (*Ibid.*)

VISIERE, 77. — Vue.

  Que les gens de fauoir ont la vifiere tendre.
    (S. X.)

  Vos deportements luy bleffent la vifiere.
    (MOL., *L'Et.*, 1, 2.)

  Ce monfieur bas-normand me choque la vifiere.
    (REGNARD, *Le Bal.*)

VISTE, 152. — Rapide.

  Mefureur des viftes années.

VOIRE, 29, 31, 91. — En vérité; du latin *vere.*

  Comme ces courtifans qui s'en faifant acroire
  N'ont point d'autre vertu finon de dire voire.
    (S. IV.)

VOIS, 75.

  Et m'en vois à grands pas.
    (S. X.)

  Ne voife au bal, qui n'aymera la dance.
    (PIBRAC, *Quatrain* 105.)

VOLÉES, 136. — Effor, échappée.

  Et comme baffement à fecretes volees,
  Elle ouure de fon cœur les flames recelees.

INDEX.

ACHILLE, 11, 70.
ÆNÉE, 70.
ALBERT LE GRAND, 79.
ALCIBIADE, 17.
ALCORAN, 78.
ALEMAGNE, 164.
ALEXANDRE, 77.
ALEZINA (l'), 84. — Équivoque sur Alene & Lezine. Vialardi a écrit sous ce titre : *Della famosissima compagnia della Lezina*, un code d'avarice raffinée, & cet ouvrage, traduit en français, a paru en 1604, à Paris, chez Abraham Saugrain. V. Bib. Viollet-le-Duc. Bibliog. des Chansons, 1859.
ALPES, 80, 160.
AMIENS, 161.
ANGLETERRE, 157.
ANTICIRE, 120.
APOLLON, 14, 20, 30, 31, 33, 66, 122, 149, 152, 175.
ARABE, 79.
ARCADIE, 85.
ARGUS, 99.
ARISTOTE, 22.
ARSENAC, 201.

ATHRACIEN (le bourg), 85. — Atrax, bourg de Thessalie où les Lapithes & les Centaures se livrèrent bataille aux noces de Pirithoüs. Voir Ovide, *Métam.*, XII, & Lucien, *les Lapithes ou le Combat des Philosophes*.
ATLAS, 33, 44.
AUCATE (l'), 160. — Leucate.
AUGUSTE, 10.
AUTRICHE, 164.
BACCHUS, 121.
BARTOLLE, 31, 81.
BASTILLE, 112. — Lieu de dépôt du trésor royal sous Henri IV & Louis XIII. (Voir Sully, *Mémoires*, IVe part., chap. LI.)
BAYONNE, 160.
BEAULIEU, 58.
BELLAY (du), 18, 67.
BERNARD (saint), 106.
BERTAUT, 36, 38, 43.
BETHUNE (M. de), 44.
BEZE, 157.
BICESTRE, 78.
BORÉE, 45.
BRIARÉE, 82.

BROUAGE, 35. — Ville de l'Aunis (Charente-Inférieure), autrefois célèbre par fes marais dont on tirait du fel après les avoir inondés d'eau de mer.
CAIRE (le), 166.
CALLIOPE, 19, 31, 33.
CARAMAIN (comte de), 14.
CATON, 41, 78.
CENTAURES, 85.
CÉRÈS, 121.
CÉRIZOLLES, 25.
CÉSAR, 71.
CHALANGE, 201. — Ce partifan célèbre eft cité dans la Chaffe aux Larrons de Jean Bourgoin. Paris, 1618, in-4°. C'eft à fon inftigation que le connétable de Luyne fit rendre contre les procureurs un édit qui provoqua de vives réclamations.
CHANGE (pont au), 201. — Ce pont était couvert de maifons où les orfévres de Paris avaient leurs *forges* ou boutiques.
CHARITÉ, 90. — Maifon de la Charité chreftienne, fondée en 1578, rue de Lourcine, par Nicolas Houel, pour fervir d'afile aux foldats eftropiés. Voir à ce fujet le *Mercure françois* de 1611, f° 109, du 7 juillet 1606.
CHARLEMAGNE, 80.
CHARLES (le roy), 76.
CHARTRES, 161.
CHASTELET, 38.
CHINE, 60, 78.
CIBELLE, 121.
CIPRIS, 150.

CLAUDE, 38.
COEUR (Jacques), 201.
COEUVRES (marquis de), 22, 52.
CORBEIL, 119.
CORDELIERS, 29.
COUSIN (le), 118. — Suivant la plupart des commentateurs de Regnier, le Coufin ferait un fou de cour ainfi nommé parce qu'il appelait le roi Henri IV *mon coufin*. Il s'agirait plutôt d'un original tel que celui dont il eft queftion dans les poéfies de Pedoue, IIe adventure fatirique.
CYTHERE, 151.
DAVID, 69.
DELPHES, 11.
DENIS (M⁰), 90.
DESPAUTERRE, 85.
DESPORTES, 22, 33.
DIEU (Hoftel), 45.
DIOGENE, 118.
EMPEDOCLE, 122.
ENÉE, 11.
ENGUERRAND, 201. — Enguerrand de Marigny, miniftre de Philippe le Bel.
EPICURE, 80.
ERYCE, 189. — L'enfant d'Eryce eft l'Amour. Erycine eft un des furnoms de Vénus, déeffe d'Eryx en Sicile.
ESPAGNE, 69, 78, 163.
ETYOPIE, 3.
EVESQUE (four-l'), 38. — Primitivement, le For-l'Évêque fut le fiége de la juridiction de l'évêque de Paris. A la fuppreffion de cette juridiction, il devint une prifon pour dettes. On y enfermait auffi les comé-

diens coupables envers le public ou l'autorité.
FLAMENS, 44.
FLANDRE, 164.
FLEURS DE BIEN DIRE, 87. — Il s'agit ici du petit livre de François Defrues, intitulé : *Fleurs de bien dire*, recueillies des cabinets des plus rares efprits de ce temps, pour exprimer les paffions amoureufes de l'un comme de l'autre fexe. Paris, Guillemot; 1598, in-12.
FLORE, 56, 121.
FONTAINE FRANÇOISE, 161.
FORQUEVAUX (de), 126, 128, 129.
FRANCE, 16, 37; 44, 45, 51, 75, 165.
FRANÇOIS, 44.
FREDÉGONDE, 35. — Nom donné à Marguerite de Valois, première femme de Henri IV, par les poëtes fatiriques contemporains de Regnier.
FREMINET, 100.
GAIAC, 128. — Le bois de gaïac était au XVIe siècle le fpécifique en faveur contre les maladies vénériennes. Voir: Loys Guyon. Div. Leçons, 1610, IV, 6.
GALLET, 117. — Contrôleur des finances à qui l'on attribue la conftruction de l'hôtel de Sully. Il fit fouvent, dit Sauval, quitter les dez à Henri IV.
GALLIEN, 31.
GARGUILLE, 110.
GASCONGNE, 86.
GASCONS, 67.
GAULES, 79.
GAULTIER, 110.

GENTILLY, 49.
GEORGE (saint), 41, 51.
GOBELINS, 86. — Les Gobèlins étaient encore fous Henri IV un établiffement privé. Ils ne devinrent manufacture royale que fous Louis XIV.
GONIN (M^e), 80. — Il y a eu deux Mes Gonin : le premier divertiffait la cour de François Ier par fes tours de magie; le fecond, petit-fils du précédent, vivait fous Charles IX. Voir, fur l'un & l'autre de ces preftidigitateurs, Brantôme, *Hom. Ill.*, in 12, III, 383; & Delrio, *Difquis. mag. III.*
GRACHE, 38. — Tiberius Gracchus, mort l'an 133 avant Jéfus-Chrift, dans une émeute que Scipion Nafica l'accufait d'avoir provoquée.
GRECE, 46.
GRECS, 66, 79, 175.
GREVE, 223.
HEBREUX, 67.
HELEINE, 180.
HELICON, 20, 68.
HERCULE, 10, 44, 70, 133.
HIPOCRATE, 31, 80.
HOMERE, 11, 22, 70, 81, 83.
HORACE, 14, 117.
HUGUENOTS, 73.
ICARE, 7.
IDUMÉES, 166. — De l'Idumée, petit pays fitué au fud de la Paleftine entre la mer Morte la mer Rouge, & dont les habitants, defcendant d'Edom ou d'Efaü, furent longtemps indépendants.
IVRY, 161.

JACOBINS, 29.
JAPET, 84. — L'un des titans, frère de Saturne & père de Prométhée.
JASON, 31, 81.
JEAN (le roy), 76.
JEAN (Saint-), 67. — Place devant l'églife Saint-Jean en Grève.
JEAN (la Saint-), 94, 205. — Fête de la Saint-Jean que l'on célébrait à Paris fur la place de Grève par un feu allumé en grande pompe; Sauval, dans fes *Antiquités de Paris*, donne le détail des dépenfes qu'entraînait cette réjouiffance, & l'abbé Lebœuf a fait connaître qu'on y brûlait vivants un grand nombre de chats enfermés dans un fac de toile. En 1572, au feu où le roi affifta, on ajouta aux victimes de l'auto-da-fé un renard pour donner plaifir à Sa Majefté.
JOB, 84.
JODELLE, 33.
JUNON, 121, 150.
JUPITER, 119, 145, 150.
JUVENAL, 14.
LAPITE, 85.
LATINS, 67, 175.
LOPET, 125. — Anagramme de Paulet, fecrétaire du roi. C'eft à fon influence que ferait dû l'impôt qui, en 1604, frappa d'une taxe annuelle les offices judiciaires & de finances. Faute de l'acquit de cet impôt l'office devenait viager pour le titulaire, qui ne pouvait plus le tranfmettre à fes héritiers.

LOUCHALY, 83. — Calabrais pris par les corfaires, renégat & enfin vice-roi d'Alger. Il commandait l'aile gauche de la flotte turque à la bataille de Lépante en 1571, mais il s'enfuit dès que la victoire pencha du côté des Vénitiens & des Efpagnols fous les ordres de don Juan d'Autriche. Sur ce point, Regnier n'eft nullement d'accord avec Brantôme qui donne à L'Ouchaly un rang très-honorable parmi fes grands capitaines étrangers. V. éd. Jannet, II, 75.
LOUIS XIII, 215.
LOUVRE, 24, 64, 81, 136, 201.
LUAT (du), 205. — Ange Cappel, fieur du Luat, fecrétaire du roi. Il s'était fait connaître, en 1578, par fa traduction françaife du *de Clementia* de Sénèque. Sept ans plus tard, il traduifit le *de Ira*. Attaché à Sully, il entra avec lui aux finances & fe fignala avec l'affentiment du miniftre par un petit livre intitulé *le Confident*. Cet ouvrage qui parut en 1598 contenait un plan de réforme & des projets d'économie affez hardis. On verra dans le recueil des lettres de Henri IV, tome V, fous la date du 12 feptembre, que le roi s'émut de la chofe & invita Sully à furveiller de plus près le fieur Le Luat.
LYNCÉ, 99. — L'un des compagnons de Jafon. Il avait la vue tellement perçante qu'il

voyait, dit la fable, à travers les murs. Les anciens attribuaient aussi une grande puissance de vision au lynx. On a longtemps dit des yeux de Lyncée, mais aujourd'hui la confusion est faite & l'on dit des yeux de lynx.

MACROBE, 81.
MAGDELAINE, 139.
MANS, 58.
MARC (saint), 83. — Saint Marc habillé des enseignes de Trace, désigne saint Marc patron de Venise, paré des drapeaux conquis sur les Turcs vaincus à la bataille de Lépante.
MAROT, 157.
MARS, 9, 150, 240.
MARTIN, 77. — Montreur de singes admis au Louvre pour égayer les laquais.
MARTIN (le frippier), 84.
MEDARD (saint), 59.
MERCURE, 11, 69.
MICHEL (saint), 35.
MILON, 38.
MINERVE, 19, 150.
MINOS, 119
MOECENE, 34.
MONTAUBAN, 201. — Moysset dit de Montauban, trésorier de l'Espagne. Il bâtit Rueil & jouit d'une telle faveur auprès d'Henri IV, que ce prince voulut en faire le mari de Mme des Essarts, une de ses maîtresses. On lit dans l'Estoille que ce trésorier-receveur de la Ville avait été tailleur de son premier métier, ce qui faisait dire que la recette était assignée sur la pointe d'une aiguille. *Registre journal*, éd. Champ., p. 366. Voir sur ce personnage les *Caquets de l'accouchée*, éd. Jannet, p. 182 & 241.

MONTCONTOUR, 177.
MONTLHERY, 179.
MONTMARTHE, 78. — Montmartre.
MORES, 36, 37.
MOTIN, 8, 30.
MUN (Jan de), 164.
NAPLES, 164.
NARCIS, 178.
NEPTUNE, 159.
NONNE (tour de), 48. — Contraction de Torre dell' annona. Tour de Rome, qui, après avoir servi de grenier à blé, devint une prison.
NORMANS (les), 29.
OGER, 164. — Oger dit le Danois, l'un des compagnons de Roland.
OSSE, 79. — Le mont Ossa en Thessalie.
OTHOMANS (les), 166.
OVIDE, 78, 143.
OYE (mere l'), 124.
OYSE, 122.
PALAIS (le), 61, 64, 69, 137.
PALATIN (le mont), 44.
PAPE (le), 69.
PARIS, 49, 63, 108, 119, 122, 161.
PARNASSE, 13, 30, 34.
PASSERAT, 149.
PATISSON, 34. — Célèbre imprimeur français du XVIe siècle, à qui l'on doit un grand nombre d'ouvrages, modèles de typographie & de correction.

PATRASSE, 83. — Le golfe de Patras & celui de Lépante ne forment qu'un long golfe refferré à fon milieu par un détroit de chaque côté duquel fe trouvent, au nord, Lépante en Phocide, & au fud, Patras en Achaïe.

PEDRE (Domp), 76. — Don Pedro de Tolede, connétable de Caftille, général des galères de Naples & parent de Marie de Médicis. Il arriva à Paris le 22 juillet 1608. M. de Fréville a fait paraître dans la *Bibliothèque de l'École des Chartes* (1844, p. 344) le pamphlet publié au fujet de fon entrée & l'on trouve dans le *Regiftre journal* de l'Eftoile des détails piquants fur fes entrevues avec Henri IV.

PELION, 79.

PEROU, 27.

PERRON (du), 241, 242.

PERSE, 37.

PESCHEURS (la Guide des), 106. — Ouvrage de Fr. Luis de Granada, dont on ne connaît pas moins de cinq traductions françaifes publiées en 1574 à Douai, en 1577 à Reims, en 1585 & 1674 à Lyon, & en 1658 à Paris.

PETRARQUE, 88. — Le remede de Petrarque eft le traité de ce poëte, *de remediis utriufque fortunæ. Cremonæ, 1492, in-f°.*

PHŒBUS, 11, 15, 34, 45, 67, 78, 87, 122, 150.

PIN (la Pomme de), 79. — Cabaret déjà célèbre du temps de Villon. Il était fitué dans la Cité, rue de la Juiverie, vis-à-vis de la Madeleine.

PINDE (le), 149.

PLATON, 20, 28, 73.

PLINE, 81.

PLUTUS, 201.

POLYENNE, 95. — Héros d'une aventure amoureufe décrite dans Pétrone.

PONTALAIS (Janin du), 206. — Le vrai nom de ce farceur, qui débitait fes bons mots à la pointe Saint-Euftache, était Jehan de l'Efpine du Pont-Allez, & fon furnom Songe-creux. On trouve dans la *Bibliothèque* de du Verdier, 1773, III, 503, des indications à confulter. Il eft à peu près certain aujourd'hui que les *Contredits* de Songe-creux, attribués à Gringore, font de Pontalais. V. à ce fujet une curieufe note des *Var. hift. & litt.* de M. Fournier, X, 356.

PONT-NEUF (le), 63.

PONTOISE, 161.

POYTOU (le), 160.

PRIAPE, 150.

PROTHÉE, 24.

PROVENCE, 160.

PROVINS (le fieur de), 118.

PUIS (Pierre du), 46. — Fou qui courait les rues, un pied chauffé d'un chapeau. V. Brufcambille, *Paradoxes,* 1622, p. 45.

QUINZE-VINGTS (les), 86. — Hôpital fondé en 1254 par faint Louis, pour 300 gentilshommes auxquels les Sarrafins avaient crevé les yeux. Sauval rapporte dans fes *Antiquités de Paris* que, vers la mi-carême, les quinze-vingts étaient donnés en spectacle. Cette comédie d'un nouveau genre, à laquelle Charles IX & Henri III affiftèrent plus d'une fois, confiftait dans une courfe au cochon. L'animal, pourfuivi par les quinze-vingts armés de bâtons, devenait le prix de fon vainqueur, c'eft-à-dire de l'aveugle qui parvenait à le rouer de coups.

RAPIN, 66, 69, 70, 73, 175.
RHAIN, 160.
RHÉE, 48.
ROCHELLE (La), 26.
ROLAND, 164.
ROMAINS, 12.
ROME, 27, 41, 59, 78, 106, 179.
RONSARD, 18, 22, 33, 38, 73.
ROSETE, 60, 119. — Coquette chanfonnée par Defportes.
ROUSSET, 125.
ROYAUMONT, 122. — Abbaye de l'ordre de Cîteaux, fondée par faint Louis en 1228, entre Beaumont-fur-Oife & la forêt du Lys, en un lieu appelé Cuimont qui fut nommé depuis Royaumont. V. l'hiftoire de cette abbaye par l'abbé Duclos. Paris, Douniol, 1867.
SARDAIGNE, 45.
SATURNE, 150.
SAVOYE, 22, 80.
SAVOYE (l'Efcu de), 177. — Taverne meritoire. V. Rab., II, 6.

SCAURES, 38.
SCIPION, 78.
SÉES, 36.
SEINE, 205.
SICILLE, 164.
SOCRATE, 17, 74.
SYDON, 122. — Aujourd'hui Saïda, l'une des échelles du Levant. Cette ville a été prife en 1110, par Baudouin, premier roi de Jérufalem. C'eft par erreur que Regnier en attribue deux fois la conquête à faint Louis. Ce dernier roi n'a en effet féjourné en Paleftine qu'après fa captivité à Manfourah en 1251. Avant de revenir en France, il paffa trois ans à réparer les fortereffes reftées en poffeffion des chrétiens, Céfarée, Jaffa, Saint-Jean-d'Acre & Sidon.
SYMONIDE, 84.
TANTALE, 119.
TASSE (le), 73.
THEBAIDE (la), 202.
THERESE (la mere), 106. — Sainte Thérèfe, morte en 1582, canonifée en 1621. Regnier a ici en vue le livre des *Méditations fur la communion*, l'un des ouvrages de la célèbre carmélite.
TERENCE, 81.
THESPEAN (antre), 34. — Thefpies, ville de Béotie fituée au pied de l'Hélicon & confacrée aux Mufes.
TIBRE, 44.
TOSCANE, 22.
TRACE, 32, 83.
TROYEN (le), 180. — Pâris.

Tuileries, 63.	Venise, 50.
Turc, 55.	Venus, 53, 56, 168, 197.
Turpin, 80.	Verrès, 38.
Tyrtée, 6.	Vialard, 221.
Urgande, 124.	Virgille, 11, 20, 73, 177.
Vandôme, 161.	Zephire, 121.
Vanves, 20.	

FAC SIMILE DE LA PROFESSION DE FOI DE MATHURIN REGNIER

D'après le livre de profession des chanoines de Chartres, conservé aux Archives du Dépt d'Eure & Loir

TABLE DES MATIERES

	Pages.
Avertissement.	I
Notice.	v

PREMIERES ŒVVRES DE M. REGNIER

		Pages
Epitre liminéaire au Roy.		3
Ode à Regnier.		5
Satyre I.	Difcours au Roy.	9
— II.	A M. le Comte de Caramain.	14
— III.	A M. le Marquis de Cœuures.	22
— IIII.	A M. Motin.	30
— V.	A M. Bertault, Euefque de Sées.	36
— VI.	A M. de Bethune.	44
— VII.	A M. le Marquis de Cœuures.	52
— VIII.	A M. l'Abé de Beaulieu.	58
— IX.	A M. Rapin.	66
— X.	Ce mouuement de temps.	74
— XI.	Suitte. Voyez que c'eft du monde.	88
— XII.	A M. Freminet.	100
— XIII.	Macette.	105
— XIIII.	I'ay pris cent & cent fois.	114
— XV.	Ouy i'efcry rarement.	120
— XVI.	A M. de Forqueuaus.	129
— XVII.	Non non i'ay trop de cœur.	131

Élegie zelotipique	135
Autre. Aymant comme i'aymois.	141
Impuiffance. Imitation d'Ouide.	143
Sur le trefpas de M. Pafferat.	149
Stanfes. Le tout puiffant Iupiter	150
La C. P. Infame baftard.	151
Sur le portraict d'vn Poëte couronné	154
Contre vn amoureux tranfy.	155
Quatrains. Si des maux qui	157
— Ie n'ay peu rien voir qui me plaife.	»
— Ie croy que vous auez faict vœu.	»
— Le Dieu d'Amour fe deuoit peindre.	»
— Cefte femme à couleur de bois.	158
Difcours au Roy	159
Plainte. En quel obfcur feiour.	167
Ode. Iamais ne pourray-ie bannir.	173
Sonnet fur la mort de M. Rapin.	175
Difcours d'vne maquerelle.	176
Épitaphe de Regnier.	182

ŒVVRES POSTHVMES.

Dialogue. Cloris & Phylis.	185
Satyre. N'avoir crainte de rien.	199
— Perclus d'vne jambe & des bras.	203
Élegie. L'homme s'oppofe en vain.	207
Vers fpirituels. Stances. Quand fur moy.	211
Sur la Nativité de Noftre Seigneur	215
Sonnet I. O Dieu, fi mes pechez	217
— II. Quand devot vers le ciel	218
— III. Cependant qu'en la croix.	»
Commencement d'vn poëme facré.	220
Épigramme. Vialard, plein d'hypocrifie.	221
Ode fur une vieille maquerelle	222
Stances. Ma foy, ie fus bien de la fefte	225
Épigramme I. Amour eft vne affection	226
— II. Madelon n'eft point difficile.	»
— III. Hier la langue me fourcha.	»
— IV. Lorfque i'eftois comme inutile.	227
— V. Dans vn chemin vn pays.	»
— VI. Lizette à qui l'on faifoit tort.	228

	Pages.
Stances. Si voftre œil tout ardant.	229
Complainte. Vous qui violentez.	231
Stances pour la belle Cloris	236
Épigramme I. Faut auoir le cerueau.	238
— II. Le violet tant eftimé.	»
— III. L'argent, tes beaux iours	»
— IV. Quelque moine.	239
— V. Vn homme gift.	»
Appendice.	241
Variantes & notes.	243
Gloffaire	281
Index.	315

Achevé d'imprimer

LE PREMIER JUIN MIL HUIT CENT SOIXANTE-QUINZE

PAR J. CLAYE

POUR

ALPHONSE LEMERRE, ÉDITEUR

PARIS

COLLECTION LEMERRE
(CLASSIQUES FRANÇAIS)

Volumes in-8° écu, imprimés sur papier de Hollande.
Chaque volume (*la Pléiade* exceptée), 10 fr.
Chaque ouvrage est orné du portrait de l'auteur.

LA PLÉIADE FRANÇOISE
(XVIᵉ SIÈCLE)

RONSARD, DU BELLAY, REMI BELLEAU, JODELLE
BAÏF, DORAT, ET PONTUS DE TYARD
Avec Notes & Glossaire
Par Ch. MARTY-LAVEAUX
15 vol. in-8° écu, portraits.
Chaque volume, tiré à 250 exemplaires, 25 francs.
Les cinq premiers volumes sont en vente.

RABELAIS. ŒUVRES COMPLÈTES, avec Notes & Glossaire par Ch. MARTY-LAVEAUX, 5 volumes in-8°. (Les trois premiers volumes sont en vente.) Chaque volume. . . . 10 fr.

LA BRUYÈRE. LES CARACTÈRES OU LES MŒURS DE CE SIÈCLE, avec Notice & Notes par CHARLES ASSELINEAU, 2 volumes in-8°. Chaque volume. . . . . 10 fr.

MONTAIGNE. LES ESSAIS, avec Notice, Notes & Glossaire par MM. COURBET & ROYER, 5 volumes in-8°. (Les trois premiers volumes sont en vente). Chaque volume . . 10 fr.

AGRIPPA D'AUBIGNÉ. ŒUVRES COMPLÈTES, 5 volumes in-8°. (Les quatre premiers volumes sont en vente.) Chaque volume. . . . . 10 fr.

MATHURIN RÉGNIER. ŒUVRES COMPLÈTES, avec Notice et Notes par E. COURBET, 1 vol. . . . . 10 fr.

EN PRÉPARATION :

Villon. — Corneille. — Racine. — Boileau. — Bossuet. Fénelon. — Pascal. — La Rochefoucauld, &c., &c., &c.

Il est fait, de cette collection, un tirage sur grand papier au prix de 25 fr. le volume sur papier de Hollande; 40 fr. sur papier de Chine & 40 fr. sur papier Whatman.

PARIS. — J. CLAYE, IMPRIMEUR, 7, RUE SAINT-BENOIT. — [303]

www.ingramcontent.com/pod-product-compliance
Lightning Source LLC
Chambersburg PA
CBHW071113230426
43666CB00009B/1946